有约束力的允诺
——20世纪末合同法改革

Binding promises :
the late 20th-century reformation of contract law

杨秋霞 / 译

［美］戴维·斯劳森 (W. David Slawson) / 著

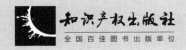

知识产权出版社
全国百佳图书出版单位

图书在版编目（CIP）数据

有约束力的允诺：20世纪末合同法改革／（美）戴维·斯劳森（W. David Slawson）著；杨秋霞译．—北京：知识产权出版社，2018.11

书名原文：Binding promises：the late 20th-century reformation of contract law

ISBN 978－7－5130－5126－2

Ⅰ.①有… Ⅱ.①戴… ②杨… Ⅲ.①合同法—研究—美国 Ⅳ.①D971.23

中国版本图书馆 CIP 数据核字（2018）第 267070 号

责任编辑：彭小华　　　　　　　责任校对：王　岩

封面设计：SUN 工作室　　　　　责任印制：刘译文

有约束力的允诺

——20 世纪末合同法改革

［美］ 戴维·斯劳森（W. David Slawson）　　著

杨秋霞　译

出版发行：知识产权出版社 有限责任公司		网　　址：http：//www.ipph.cn	
社　　址：北京市海淀区气象路 50 号院		邮　　编：100081	
责编电话：010－82000860 转 8115		责编邮箱：huapxh@ sina.com	
发行电话：010－82000860 转 8101/8102		发行传真：010－82000893/82005070/82000270	
印　　刷：三河市国英印务有限公司		经　　销：各大网上书店、新华书店及相关专业书店	
开　　本：720mm×1000mm　1/16		印　　张：15.75	
版　　次：2018 年 11 月第 1 版		印　　次：2018 年 11 月第 1 次印刷	
字　　数：230 千字		定　　价：68.00 元	

ISBN 978－7－5130－5126－2

京权图字：01－2018－8659

致　谢

　　南加州大学法律中心为其教职工提供极佳的学术氛围和优越的资金支持，我从中受益匪浅。我要特别感谢院长 Scott H. Bice，他对学术的兴趣与代表法律中心所付出的劳动是创造及维持这样好的学术氛围和资金支持的关键力量。

　　我要感谢法律中心图书馆的员工，他们总能提供卓越且暖心的服务。尤其要感谢主任 Albert O. Brecht、参考馆员 Brian Raphael 以及曾在此担任参考馆员的 Pauline M. Aranas，她目前是范德堡大学法律图书馆主任。我也要感谢我的秘书 Madeline Paige，感谢她的能干、忠诚和热情。

　　我感谢在法律中心共过事的前同事 Robert M. Thompson，我们曾就救济与恶意违约主题有过多次有趣又有益的讨论。那时 Robert 教救济法，我教合同法，我们都对诉讼法和保险法感兴趣。Robert 也以他多年诉讼律师、初审法官和上诉法官的经验提出了许多富有洞察力的宝贵见解。我也想感谢曾与我一起教合同法的前同事 Richard Craswell，我们的几次讨论对我帮助很大，他也阅读且评论了我先前几章的草稿。Dick 在经济理论和《统一商法典》问题上对我特别有帮助。我曾经把此书某些部分的早期版本作为论文在教员研讨会上分享。我想感谢所有参加研讨会的同事，感谢他们敏锐、生动且有帮助的评论。然而，像往常一样，我提到的这些人不为我可能犯的任何错误负责。对准确性的责任当然全部在我。

　　我一直认为我的学生助教的批评分析以及研究对我十分有帮助。我要感谢以下诸位的长期辛勤工作和他们的见解：Daniel H. Baren，Richard Slane Davis，Thomas Ian Dupuis，Mark Andrew Finkelstein，Edward Alexander Hoffman，Timothy S. Lykowski，Patrick Casey McGannon，Elizabeth Marie Otter，以及 Daniel Scott Schecter。Ed Hoffman，Casey McGannon 和 Dan Schecter 通过在我主持的有关合同法新发展主题研讨会中的工作也为本书作出了贡献，还有研讨会的第四名成员 Patricia Byars Cisneros，她虽不是我的学生助教，但也有贡献。

诸多学者和法官的著作使我受益良多，恕不便在此一一列举。那些让我特别受益的作者及其著作我都将在书中提到。然而，我要破一次例，因为这些著作仅列为参考文献根本无法表达我的感激。James J. White 与 Robert S. Summers 关于《统一商法典》的论述是一个特别有价值的资源，它的价值主要体现在对待法律问题的方式上。他们在文中先陈述他人所有合理的论述，然后再表达作者本身的观点，如果两位作者意见相左便解释分歧所在。由此一来，关于该论题下每个重要的当前问题，读者都会看到简洁、全面且相当平衡的不同观点。

与普林斯顿大学出版社的合作十分愉快。我很感激出版社对我的信心、帮助及耐心。我要特别感谢出版社前编辑 Malcolm DeBevoise 及其助手 Heidi Sheehan，还要感谢推广编辑 Harriet Hitch。

最后，我想感谢我的妻子 Kaaren Tofft Slawson，感谢她对此书的评论、建议以及批评，感谢她在多年婚姻生活中对我的爱与情感支持，尤其感谢她在我写书期间生病的那几年对我的照料。Kaaren 读书广泛且不拘一格，她不是律师，这两点都让她的帮助更有价值。

前　言

　　18 世纪末，英国法院开始了现代合同法的制定。也正是那时，新型长途运输方式刺激着工商业扩张，将英国带进了工业时代。20 世纪初，英国法院与美国法院完成了我们现称之为"古典契约"的法律。合同法一直停留在古典阶段直到 20 世纪末的美国法院改革，这次改革就是本书的主题。

　　古典契约有三个显著特征：几乎无限的契约自由，几乎无限的订约能力以及与侵权的明确分离。契约自由是指选择契约内容的自由。例如，一项要求雇主保持安全工作环境的法律使得雇主无法与雇员签订接受工作环境不安全的合同，这便限制了契约自由。订约能力是指订立合同的能力。例如，《反欺诈法》通过禁止人们订立非书面形式且在上面签字的合同，从而限制了订约能力。侵权法是追究人们有害行为责任的法律部门。例如，侵权法要求疏忽大意的司机赔偿受害者。这些特征让人们可以订立他们想订立的合同，几乎没有种类或程度的限制。

　　古典契约建立在两个前提之上：人们可以通过合同服务其私人利益；合同可以很好地服务公众，使得政府能够将其职能限于执法和国防。虽然这些前提即使在社会环境相对简单的 19 世纪也不太现实，但当时仍有其合理性，然而，社会与经济发展最终使这些前提的不现实愈加明显。这些发展削弱了消费者的议价能力，并且使人们更加依赖他人生产的产品。对此，法院制定法律增强消费者的议价能力并要求生产者承担公共责任。这些改革就是本书的主题。

这些改革措施中的大多数仍没有被普遍接受的定义或命名。我将它们分为四组，分别称为"合理期望""关系侵权""恶意违约"以及"救济改革"。合理期望是对订约能力的限制。它将订约能力限制在订约者只能订立可以合理期待对方能够理解的协议。关系侵权是在某些合同关系中强加了属于侵权责任的新法律，例如，保险公司对投保人的责任或住宅地开发商对新房购买者的责任。自 20 世纪 60 年代以来，律师和法官一直用"恶意违约"一词来描述合同内一系列界定不明确的不法行为。我将试着去找出惩处这些不法行为的共同原则，为恶意违约这一概念给出一个能体现这次改革本质的定义。恶意违约学说一出现，以往合同法案例中不常见的一些损害求偿权相伴而来。直到今天，这些案子自成一类，所以需要分别对待。这些新的损失求偿权构成了救济改革。

合理期待增强消费者的议价能力，关系侵权对生产者加以公众责任，恶意违约与救济改革则两者兼顾。这些新法也消除了古典契约的三个显著特征。合理期待限制了订约能力；关系侵权与恶意违约被大多数法院界定为侵权行为，限制了契约自由并且模糊了合同与侵权的界限；救济改革也限制了契约自由，因为提供新救济措施的法律禁止生产者通过合同排除这些救济。

到了 1995 年，大多数司法管辖区承认某些形式的合理期待，37 个司法管辖区承认某些形式的恶意违约，所有司法管辖区承认某些形式的关系侵权并且采取了一些救济改革。兰德公司的调查显示，1986 年在加利福尼亚州起诉的合同案件大多数涉及关系侵权，并且有大约 1/3 涉及恶意违约。[1] 尽管这些新法在实践中被普遍接受，但学者们对这些新法基本上置之不理。1981 年出版的《合同法重述（第二次）》中没有提及其中任何一个新法。1965 年出版的《侵权法重述（第二次）》中只字未提关系侵权与恶意违约。合同与侵权判例书对这些新法几乎一样的不重视。

一些学者低估了新法的重要性，认为他们并没影响合同法的本体而只是一些"消费者法"。"消费者法"仅适用于个人，当所涉金额不值得聘请律师提起诉讼的情况下给予消费者更多的保护。然而事实上，新法对企业和个人无差别对待，都予以保护，且不仅仅局限于所涉金额较小的情况。这些学者也没有意识到企业同个人一样需要这些新法的保护。

改革不受学术界关注的其他原因因特定改革内容不同而不同。关系侵权夹在其他学科之间，地位尴尬。合同法学者忽略它，因为它是侵权。侵权法学者忽略它，因为它仅在合同环境下出现。商业法律文摘既不将其归为合同法也不将其归为侵权法，而是按与其相关的产业归类，如保险法或建筑法。对订约能力新限制的普遍忽视，主要是由于学者的保守主义。订约能力本身就是一个新概念，较之订立合同的传统观念，人们对限制该能力也是陌生的。因此，似乎越是资深的合同法学者越抗拒理解限制订约能力的新法。另外，当我将这些新法介绍给我的学生时，他们通常的反映是不理解为何合同法不在很早以前就包含如此合理的法律。

为了改变这种普遍的忽视，我在书中加入了大量的描述和解释，但我的目的主要还是分析和规范。第一章阐述了古典契约的特点如何结合 20 世纪某些社会与经济的发展，增强了生产者相对于消费者的议价能力。第二章阐述了这些社会与经济发展。这两章主要是描述，但也有大量的分析。我相信我是第一个指出几乎无限制的订约能力是古典契约的特点之一，我当然要用分析支持我的观点。我还必须论证古典契约的特点确实与我指出的那些社会与经济发展相结合造成了生产者相对于消费者议价能力的提升。第三章至第五章阐述了新法如何通过禁止生产者滥用议价能力来保护消费者并且如何对生产者加以公共责任。同样，我必须分析这些新法才能判断他们是否有效地提供了这些保护并强加了这些责任，如果效果不佳我们应如何改进这些新法。第六章探讨了《统一商法典》第 2 章。最后，第七章论述了改革及其相互关系，分析了美国联邦最高法院最近作出的对合同法施加宪法限制的两类判决。

宾夕法尼亚州于 1953 年率先通过《统一商法典》（U. C. C.）。截至 1995 年，每个州以及哥伦比亚特区都通过了《统一商法典》。除第 1 章外，9 章中的每一章都规范一个商法领域。（第 1 章是对其他 8 章的普适规定。）第 2 章规定货物买卖法以及合同内容涉及货物买卖的合同法某些部分。"货物"

是指有形的、可以移动的物体。例如，汽车是货物，但电话服务不是，因为它不是有形的；房地产也不是，因为它不可移动。在立法机构通过《统一商法典》之前，各州的货物买卖法差异很大，学者和律师们认为大部分是坏法，并且与合同法也没有很好整合。《统一商法典》第 2 章就是为了解决这些缺陷，从整体上讲，效果还不错。然而，出于从未透露的原因，起草者在该章中写进了很多无关货物买卖而只关乎州合同法的规定。这些规定有些重申了 20 世纪 40 年代到 50 年代起草该章时的合同法，有些明显试图重申旧法但方式不对，还有些公然改变了旧法。无论哪种情况，结果就是我们现在有两个合同法，两个合同法之间的分歧只在个别情形下才有正当理由。

另外，由于两法由不同的机构制定，差异肯定会扩大。只有通过《统一商法典》的州立法机关才能修订第 2 章，而法院可以且几乎完全由法院修改普通法中的合同法。修订第 2 章的困难也大大恶化了该问题。如果修订第 2 章会破坏其在各州间的一致性，那便不是上策，因为一致性是制订第 2 章的目的之一。因此，除非所有州都制定同样的修正案，否则每个州都不能修改第 2 章。然而面对一个有争议的修正案，各州达成共识几乎是不可能的，并且任何一个重要的修正案一般都会有争议。尽管大多数州立法机关早在 25 年之前就通过了第 2 章，但还没有制定出一个重要的第 2 章修正案。除了与普通法的差异外，我们需要修订第 2 章还有别的原因。它的很多规定都是坏法。这些规定要么一开始就是坏法，要么环境或观念已与起草时不同。具体来说，它的一些规定禁止法院制定的新法适用于第 2 章涵盖的合同，因为在成文法与普通法（也就是法院制定的法）相矛盾的情况下，应遵循成文法。（这一规则体现了民主体系中作为法律的制定者，立法机关比司法机关具有宪法上的优越性。）

第 2 章的主要起草人卡尔 N. 卢埃林（Karl N. Llewellyn）预见到了修订第 2 章的困难，试着通过将其交给司法解释来解决这一难题，但也只是部分成功。卢埃林也曾提议在第 2 章中赋予法院权力，允许法院将其看做是它们自己过去判决的一部分。如果法院确信已变化了的情况或观念需要新法，法院可以"推翻"第 2 章并制定新法 。我会建议各州的立法机关现在根据这一过去的提议制定自己的版本。《统一商法典》与普通合同法之间的许多差异没有道理且着实有害，消除这些差异的唯一希望就是把制定这两法的职责交给一个机构。这个机构应该是法院，因为在制定第 2 章之前，就是法院在负责。我用两个对比来支持这一提议，在我看来他们都证明了对合同法来说司法造法优于立法。我会对比不同法院对第 2 章的改革，再对比法院制定普通法的过程与学者起草、立法机关制定第 2 章的过程。为了进行第二个对比，我先简短介绍了一下后者的制定过程。

最后，通过对比我证明了我的论点，即法官应该在改革中开始扮演更积极的角色。许多法官似乎认为如果新法有问题，该由立法机关来解决。有这样想法的法官可能忘了或从来都不知道，正是他们或他们的前任制定了这些新法。这些对比应该也能帮助这些法官们相信，他们在改革新法中的作用要比州立法机关大得多。我在第六章与第七章中进行了关于他们的对比与论述。

除了描述、分析和评论新法，我有时也会描述、分析和评论制定这些新法的司法判决。不是律师或法律学者的读者可能想知道我为何认为这是必要的。制定法律的司法判决就是其所制定的法律；我或其他人针对这种法律的任何阐述都只不过是对制定它的判决的解释。当一个普通法创立时，通常对其解释会达成共识，但我将提到的一些法律还没有发展到这一阶段。因此，对这些法律我只能陈述几个代表性的判决，提供我自己的解释并说明理由。

此外，对判决的解释往往揭示了法院制定新法的目的，这对判断法院为何如此制定这些法律而不是选择可达同样目的的其他方法总是必要的。法律制定者的目的往往可通过多种途径实现。例如，法院要设计防止生产者滥用议价能力的法律，方法可以有很多种。因此，仅仅说想要防止生产者滥用议价能力，这种说法并没有完全解释为何法院要如此制定法律。对制定法律的判决的描述与分析常常有助于完善解释。法院之所以如此制定新法而非采用其他同样可以防止生产者滥用议价能力的方式，是由于至少在法官看来，这样的新法最符合他们认为新法应该或必须符合的原则与先例。

目 录 Contents

第一章

古典契约

　　本书的主题是改革我们沿袭下来的合同法，它现在被称为古典契约法。古典契约法主要是工业革命的产物。工业革命刚开始，也就是 18 世纪末，英国法院就着手制定古典契约法。需要先理解古典契约法及塑造它的力量，才能理解对古典契约法的改革以及形成改革的力量。美国法院于 20 世纪末开始此项改革。

第一节　契约自由与公共职业①

　　现代人使用合同主要是为了规定贸易条款，但贸易在西方直到 18 世纪末才普遍。在那之前，法律为当时的交易制定规则。如果一个人不接受商人的定价，法院甚至可以重新定个价格。法院定下的规则被称为"公众职业职责"（the duties of the common callings）。一个"Calling"指一种职业，"Common"指这个职业服务大众。

　　一种服务不需要什么特别技能就可以成为一种职业。例如"劳工"，指的是提供的服务不含特殊技能的人，这就算一种职业。唯一的要求就是这种服务

---

　　① 公共职业（Common calling）指在普通法上具有特定身份从而负有特殊法律责任的职业，如承运人、旅馆老板和兽医，他们对其从事的职业中产生的伤害负有法定责任，这种责任后来发展为无过失责任即严格责任。——译者注。参见薛波主编，潘汉典总审订：《元照英美法词典》，法律出版社 2003 年版，第 260 页。

要面向公众。几乎只有那些佣人和其他长工，或那些仍受旧封建义务约束的人的职业不算服务大众。[1]

在18世纪后半叶的英国和北美，公共职业职责与经济竞争相悖成了重要问题。两个经济方面的发展也加剧了这一问题。新型节省劳动力的机器加上将劳动过程分解为小而重复步骤的方法大大降低了生产成本，新式交通工具（运河和铁路）大大降低了长途运输成本。生产相似商品的商家开始相互竞争，因为他们都可以大量生产商品并以低廉的价格销往各地。

竞争要求买卖双方通过协议自由设定价格与其他销售条件。然而，它并不要求买卖双方订立合同。合同是允诺，但如果商品按"现状"出售换得现金，买方与卖方都没有作出任何允诺。但是，当卖方要把商品长途运输给买方时就需要合同了，因为买方想确保商品与卖方之前允诺的一样，卖方想确保交付商品后买方会像之前允诺的一样付款。买卖服务时有合同总是好的，因为服务的卖方需要时间来提供服务。因此，正如远距离商品买卖双方需要保证一样，服务销售的买卖双方也需要保证。

合同法在18世纪已经存在，但远未发展成熟。订立合同十分费时，而且法律专业上的细节规定使得合同诉讼结果不定。此外，公众职业职责已对部分商品或服务制定了价格与销售条款，买卖双方对这类货物或服务的定价或销售条款若与之不同则视为违法。因此法院既要制定一个更简单可靠的合同法，又要废止或至少限制公众职业职责。英国法院与美国法院都非常迅速地完成了这两个任务。他们都在20世纪末前基本上废除了公众职业职责并且制定了一个几乎全新的合同法。那个合同法，现在通常称之为"古典契约"，依然构成了英语国家合同法的基础。

一直以来，英美合同法的大部分是普通法，这当然意味着它是由法院而不是立法机关制定的。19世纪普通法的一般观念是法官"找到"了它而非创造了它。他们在风俗、惯例以及道德原则和适当行为中"找到"了它。新合同法的主要来源是经济竞争与自由主义理论。亚当·斯密于1776年出版的《国富论》提出了经济竞争理论。自由主义是一种政治哲学，诞生于17世纪末 18 世纪初诸多欧洲与美国作家的著作中。经济理论和自由主义都强调了自由的价值。《国富论》解释说要想使经济竞争发挥其益处，人们必须能自由制定价格与其他销售条款。自由主义设想的自由是法律和其他形式国家控制下的自由，它给出理由让人们相信增加这种自由将有利于人类的福祉，促进道德和政治进步。

法院从这些资源中提炼出来的主要原则是契约自由。契约自由有两个方面：一方面，"免受……的自由"与"做……的自由"。人们应**免受**法律施加的公众职业职责和其他职责的约束，可以**自由**订立想要的任何种类合同。契约自由要求侵权法与合同法划清界限。通常来说，侵权法由人们作为同一社会的成员相互需要承担的责任组成。例如，侵权法规定一个人不能伤害他人或损坏他人财产。而另一方面，契约自由规定人们无需承担他们没有同意承担的义务。此外，一旦人们签订合同，他们可以拒绝承担合同外法律施加的责任，并且可以创造新的或不同的责任。契约自由不仅极大地削弱了公众职业的职责，也限制了侵权法的发展，甚至导致了侵权法发展的倒退，尤其在美国。[2]

普通法中显示出的改变比人们想象的要少。很多过去的判决完全被忽视。之所以如此，是由于唯一有法律依据提起诉讼的人是那些依旧靠手工制作商品或提供服务的卖方，并且他们最终都从市场上消失了。新的生产与运输方法使其他人都从中受益。当法院不得不面对一份过去的判决时，它会以案中的卖方已同意以较低的价格出售货物为依据来与之区分。通过这套理论，法院可以将大部分公众职业职责降至惯例与实践层次，这样买卖双方便可以合法地用协议改变它。

经济竞争与自由主义对契约自由的两个方面都有贡献。经济竞争要求买卖双方不受公众职业职责的制约，且可以自由制订价格和其他条款。自由主义主张政府将其职能限于维持国内秩序、提供国防资源以及保护财产。侵权法、公共职业职责和其他取代人们合同约定的法律未能服务于这些职责中的任何一项。因此政府应通过废除或限制这些法律来保护人民免受其害。自由主义对"做……的自由"方面的贡献就是争取政府的力量来保护合同的订立和强制执行。合同属于财产，而政府的任务之一就是保护财产。

19世纪还有两种思想与契约自由相似，但究竟是它们对契约自由的贡献大还是契约自由对它们的贡献大还是个问题。其一是自由放任经济学说，或者说是"顺其自然"学说。政府要将商业事务完全交给私人处理。另一个则是社会达尔文主义，它将查尔斯·达尔文在《物种起源》中关于动植物进化的发现作为对当代社会政策的建议。政府不应该帮助那些"生存竞争"中的失败者，因为帮助他们相当于帮助最不适应环境者生存，会降低"人种"的质量。这些思想与契约自由某些方面的相似是显而易见的。

19世纪具有影响力的"意志"（will）哲学可能也对契约自由有所贡献，且肯定影响了古典契约最初采取的形式。这些哲学认为"意志"是所有存在的基础。"意志"在这里不仅仅指个人意愿，而是说因为人类拥有意志的程度比其他物种大得多，从而具有独特的形而上学的重要性。理想主义是活跃到19世纪末的一派，它甚至认为个人意志构成一切存在。事物只因人的意志而存在。（理想主义很难解释为什么人们都想将同样的事物，包括其他人，变为存在。）这些哲学观念中的意志从定义上讲是自由的，因为如果意志受其他事物控制，那该事物就应是意志存在的基础，但这与理想主义的主张相悖。直到19世纪结束，合同的主导理论就是"意志论"。合同被认为由意识组成：是**合意**（consensus ad idem），更直白地讲是"双方想法一致"。

第二节　鼎盛时期的契约自由

直到19世纪末，美国普通法中的合同法与英国普通法中的合同法几乎一样。英国早期的 *Winterbottom v. Wright* 案[3]，强化了英美两国的契约自由。该案于1842年由财税法庭（Court of Exchequer）判决。法院判定马车车轮制造人不对除车轮购买者外其他因车轮瑕疵受伤的人负责。其他人都缺少"合同的相对性"。法院担心不这样判决的话，责任范围会太广："即使是路人"都可能因伤得到赔偿。虽然法院没有明确说明该判决与契约自由的联系，但该判决隐含地认为生产商对签约方以外的任何人都不负有义务。

如今人们对类似情况的反应可能会完全相反。人们会认为路人**尤其**应该因伤受偿，因为不像那些购买者，他们根本没有机会通过合同保护自己。很难揣测除了盲目遵循契约自由外，还有什么原因使财税法庭如此在乎限制生产者的责任，但也可能是出于认为商品购买者对商品可能造成的伤害有责任。因为购买者可以通过检查商品发现它的缺陷。对当时那些比较简单的商品，这也许是合理的假设。没有检查商品或知道缺陷却仍使用的购买者应该对路人或其他人受到的不良后果负全责，就相当于该商品是购买者自己制作的情况。在任何情况下，美国法院都遵循 *Winterbottom* 判例。缺乏合同的相对性一直是卖家对产品缺陷责任抗辩的理由，直到 1916 年纽约上诉法院在 *MacPherson v. Buick Motor Company*[4]案中驳回这一抗辩理由。不久之后其他美国司法管辖区也遵循 *MacPherson* 案。[5]

1861 年，英国历史学家亨利·梅因（Henry Maine）将"从身份到契约"的改变描述成整个社会历史进步的方向，特别提到英国法律中公众职业职责到契约自由的变化。[6]1875 年，掌卷法官（Master of the Rolls）George Jessel 爵士在 *Printing Company v. Sampson*[7]一案中指出：

不止一个公共政策规定成年且有理解能力的人拥有最大限度的契约自由，他们自觉自愿订立的契约应被视为神圣的，并由法院强制执行。[8]

美国法官经常在他们的个人意见中引用 Jessel 的话。[9]

20 世纪美国法律史学家帕特里克·阿蒂亚（Patrick S. Atiyah）认为契约自由在英国的鼎盛时期是 1871 年。那时国会第一次通过制定约束雇佣关系的法律限制了雇主的契约自由。在那之前，英美两国的契约自由本质上是一样的。然而，1871 年美国的契约自由非但没有被削弱，反而继续增长，最终达到了英国从未到达的高度。直到 20 世纪末开始制定作为本书主题的新法之前，美国法院并没有果断地推翻契约自由。

契约自由在美国所谓的洛克纳时代（Lochner era）达到顶点，当时法院还将其宪法化了。这个时代大约从1890年持续到1920年。它的名字来源于1905年美国联邦最高法院对 *Lochner v. New York*[10]案的判决，该案判决推翻了纽约州一项限制面包工人每天工作不得超过10小时以及每周不得超过60小时的制定法。法院对该议题的意见是这样开头的：

在雇工能在雇主的面包房中工作多少小时的问题上，这项纽约州制定法着实干涉了雇主与雇工之间的订约权。订立有关个人生意合同的一般权利属于个人自由，受《联邦宪法》第十四修正案的保护。[11]

然而，联邦最高法院在 *Coppage v. Kansas*,[12]案中更详细地探讨了契约自由问题，并于1915年作出判决。堪萨斯州一项制定法规定，雇主或其代理人若以雇工签署不加入工会的合同为条件进行雇佣构成轻罪，应处以罚款或30天以下有期徒刑。这样的合同被普遍称为"黄狗合同"（yellow dog contracts）①。1911年夏天，St. Louis & San Francisco 铁路公司监督员 Coppage 因一个雇员拒绝退出工会并签署"黄狗合同"而开除了他。堪萨斯州根据该制定法定了 Coppage 的罪，堪萨斯州最高法院也维持原判。美国联邦最高法院依据 *Lochner* 案等先例推翻了原判。

堪萨斯州最高法院表示："作为普遍事实，雇工通常在订立出卖自己劳动力的合同时经济上没有雇主订立购买劳动力合同时那么独立。"[13]这些话大概参考了亚当·斯密最先提出的论点。他写道：由于资本所有者相对于欲向其出卖劳动的服务者来说具有固有的优势，从而雇工相对于雇主缺少议价能力。资本所有者无需在短期内充分使用其资产。他如果把资产存入银行赚取利息也没什么损失，即使锁在保险箱里几个星期也没关系。另外，工人通常要保持有酬就业，因为他们需要稳定的收入养活自己和家人。因此资本所有者往往能在

① 黄狗合同：（美）以不加入工会为条件的雇佣合同。该雇佣合同要求劳方不得参加工会，已参加工会的不得保留其会员资格。因20世纪初以来美国人把讨厌的人或事称为黄狗，故其俗称"黄狗合同"。该种合同后被《全国劳资关系法》（National Labor Relation Act）等联邦法律和大多数州的法律禁止。——译者注。《元照英美法词典》，第1432～1433页。

议定雇佣条款的过程中耗赢工人。在这方面唯一能限制雇主的就是充分就业，它要求雇主提供更高的工资以便从其他雇主那里吸引工人来工作。[14]

美国联邦最高法院对堪萨斯州最高法院（以及亚当·斯密）的回复如下：

毫无疑问，哪里有私有财产权，哪里就有财富的不平等；因此，进行合同谈判的双方受环境影响的程度不同是很自然的。这适用于所有合同，不仅仅适用于雇主与雇工之间的合同。仔细一想便可知，只要私有财产权与契约自由权共存，订立合同的任何一方都不可避免地或多或少受其所有财产多寡的影响；因为订立合同的最终目的是各方可以用自己愿意给予的换来更急迫需要或渴望的。而且，既然除非所有财产共有，总有些人的财富会比他人多这一道理不言而喻，就不可能在维护契约自由权与私人财产权的同时，不承认行使这些权利造成的财富不平等合法。但是第十四修正案宣称政府不能"在未经正当法律程序的情况下剥夺任何人的生命、自由或财产"，并对其中任何一项予以平等制裁；它承认"自由"与"财产"为共同存在的人权，且禁止各州无正当理由干涉任何一项。[15]

尽管联邦最高法院的逻辑比较模糊，它的意思还是很清楚的：契约自由是宪法经济学的一项基本原则，立法机关不能干预。这一直是美国宪法的大路线，直到 20 世纪 30 年代的大萧条来临，法院用一系列支持监管立法的判决推翻了洛克纳时代的判决。

直到 20 世纪末，法院继续将契约自由适用于普通法判决中。法院主要用契约自由来防止合同的任何一方通过出示证据证明存在新的或相矛盾的口头协议、行为或理解而终止书面合同。因此，契约自由对口头证据规则（parol evidence rule）的演变有所贡献，直到 20 世纪 60 年代，口头证据规则在大多数司法管辖区内仍然比较严格，到了 1995 年仍以一种形式或另一种形式存在于每个司法管辖区。[16]书面雇佣合同受到了特别有力的保护。其中一条规则发展为永久雇用、终身雇用之类的口头合同可以作为法律问题（matter of law）依合同任意一方的意愿终止。实际上，雇工在没有雇主书面允诺不辞退的情况下是不能强制要求雇主履行终身雇佣允诺的。这项规则虽然表面上是中立的，但实际操作中偏向雇主。还没有雇工通过这项规则提前解除了与雇主约定的较长工作期限合同的判决记录。

这个雇佣规则在某些州执行得更加严格，即使是终身雇用的书面合同，雇员也只有在他能够证明他特别考虑了终身雇用这一允诺的情况下才可要求对其强制执行。例如，雇工可以通过证明他为了得到这份永久雇用接受了较低的工资或在雇主的要求下离开了本可做更久的另一份工作来要求强制履行这项允诺。如果雇员要挑战这一规则的话，许多州的最高法院兴许会推翻它，但这个雇佣规则仍以一种形式或另一种形式存在于大部分的司法管辖区中。[17]

经济理论也为该雇佣规则提供了一些支持，认为如果雇主不能根据当前业务情况自由解雇工人，那么竞争就无法在劳动力市场发挥有效作用。另一个支持理由是该规则反映了现实，也彰显了与契约自由的联系。该理由认为，终身雇用好得难以置信；声称雇主对其作出终身雇用允诺的雇工是在妄想或试图讹诈雇主。[18]鉴于 19 世纪末 20 世纪初相对低迷的经济，这个理由也不失真诚。

第三节　美国规则

契约自由的主要遗产是一种持续至今的态度：法院如果没有不执行合同的令人信服的理由，就应该按合同约定执行合同。这个态度主要是**订约**自由。当联邦最高法院推翻 *Lochner* 系列判决时，从**契约自由**方面中消失的几乎只是该自由。然而，也有一个重要的例外：美国规则①。

①　按传统"美国规则"，除非法律规定或合同另有约定，胜诉方当事人也要付律师费，即各方当事人分别负担自己的律师费，但有例外，如在对方存在恶意、无理缠讼、轻率行事，或者诉讼使得某确定集团的成员获得了实际利益，或存在其他情况时，胜诉方可免付律师费。此外，在关于民权的诉讼中，如果诉讼是无意义的、不合理的或无根据的，法院也可裁定胜诉的被告人免付律师费。——译者注。《元照英美法词典》，第 68 ~ 69 页。

美国规则是美国特有的。该规则规定民事诉讼中的胜诉方不能向败诉方索要其诉讼费用。这个规则可追溯到 17 世纪，当时英国和北美的律师无论代理谁，都至少在原则上是为法院工作。案子结束后，法院用从一方或双方收来的费用付给他们酬劳。通常是败诉方支出这部分费用。在英国，法院规定费用数额，而在美国殖民地，殖民地立法机关规定费用数额。可能是出于对被视为皇家政府代表的律师的厌恶，这些立法机关通常为律师设定的工资很低，而且即使货币贬值或发生其他变化，也很少审核他们的工资是否足够。结果到 18 世纪末，律师的工资变成名义工资。客户通过送"礼物"给律师来鼓励律师好好代理。

美国律师最终赢得通过合同获得酬劳的权利，但这意味着他们只从客户那儿获得酬劳。然而，直到 19 世纪后半叶，胜诉方仍可合理地期待将律师在合同中订下的酬劳算作败诉方应支付的赔偿金的一部分。这在法院判决败诉方不对胜诉方的律师费负责后就行不通了。[19]《加利福尼亚州民事诉讼法》第 1021 条就是这一发展催生的关于律师费的典型法律，自 1872 年制定以来就没什么改动：

> 除了制定法特别规定的律师费外，律师和法律顾问应得报酬的数额与形式由当事人之间明示或默示的协议确定；但是下文中规定的诉讼或程序中的当事人可以为其支出的费用得到补偿。[20]

然而在大多数州，美国规则是普通法而非制定法。加利福尼亚成为一个州后不久就制定了第 1021 条作为法典的组成部分，其意图是将当时的有关律师费的普通法纳入其中。只有一些授权律师通过合同获得酬劳[21]或从赔偿金中除去律师费[22]的判决明确援引了契约自由概念，但契约自由的影响至少隐含其中。授权律师通过合同获得酬劳的判决体现了"做……的自由"这一方面。从赔偿金中除去律师费的判决体现了"免于……的自由"这一方面。这些判决作出的时间也很有指示性。它们都是在契约自由影响最大的 19 世纪中后期作出的。法院一直承认的美国规则的唯一例外也显示了契约自由的影响：如果引发官司的合同中写明胜诉方可以从败诉方那里拿到律师费，那么胜诉方是**可以**从败诉方那里拿到律师费的。[23]

美国规则与 *Winterbottom* 案的规则有明显的相似性，它是美国除洛克纳时代的合宪性判决（constitutional decisions）外对契约自由最极致的表达。两者都否认合同外的任何责任，即使事实上大多数可能从合同外责任中获取利益的受益人根本没有机会在合同中写入该责任。在这两种情形下，法院都将契约自由置于其合法边界之外。

第四节　意志理论的麻烦

意志也许是形而上学存在论的很好基础，但经证明它并不是合同的好基础。它破坏了合同的约束性，而约束性是合同最突出的特点。如果合同是由双方一致的意志组成，当其中一方撤回其意志时，合同怎么还能存在呢？另一个困难就是判断两个人的意志是不是确实一致。如果其中一方后来声称他并没有某个必不可少的意志，法官或陪审团凭什么判断他在说谎呢？只有他本人知道他自己的想法。从至今著名的两个 19 世纪判例中就可看出这两个困难。其中之一是英国王座法庭于 1818 年判决的 *Adams v. Lindsell*[24] 案。被告给原告邮寄了一份羊绒销售要约，要求原告在"邮寄需耗时间"内给予承诺。被告写错了地址，所以要约邮件到晚了。原告并不知道这一情况，寄回邮件表示接受要约并且认为仍在被告要求的承诺时间内。被告在他们认为的邮寄需耗时间内没有收到原告表示接受要约的邮件，于是将羊绒卖给了别人。原告提起诉讼，声称他们接受要约的承诺是及时的。初审法院基于双方意志从未达成一致而判被告胜诉。当原告的意志传达到被告时，被告已经改变意志而去与其他人订立合同了。

王座法庭推翻了这一判决。它指出初审法院的这一推理会陷入无限循环。根据初审法院的观点，只有要约人在还想与受约人订立合同时收到受约人的承诺邮件，双方的意志才算一致。如果是这样，双方的意志要想一致，还需在要约人与受约人双方都仍想订立合同时，受约人得到要约人已收到受约人承诺邮件的消息——以此类推，没完没了。为了避免这一无限循环，王座法庭认为：

> 必须在法律上认为被告在邮件寄送的任何时刻对原告的要约不变，被告收到原告承诺要约消息后这个合同才算完成。至于原告承诺要约消息的迟到，由于完全是由被告的错误造成的，所以必须认为这种情况下原告的邮件仍算是在正常寄送时间内寄达。[25]

有人将之称为订立合同的无线卫星理论（the radio satellite theory of making a contract）。王座法庭提前了一个半世纪就理解了移动的物体如何能发送以及接收通信信号。*Adams* 案依然是法律，虽然现在很少有人接受法院当时给出的理由。受约人收到要约人寄来（或通过其他需要时间传送的通信手段）的要约后，从送出承诺要约的消息起就算承诺了要约，假设传送及时、地址无误等等。*Adams* 案过了 60 年后，在财税法庭（Court of Exchequer）任职的 Theisger 法官建议，如果将邮局假设为要约人代理人的话，这项规则会更符合逻辑，因为要约人是双方中首先选择使用邮局服务的人。因此，当受约人将承诺要约的回复交给邮局时，就相当于他将承诺交到了"要约人派来的替其送达要约且收取承诺的信差手里。"[26]

然而 Theisger 法官的建议行不通。代理人是指通过委托人授予的权利影响委托人法律关系的人。代理人的一般权利就是订立委托人的合同。一个人必须同意他人替其订立的合同，正如他必须同意自己订立的合同一样。没有代理关系双方的同意，法律不能宣告代理关系存在，正如没有合同双方的同意，法律不能宣告合同关系存在一样。事实上，没有任何切实可行的规则可以解决意志理论与靠通信订立合同之间的矛盾，因为如果合同的订立需要双方的同时同意，那么其中一方在另一方不知情的情况下做的任何事都不能完成合同的订立。

另一个判例是 1876 年的 *Dickenson v. Dodds* 案。[27] 衡平法院（Court of Chancery）需要决定受约人承诺要约之前要约是否已终止。Dodds 给 Dickenson 发出愿意出售某处房产的书面要约，要约中包含出售条件且指明此要约会在下周五早上九点失效。Dickenson 仍在决定是否接受要约时，从 Berry 那儿得知"Dodds 一直在向 Thomas Allan 发出出售那个房产的要约，或者说他同意将该处房产卖给 Thomas Allan。"Dodds 显然错误地认为他不能撤回自己发出的要约，所以他也没尝试撤回。相反，他试着在要约失效前避免见到 Dickenson。但他没有成功。Dickenson 在周五早上快到 9 点时在火车站逮到了正要上车出城的 Dodds。Dodds 告诉 Dickenson 已经来不及了，因为他已将房产卖给了别人，而这个事情 Dickenson 当然已经知道了。

法院判 Dodds 胜诉。法院指出 Dickenson 从听到 Berry 提供的信息时，他与 Dodds 之间的要约就终止了。

一旦听到了这些消息，［Dickenson］就清楚地知道 Dodds 已经改了主意，决定将房产卖给 Allan。因此不能说双方曾经有过一致的想法，而这在法律看来是达成协议所必需的。[28]

不管这个判决合理性在哪儿，反正用意志理论得不出这个判决。即使 Dickenson 没有得知 Berry 提供的信息，双方订立合同的想法也没一致过。在意志理论下，Dodds 如果想要阻止合同的成立，逻辑上只需**想想**他不再愿意卖给 Dickenson 就行了，这也意味着他一定有某一刻决定将房产卖给 Allan。若按照这个逻辑制定法律的话，要约人根本无需费心去撤回要约，改变主意就够了。

正如 *Adams* 案的判决，虽然意志理论后来让位于其他理论，虽然法院的解释存在缺陷，*Dickenson* 案确立的规则还是保留下来了。然而 *Dickenson* 案确立的规则并不是完全保留下来。《合同法重述（第一次）》中将所谓的"间接撤销规则"限制在财产出售要约中，并且是受约人得知要约人已将财产出售给他人或已订立出售给他人的合同这种情况。仅仅得知要约人改变了想法是不够的。[29]《合同法重述（第二次）》对此规则又一次做了改动，但这次改动与以往的方向相反。受约人得知的消息如果可靠且能说明要约人已经采取了"确切的与之前有意与受约人订立合同不一致的行动"，则要约才算被撤销。

正式评论解释说刚才引用的话是指"明确的不一致"。[30]

第五节　客观主义与真正同意证据的不可取得

到 1900 或 1910 年，美国法院用所谓的客观主义取代了意志理论。现今合同由双方合意的客观表现形式构成，法律按照一个理性人在当时情况下对合同的理解来理解合同。合同各方的实际想法与对合同的解读都无关紧要。虽然小奥利弗·温德尔·霍姆斯（Oliver Wendell Holmes, Jr.）表示客观主义早在 1881 年就被法院采纳，[31]但格兰特·吉尔摩（Grant Gilmore）证明至少在 1974 年还并非如此。[32]霍姆斯实际上说的是客观主义可以支持当时几个主要的合同判决。然而，到了 1911 年，勒尼德·汉德（Learned Hand）法官就能说即使"二十个主教"证明合同当事人的真实想法有所不同，合同的意思还是会按一个理性的人对当时情况的客观判断而定。[31]

契约自由不仅幸免于意志理论的灭亡，反而因此变得更强。客观主义提供的基础更加稳定，避免了意志理论会陷入逻辑困境这一问题。合同对合同当事人来说就是法律。这种法律的合法性来自他们的同意，当事人各方或表明同意订立合同，或至少表明同意合同内容。意志理论要求这种同意是真实的，而且似乎还要求这种同意要一直持续。如果合同当事人的意志不再一致，那么由合意组成的合同逻辑上就不复存在了。相反，客观主义只要求合同双方**表明**（manifested）他们的同意，所以由此可知，只要当事人订立了合同，合同本身就可独立存在。表示同意这一行为受时间限制，这个时间就是一个人通过说、写或其他方式表达同意所需的时间。因此，一旦表示同意，合同就变成了不依赖其他任何事物便可存在的事实。

独立于当事人真正同意的合同也就合理地具有了独立于当事人真实意图的自身含义。这正是客观主义所主张的。最后，客观主义通过引导我们只关注同意的外在表现形式，将表示同意这一动作变得十分简单，仅靠某种完全形式上的表示即可，如签字或握手。的确，客观主义很好地禁止了对一个人在订立合同时到底以为自己同意了什么这一问题的追查。实际结果是允许人们订立不具有任何有意义同意的合同。原则上，两个人仅需表示将《大英百科全书》作为合同就可以真的将其作为合同。后来，法官以及评论家有时称合同法的这一方面为"阅读的义务"。将一本著作作为合同的人要自己承担这样做的风险。他之后不能因没有阅读、没机会阅读或不理解著作而背弃合同。[34]

19世纪似乎没人质疑法律的这个方面。如果有人质疑，其他人可能会予以反驳，理由是对这类合同表示同意的人是自愿同意的：他本可以选择不同意。这种反驳如果是在19世纪可能还行得通，但之后就不行了。新出现的两个变化在很大程度上导致人们除了盲目订约之外，别无他选。人们越来越依赖各种各样的商业服务与产品，而这些服务与产品的生产商只向人们提供标准合同。当今的人如果签合同前非要搞清楚自己到底承诺了什么，就会将大部分社会生活方式拒之门外。

第二章
产品依赖与不平等议价能力

产品依赖与不平等议价能力是法院进行作为本书主题的改革的两个主要推动力。

第一节　产品依赖

现代社会中人们对产品的依赖比以往更严重，这么明显的事情我也不多说什么了。这主要是专业化导致的。社会的每个成员只生产范围很窄的几种产品，但消费或使用大量不同的产品。结果就是每个人都要依赖他人获取几乎所有需要或想要的东西。例如，律师只提供法律服务，并且通常是某个专业方向的法律服务，因此他们的吃穿用度都要依赖他人。当然，专业化早就有了，但过去技术不这么发达的时候，专业化水平远没到现在这个程度。

另一个导致更大产品依赖的因素是现代产品在设计、制造或使用不当情况下存在的更严重的安全隐患。例如，19 世纪时一个粗制滥造的犁顶多浪费一些人力，但如今一个不合格的联合收割机却会将人致残致死。19 世纪的农民只使用不含任何杀虫剂的自然肥料，但如今农民使用的化肥和杀虫剂可以污染环境数十年并毒害数以百万的人。

经济市场或多或少地自动管控着这种依赖，到了一定程度，依赖问题逐渐变为不平等议价能力问题。如果人们只是作为消费者依赖生产者的话，若他们与生产者议价能力相同，基本上就能得到所有的保护。然而，人们在其他方面也依赖生产者。例如，当他人的汽车有缺陷或责任保险不够赔偿车祸损失时，我们都承担风险。

议价能力之外的依赖产生了对服务公共目的法律的需求：如鼓励或要求汽车制造商制造可靠刹车的法律或者鼓励或要求司机拥有充足责任险的法律。虽然法院在 1960 年前（请参见前言）推翻美国汽车产业标准合同中责任限制的部分原因是为了保护消费者不受生产者优势议价能力的欺压，他们也希望能保护人们免受汽车缺陷的威胁。法院希望当生产商无法用合同抗辩摆脱消费者的索赔时，他们就更愿意生产可以保护人们的更安全的汽车。

第二节　不平等的议价能力

议价能力是规定合同条款的能力。议价能力是一种社会能力，与其他社会能力一样，它不仅仅意味着引起后果的能力，它也意味着明智地选择后果的能力。没有这种能力的能力是盲目的，而盲目的能力从社会意义上讲不是能力，因为它不赋予人任何优势。因此，我所说的"议价能力"包含明智地选择通过订立合同达到想要达到的结果的能力。

合同是一种讨价还价。人们为了进一步取得他们认为的利益而讨价还价。因此我将人们希望通过合同得到的结果看作他们想要进一步取得的利益。这个看法并不是很准确。例如，它没有包括那些赠与合同，也没包括那些按法律规定成立的违背个人意愿的合同。[1] 然而，它对我们的目的来说足够准确，而且能包括我们社会中的大部分合同。

人们一旦缺乏议价能力，就不能保证他们的合同会明智地顾及他们的利益，合同法仅凭这一点就应该考虑议价能力问题。当事人一方或双方缺乏议价能力足以作为法律限制其契约自由、订约能力或两者均被限制的理由。这个理由并不起决定性作用，因为其他考量可能会支持相反的决定；但它至少提出了法律是否该限制契约自由或订约能力这一问题。20世纪的立法者一直以来主要关心的是议价能力的不平等，但议价能力也是绝对必要的。如果订立合同的双方都没能合理理解合同的可能结果，即便议价能力相同也可能损害他们自己的利益。

在继续探讨之前，我先定义几个术语。虽然只起辅助作用，但对讲清楚之后的内容很有帮助。

"产品"指任何人工制造的整个或部分东西，不论是有形的还是无形的。在此定义下，食物、服务以及用机器制造出来的东西都属于产品。保险、职业体育以及电话服务也都是产品。

"生产者"指为出售而制造产品的人。"消费者"指购买产品来消费的人。这与该词的通常用法不同，通常"消费者"指的只是为个人目的消费的人。我所讲的"消费者"甚至是包括大型商业组织的。例如，一个生产商通常会在生产过程中购买数百种不同的产品，比如说办公设备、办公用品或为员工提供舒适与方便的物品。举个具体的例子，一家汽车制造公司通常会购买生产过程中所需的钢。它也许会从轮胎生产商那里购买轮胎装在自家生产的车上。他会购买电力、电话服务以及供水服务用于各种用途。它会购买文字处理器以及纸张用于办公，购买咖啡机、纸杯以及纸巾为员工提供舒适与方便。因此，它是所有这些产品的"消费者"。

"人"（person）指自然人（男人或女人）或法人（例如一个公司）。如果我想包括自然人和法人，我通常会说"各类人"（peoples），如果我指的只是自然人，我会说"人们"（people）。

在这里我也先讲讲我对性别中立术语的使用。如果性别中立术语表达准确、合乎语法、语义清晰、用法自然且不过分冗长，我会使用它。我对"人"的定义意味着我必须要说"他、她或它"才能将人的含意表达得既中立又准确。平常行得通的性别中立术语"他或她"在这里会不准确地暗示我指的只是自然人，而"它"则暗示我指的只是法人。因此我通常会用男性单数第三人称指代人。

生产者与消费者的区分在三个方面与我的目的相关。首先，在市场经济的现代社会中，所有合同中的很大一部分都是生产者与消费者之间的合同。某一产品的两个消费者之间的合同是很少的，如一个人将他的旧车卖给非二手车经销商的另一个人。某一产品的两个生产者之间的合同就更少了，如一个汽车制造商将车卖给另一个汽车制造商。其次，这种区分比其他任何东西更能表明议价能力的平衡。拥有更大议价能力的一方几乎总是生产者。最后，生产者几乎总是对其产品拥有绝对的议价能力。否则的话，该生产者在市场上就支撑不了太久。

虽然我相信自己是第一个如此重视这两者区分的人，但其他人也为相似目的做过相似的区分。《统一商法典》第 2 – 104 条将"商人"定义为经营即将订立的合同中涉及的货物的人或声称具有与该货物相关的知识或技巧的人。按照这个定义，企业和个体的消费者都可能不是商人。《统一商法典》第 2 章要求"商人"遵守更高的行为标准并给他们提供比其他非"商人"的各类人更少的保护。这种"商人/非商人"的区分类似我所作的生产者/消费者的区分，而且《统一商法典》第 2 章作此区分的目的也与我相似。

当《统一商法典》引入显失公平学说时，法学学者普遍认为法院会将其适用限于保护个人消费者（也就是非企业）。甚至有推测认为法院将从法律上否认其对企业的保护。[2]然而实际上，近几年至少有 40% 涉及显失公平的案子中被保护的一方是企业。[3]法院已经有效地采用了与我相同的区分。当法院看到需要显失公平保护的对象时便给予保护，即便案中的消费者是企业。

并不是几乎所有的现代社会中的合同都是消费者与生产者之间的。消费者有时只与零售商或分销链中的某个中间人订立合同。然而我们在意的是议价能力，几乎总是生产者决定其与消费者之间的合同怎么订，无论这合同在法律意义上是不是生产者"制作"的。如果有中间人，通常仍然是生产者为所有相关的人提供标准合同，规定交易条件。中间人仅仅代表生产者将合同转交给消费者。例如，即便保险是独立代理人出售的，保险合同几乎总是保险公司提供的。当有形产品被出售时，零售商通常会将生产者的担保或其他标准合同连同产品交给消费者；合同与产品通常都在同一个箱子里。在很多情况下，消费者对某产品的合同预期至少部分来自于广告或生产者声誉。生产者几乎总是控制着这类广告，当然生产者自己对自己的声誉负责。

我所定义的议价能力与经济学家所说的市场支配力（market power）① 不同，和任何经济力量都没什么关系。现代经济中，生产者普遍的议价能力优势有两个主要来源。其一是生产者比消费者更加了解生产出来的产品。其二是生产者可以通过制订标准合同用于每一笔交易而更高效地订立合同。这两个来源没有一个是基于生产者市场支配力的。

我在第一章中的论述和描述基本上是没有争议的。这章就不同了。为了使我的陈述尽可能容易理解，我会先进行我自己的论证，然后在最后讨论持相反意见的他人的论证。我希望读者记住这一点，才不会认为我忽视了相反观点或自己论述中的破绽。

科学技术

科学技术通过产品的扩散增强了生产者的议价能力。如今的产品种类无穷无尽，消费者一生中会购买数以千计的产品。因此，消费者只能最低限度地了解即将购买的所有种类的商品。另外，生产者只需要了解他生产的产品。产品的扩散完全没有削弱他的这项能力。

生产者还拥有更多资源来获取相关信息并且有更强的动机去使用这些信息。生产者要想有竞争力必须非常了解他的产品。他有能力对产品进行深入的了解，因为相对于生产产品所需的资源，了解产品所需的额外资源通常很小。而同时，消费者缺乏生产者拥有的用来深入了解产品的资源，并且消费者不像生产者那样面临竞争压力，需要尽可能多地去了解产品。消费者面临的唯一压力就是要足够地了解产品以供自己使用。

---

① 市场支配力，又叫市场实力，在一段持续性的时期内，通过减产将其商品销售价格抬高到市场竞争价格（特别是边际成本）之上，且仍能以此获取利润的能力。——译者注。《元照英美法律词典》，第 896 页。

　　科学技术也通过让产品变得更难了解增强了生产者的议价能力。例如，虽然一个典型的汽车购买者会欣赏一辆车的设计、颜色、舒适度以及驾驶的手感，但他不懂汽车中运用的机械、化学以及电子技术。大多数消费者对一辆车的安全性及耐用性几乎一无所知，因为评估这两个方面需要他们了解汽车生产和设计中的工程学知识。当然消费者可以了解生产者在产品安全性或耐用性方面的声誉，但这种信息仍使他们至少在两个方面处于相对于生产者的劣势地位。首先，无论生产者的声誉如何，消费者购买的特定产品都可能名不副实。为了这种情况发生时能够充分地保护自己，消费者必须了解产品可能存在缺陷的各个方面，了解产品的缺陷可能造成多大的损失或损害，还要了解销售合同中有哪些权利可以在产品存在缺陷时保护自己。其次，消费者无法量化生产者的声誉；也就是说没有办法有效估计生产者的产品比其他产品贵多少算合理。

　　科学技术也使生产者可以不断地进行产品测试。例如，一个典型的汽车制造商会测试汽车对碰撞的抵抗力、在光滑路况下的抓地性、高速转弯时的稳定性、在不同气候与驾驶环境下饰面的持久度等，几乎无限种测试。如今的生产者也知道其质量控制程序的有效性。质量控制程序让生产者可以预测产品在出售之后出现各种缺陷的频率。

　　《消费品报告》（Consumer Report）以及其他面向特定读者的杂志（如电脑或跑车）削弱了一部分生产者的优势，但也只是削弱了一点点。这些杂志所提供信息的有用程度极大地受消费者理解能力的限制，而且还受消费者注意力维持时间的限制。另外，消费者通常只阅读他们特别感兴趣的几类产品的杂志，而且只有少数人有能力阅读市面上所有不同产品的杂志。最后，消费者从这些杂志上得来的对产品的认知与从生产者的声誉中得来的认知一样，存在着固有的缺陷。这种认知根本不能量化，而且当消费者购买的特定产品与杂志上的报道不符时也起不到任何帮助。

　　我们通常不将法律视为技术，但法律在帮助消费者理解购买产品的后果方面与技术有相同的效果。自 19 世纪以来，规范产品以及产品销售的法律在总量上翻了好几倍，单个法律的重要性也增强了。如今越来越多种类的产品带有默示保证[4]，且覆盖的损失范围更广。[5]50 年前还不存在的产品责任[6]与扩展了的过失[7]概念如今都已成为法律的一部分。自 19 世纪以来，光是从信贷[8]和保险交易[9]中产生出来的法律含义可能就翻了好几倍。生产商之所以可以很快地知晓对其产品和销售有影响的法律并且根据法律改变做法，是因为成本可以分摊到所有受影响的产品上。而消费者通常没有这种分摊成本的机会。

一些州制定了"简明（法律）语言法"（plain language law），要求某些种类的合同使用简明易懂的语言。然而，合同中使用的简明语言并没有削弱生产者由于更加了解产品而具有的优势；理解合同内容并不等于了解产品。同理，消费者获得的任何法律意见通常都没什么帮助。律师可能可以解释合同内容，但他没有比消费者更加了解产品。例如，最近引起我注意的一个几百万的融资安排，合同中花了一千多字的篇幅去描述贷款人用来设立利率的公式。其中一小部分是这么写的：

the rate obtained by dividing the latest three-week moving average of secondary market morning offering rates in the United States for three-month certificates of deposit of major United States money market banks, such three-week moving average（adjusted to the basis of a year of 365 or 366 days, as the case may be）being determined weekly by … ［the lender］on the basis of such rates reported by certificate of deposit dealers to, and published by, the Federal Reserve Bank of New York or, if such publication shall be suspended or terminated, on the basis of quotations for such rates received by … ［the lender］from three New York certificate of deposit dealers of recognized standing selected by … ［the lender］, by a percentage equal to one hundred percent（100%）minus the "Reserve Per-centage"（as defined below）for such three-week period, …

这些文字理解起来并不容易，但一个资质聪颖的人还是可以理解的。难理解的是这些话的重要性。为什么认为如此计算得来的利率适合此次交易？这个利率与相同境况下的借款人从其他贷款人那里可以拿到的利率有什么关系？为什么选择纽约联邦储备银行而不是似乎更适合在加利福尼亚州进行融资的旧金山联邦储备银行？什么是"二级市场早盘发行利率"？它与其他三个月定期存款利率有何不同？为什么以三个月为期而不是其他时长的定期存款？为什么用定期存款而不是住宅抵押贷款之类的？这种情况下对消费者唯一有帮助的建议就是同生产者一样了解产品的人提供的建议。律师仅仅在法律上的专业意见意义不大。

更加贴近日常生活的例子也很多。假设一个医疗保险单规定了涵盖住院30天内每天250美元的医保。这个保险单本身很好理解，但消费者想要真正了解其重要性还必须知道他们可能住的医院，住院需花多少钱以及各种疾病或伤害需要住院多少天。如果大都市地区的医院每天要收超过700美元的住院费，那么每天250美元的保险额度对一个城市居民来说少得可怜。而另外，这个额度在农村地区是足够的。消费者在判断30天上限是否足够的问题上也会遇到相似的困难。关键就是理解语言仅仅是解决问题的一小部分。更加困难的部分是了解产品。

一个更加常见的例子是对新车的保修。很多保修合同只涵盖"传动系统"且限制在36000英里或三年之内，以较早达到的为准。"传动系统"包括什么？不包括什么？车上非"传动系统"的部件存在缺陷会造成什么后果？36000英里或三年之内的期限足以覆盖可能暴露的大部分缺陷吗？或者说生产者定下这样的期限正是因为期限内大部分的缺陷都不会暴露？同样，消费者没有该产品的专业知识就回答不出这些问题。

有人可能认为竞争会弱化生产者与消费者之间对产品了解程度差异的重要性。例如，消费者在对比不同汽车生产厂提供的保修政策时并不需要对新车保修政策的重要性或价值有很深入的了解。然而这一想法是错误的。各种保修政策之间的差别是消费者在不深入了解保修政策、法律以及相关产品的情况下无法判断其相对价值的。若产品的保养需求或返修率不同，即便它们的保修内容是一样的，价值也不一样。只有在进行比较的产品几乎是一样的情况下，竞争才能消除生产者的议价优势。这时消费者唯一需要考虑的就是价格，因为消费者其他方面的利益都不会受他们选择的影响。然而，如今的消费者很少遇到在多个几乎一样的商品中做选择的情况。

标准合同

当企业规模大到要多次进行同类交易时，企业可以通过制订标准合同来降低交易成本。企业只承担一次起草标准合同的费用，并将这笔费用分摊到所有使用这份标准合同的交易中。标准合同也因其形式更加统一使得企业的法律风险更加可控，这也节省了成本。这些成本的节约最终使消费者受益，因为竞争经济中生产者节约下来的成本通常都转化为价格上的优惠。

事实上，标准合同带来的节约如此之大，以至于若企业出于某种原因不能使用标准合同时，企业可能干脆根本不用合同。为每笔销售量身定制合同通常十分昂贵。在合同标准化之前，商品的销售通常都没有合同，服务的销售也一般只通过简短的注释表明双方协定的最基本内容。例如，一份安装新屋顶的合同可能只写着价格、瓦片的种类、需要换屋顶的楼以及预计完工日期。现在的零售商依然没有合同就出售廉价商品。食物和衣物就是很好的例子。

如今订立的绝大多数合同都是标准合同，无论它们看起来像不像。"隐秘"的标准合同就是指那些看似是为手头的交易量身定制的合同，但实际上是由生产者从范本（旧的做法）或文字处理器的记忆库（新的做法）中选取的标准部分组成的。例如，我之前提到的那个融资交易案中贷款人的合同明显完全取自文字处理器记忆库中储存的标准合同——一份融资 2000 万美元的标准合同。

虽然人人得益于生产者通过标准化降低的成本，但消费者并没有从生产者增强的议价能力中受益。标准合同让生产者能够最大限度地利用其对产品和法律理解得更加透彻的优势。合同的冗长、晦涩以及片面都不会减少销售，因为消费者几乎不读合同。他们知道没必要读合同。这些合同如果消费者读了也不能改、读了也读不懂或者读了也不会改变想法去买别家的产品，那么根本就没有阅读合同的必要。如果标准合同中有其他生产者没有的对消费者有益的内容，那该生产者一定会向消费者突出这一点来促使他们购买其产品。如果标准合同中有其他生产者没有的对消费者不利的内容，其他生产者会向消费者突出这一点来促使消费者购买他们的产品。销售人员也很少阅读所卖产品的标准合同。例如，我还没有遇过一个真的去读保单或抵押合同的保险或按揭业务推销员。他们都是从雇主发的销售指南中了解需要了解的合同内容。

由于消费者经常不阅读标准合同，那些合同特别冗长且复杂的行业中的生产者干脆连向消费者出示合同并要求签字这一形式也免去了。他们要求消费者签一个提及合同的简短的"订单"或"协议"。保险业多年来的做法是在消费者购买保险几周后才将保险单寄给消费者。购买保险之前，消费者通常只能见到一张一页纸的表格，需要他们在想买的保险金额、免责以及额外保险前以打钩的形式标示出来。像蓝十字（Blue Cross）与凯萨（Kaiser-Permanente）医疗机构这类预付型健康保险一般根本不把合同给投保人看。投保人要看的话可以去某个办公室，那里有健康保险的副本。抵押公司与房地产公司通常也这么做。

"平坦竞争场地"的消失

人们可以将作为契约自由前提的平等议价能力条件描述成一块平坦的竞技场。即使是在19世纪，大部分的合同都不是在公平竞争的环境下订立的，但这个描述至少在当时还算贴切。然而到了今天，这个描述就不贴切了。我们现在可以说是在山地上订立合同。

生产者与消费者之间的关系是垂直的。在产品的生产与销售链中，产品生产者的地位总是高于产品消费者。如今几乎所有的合同都是由类似关系的人订立的。水平关系的人之间很少订立合同。同一产业的两个公司只有在其中一个要收购另一个的资产时才订立合同。两名律师会通过合同解决纠纷。两个人或两对夫妻会通过合同买卖房屋。这样的例子虽然存在，但都属于个

别情况。对相关的人来说这些例子都不是例行事务。即便是专攻诉讼的律师
也不是将大部分时间花在订立和解合同上。

另外，垂直合同现在已是几乎每个人生活中必要且日常的一部分。

没有一个人在这个垂直结构中的位置是固定的。我们所有人的位置根据
我们是相关产品的生产者还是消费者而有所差别。雇用我的大学在与学生的
契约关系中是生产者，而学生是大学提供的服务的消费者。然而，在大学订
立的其他合同中，大学几乎都是消费者，如在购买电脑、办公用品、书籍与
期刊等时。无论一个人多么有钱或有权，事情就是如此。对 IBM 公司来说如
此，对以剪草皮谋生的人来说也是如此。垂直合同本质上给了地位较高的一
方更强的议价能力，这种优势来自于较高地位上的技术。如果占据高位的当
事人使用标准合同，那么他又拥有了标准合同提供的议价优势。议价能力的
不平等如今是一般合同的特点。长久以来人们认为"精明商人"之间订立合
同不需要法律保护[10]的观点不再正确。除非我们为自己生产的产品订立合同，
否则我们都需要法律的保护。

后果

可想而知，这些系统性议价能力不平等的主要及最明显后果就是合同对
消费者非常不利。各地的生产者都占尽议价能力优势带来的便宜。然而，多
亏下面几章要讲的发展，最坏的时期已经过去了。尽管一些不公正的消费合
同仍在使用中，而且几乎所有的消费合同都仍存在一些不公正的地方，但真
正让人瞠目结舌的情况已经过去二十多年了。然而，为了让读者更好地了解
在法律修改之前，生产者利用议价能力上的优势占消费者的便宜到何种程度，
我还是要举一些这样的例子。

美国汽车制造商使用的标准合同在 1960 年被法院废止之前一直声明，制
造商不为任何人身伤害、财产损失以及购买者由于产品缺陷遭受的其他损失
承担责任。合同将生产商应该承担责任的产品缺陷限定在 30 天内或 3000 英
里内出现的缺陷，以先发生者为准。即便到了这一步，生产商唯一的责任也

就是修理或替换坏了的零件。购买者必须自费将坏了的零件寄到生产商的营业地（通常是底特律），生产商还必须要亲自检查后承认这个零件是坏的才肯修。即使是在 30 天或 3000 英里内，购买者也无权将汽车退给出售该车的经销商进行维修。这份合同对生产商唯一有效的约束就是生产商必须交出看起来像车的产品。

生产商也并不总是躲在合同抗辩之后；他们通常会免费修理一些小毛病。然而，生产商在规避重大责任时十分无情。第一个推翻美国汽车产业标准合同的法庭裁决（judicial decision）中的案件事实就是一个例子。一辆入手仅10 天的新车的转向装置存在缺陷，导致车子在行驶过程中突然转向撞上高速公路附近的砖墙而报废。当时开车的是车主的妻子，受伤十分严重。克莱斯勒汽车公司（Chrysler Motor Company）依据我上一段提到的合同条款，拒绝对任何财产损失或人身伤害承担责任。但是审理此案的新泽西州最高法院驳回了克莱斯勒汽车公司的抗辩理由。这个案子就是 *Henningsen v. Bloomfield Motors，Inc*。[11]

个人消费者并不是唯一的受害者。企业作为消费者时也会遇到重要的合同权利不被承认的情况。1968 年 *Wilson Trading Corp. v. David Ferguson，Ltd.* [12]案中被推翻的那些针对企业消费者的赔偿限制就是典型。案中涉及的是一份纱线买卖合同。生产者是纱线的生产商，消费者是一家毛衣生产商。消费者将纱线加工成毛衣，然后洗了毛衣。洗的过程中毛衣出现"掉色"现象，以至于不能出售了。生产者依据合同中的以下内容申辩：

2. 产品经过编织、加工或收货超过 10 天后，本厂概不受理任何关于含水量过高、分量不足……或掉色问题的索赔。

消费者是在编织后且收货超过 10 天后才提出索赔的。初审法院作出的简易裁决判定生产商胜诉，前两级上诉法院也维持原判。然而，纽约上诉法院推翻了原判且将此案发回重审，要求查清楚掉色问题能否在编织前就能发现，若不能，消费者有没有在应该发现掉色问题的合理时间内向卖家反应情况。消费者提出索赔时已经收货超过 10 天的事实不能作为判定其败诉的充分理由。

我们没必要去详细地了解这个案子是如何逆转的，只需知道《统一商法典》让本案中这种赔偿限制不可强制执行。纱线生产者显然巧妙地设计了这种救济方法，只给消费者提供表面上的保护。由于纱线容易"掉色"这一缺陷消费者无法在洗纱线之前发现，所以他发现产品质量问题时肯定超过了质量保证期。生产者将质量保证期定为 10 天也是这个道理。纱线可能出现的任何问题通常在 10 天内不会出现。

Wilson 案说明了在新的发展挑战契约自由之前，契约自由是多么根深蒂固。纽约州上诉法院在本案中对《统一商法典》的运用简单又直接。如今同样的案子作为一所优秀法学院的考试都显得太过简单。纽约州于 1962 年通过了《统一商法典》。纽约州律师协会和立法机关对《统一商法典》内容进行了 3 年的听证与审议，之后立法机关才通过。法官及律师协会成员几乎不可能注意不到《统一商法典》可以直接适用于本案。但这个案子还是经过了三个法院的审理并已到了州最高法院，服装制造商的律师才说服法庭的大多数相信《统一商法典》对卖家限制买家要求违约救济的能力予以了限制。

尽管法院在努力打击不公平的保险合同，但令人震惊的不公平保险合同仍然比比皆是。例如，残疾保险单仅仅在投保人"永久残疾，不能从事有酬工作"和"需要长期待在家里"[13]的情况下才会向投保人支付终身的每月补贴。想一想如此规定的所有条件同时存在的机会。残疾到不能从事**任何**有酬工作？如果一个残疾人还能说话，那应该还能从事杂志电话订阅工作。如果一个残疾人还能使用一只手，那他应该还能从事书面工作。**永久残疾**？除了失去肢体或器官的情况，几乎任何其他情况都**会**好转。

即便一个投保人两个条件都符合，但他在几个月之后还能两个条件都符合的几率几乎为零。一个真的不能从事任何有酬工作且需要长期待在家里的人，也不会一直待在家里的。他的家人或医生很快就会将他转移至医院或疗养院，然后保险公司可能就不支付补贴了，因为索赔人不再是"长期待在**家**

里了"。卖这些保险的保险公司似乎一块钱的赔偿金也不愿付，除非法院勒令他们付款。

在竞争经济中，当法律对取消当事人的合同权利不设限制时，生产者即便想要公平对待消费者也很难。生产者通过取消消费者合同权利节省下来的钱是纯利润。订立不公平合同不比订立公平合同花费高，不公平合同也不会造成明显的销售下滑，因为很少有消费者阅读合同。因此竞争压力就会迫使生产者将自己的合同订立得至少和该产业其他生产者一样不公平。如果不这样做的话，该生产者获得的利润就会比其他生产者少。按这个逻辑发展下去的最后结果就是该产业所有合同的内容都一样，律师都会尽其所能地使合同内容不利于消费者。还没有研究证明我们的经济在合同法开始改变之前就发展到了这一步，但从1960年前的美国汽车工业标准合同中可以看出，至少美国汽车工业在1960年前已经发展到了这一阶段。从我本人的律师从业经历判断，金融产业在20世纪60年代也达到了这一阶段。

合同法如果不能防止生产者滥用其议价能力优势，最终也会降低产品本身的价值。生产者不必害怕产品质量达不到要求。实际上，美国产品的总体质量在20世纪60年代下滑到了很低的水平，这也是当时外国制造商成功打入美国市场的原因之一。如今的美国产品（以及在美国出售的外国产品）普遍比20世纪60年代安全得多，当时以及之后出台的新的侵权法和合同法功不可没，尤其是那些废除合同中人身伤害免责条款的法律。然而，想要充分保护消费者免受缺陷产品或劣质产品带来的经济损失，法律还需进一步完善。

第三节 古典契约对法律服务公共目的或防止议价能力滥用的影响

虽然美国最高法院在20世纪30年代间接推翻了洛克纳时代的合宪性判决，但古典契约的普通法特征一直在加重议价能力不平等的有害影响，直到作为本书主题的一系列改革出现。契约自由原则使得法院既不能判定其认为不公平的合同条款无效，也不能使用其本身创建的法律推翻不公平的合同条款。前者侵犯了合同双方决定合同内容的自由，后者侵犯了他们免受限制契约自由的法律约束的自由。合同与侵权的明确区分通过划清合同法与限制契约自由法律之间的界限，加强了对合同双方"免受……的自由"的保护。

古典契约未能限制订约能力这一点是最有害的。合同解释的客观理论似乎能够推出这样一个结论，即人们可能还没作出任何有意义的同意就签订了合同。订立合同只需签字或握手等形式就够了，即便这个人对其所接受的合同内容只有极其模糊的理解。因此可以说古典契约使得生产者可以在没有得到消费者任何有意义的同意的情况下订立合同。即使在经济条件相对原始的19世纪，古典契约的这一方面也给了生产者相当可观的优势。20世纪科学技术的进步以及标准合同的使用带给了生产者压倒性的优势。

古典契约也在某些其他方面扩大了生产者议价能力的优势。关于大多数标准合同中权利和义务的真正讨论只发生在当事人签订合同之后，且只发生在出了问题之后。那时他们通常至少要解决两个问题：如果存在违约是谁违约？合同中规定违约方怎么做？对我们的目的而言，将这两个问题的解决看作讨价还价是合理的，因为当事人订立合同时各自讨价还价的优势和劣势很可能也会影响他们对这两个问题的解决。生产者会确保当标准合同无法排除法律允许消费者拥有的一些权利时，在这些问题的解决上他仍有议价能力上的优势。到那时，就算生产者违约，法律也不能要求他做什么。

契约自由确保了法院在这方面会按照生产者合同中所规定的强制执行。1960年前美国汽车工业统一的标准合同就是典型例子。当汽车出现问题时，标准合同给了制造商决定自己是否有过错的特权，即便制造商承认自己有过错，标准合同也几乎没给消费者任何权利去对抗制造商。另一方面，在消费者比生产者更可能违约的情况下，生产者会在合同中加入增加其获得救济的条款。法律仍基本上允许这类合同赔偿条款的存在。例如，一家信贷机构可能要求贷款人提供大量的抵押，规定快速终止回赎权方法，并且要求贷款人支付所有托收费用，包括律师费。契约自由允许生产者可以利用契约自由增加自己的违约救济，出于同一理由，生产者也可以利用契约自由减少消费者的违约救济。

生产者也可以利用美国规则增强他"第二轮"的议价能力。如果生产者将交易设定成需要消费者通过起诉才能获得产品质量问题的赔偿，那么消费者无法收回诉讼成本这一点通常就足以阻止消费者起诉生产者了，即便合同中规定的赔偿在无需支付诉讼费的情况下是值得起诉的。美国规则对合同诉讼有非常强大的劝阻作用，因为合同涉及的赔偿金额远不足以弥补诉讼费用。正因如此，如今在大都市地区，低于25 000美元的官司即便非常简单也通常不值得打，复杂点的案子低于100 000美元则不值得打。

生产者若想使消费者通过起诉才能获得赔偿的最简单方法就是要求消费者一开始就为产品付费。这就防止了消费者从购买价格中减去他认为生产者欠他的钱。即使在信贷交易中，生产者也可以通过将付款期限定得短于产品可能出问题的期限来达到同样的效果。信贷交易中也有些更复杂的办法来达到这样的效果。生产者可以要求消费者借钱（通常是从银行借）购买产品，或要求消费者签一张流通票据来购买产品，生产者拿票据找他人要钱（通常也是银行）。在任何一种情况下，产品即便出现缺陷，消费者依然需要付款。如果消费者停止付款，唯一的结果就是消费者与出借方陷入纠纷，因为生产者已经收到付款了。

美国规则的影响不只限于劝阻诉讼。这条规则使得原告即便胜诉也得不到足够的赔偿。另外，由于生产者与消费者都明白这一点，美国规则压低了消费者在和解中可能得到的赔偿数额。消费者会为了避免发生收不回来的诉讼费而接受较低的赔偿金，生产者因为知道消费者会接受，就故意压低数额。

第四节　对议价能力的不同理解

邓肯·肯尼迪（Duncan Kennedy）曾经反对将议价能力优势作为法律保护或帮助弱势方的正当理由。然而，他对议价能力的理解与我不同。他为议价能力优势提供了三种理解：一方比较富有或在某些其他意义上财力更强；一方拥有更强的市场力（经济学意义上）；或者一方（较弱的一方）比另一方更需要订立合同。他的结论是，其中没有一种理解可以很好地作为法律或法庭裁决保护弱势方或以其他方式使弱势方受益的正当理由。他反而建议我们老实地接受父爱主义的理由，按他的话说就是我们知道什么对别人好，无论他们自己有没有认识到。[14]

我同意肯尼迪论述的第一部分，虽然我同意与否和我们现在探讨的问题无关，因为我对议价能力优势的理解不同于他的任何一个理解。对我来说，议价能力就是决定合同内容的能力。在我看来，这项能力的主要来源是生产者对其产品更透彻的理解，以及生产者通过标准化合同而具有的更高效的合同订立能力。我对能力的理解和对能力来源的认识都与经济能力、市场支配力或对订立合同的需求没有必然联系。

肯尼迪论述的第二部分和我们现在探讨的问题有关，然而我不同意他的观点。父爱主义的理由确实有很大一部分在立法领域里是充分的。有些法律只有在每个人都受其约束时才能达到其目的。社会保障制度就是很好的例子。如果我们不要求几乎所有人都对它作出贡献，它也无法向几乎所有人提供保护。由于大多数美国选民决定他们需要一个社会保障制度，社会保障制度就有了约束那些不想要它的小部分选民的权利，因为父爱主义理由相信即便这部分选民没有认识到它的好处也可从中受益。

但是整个立法领域不都如此。特别是当经济市场可以将某个东西提供给想要它的人时，通常没有必要将它强加于不想要它的人。正常运作的经济市场允许人们选择他们是否想要某物，并且通常还给他们提供不同的选项。因此，法院根据对不平等议价能力的理解来进行合同法改革以及证明新法的合理性**有时**是正确的。经济市场中人们通常通过合同表达他们的选择，而不平等的议价能力会阻碍人们有效地表达选择或阻碍表达选择后的强制执行。当然，法院除非认为合同中议价能力不平等，否则**绝不**推翻合同可能是错误的，但法院从来没有这么做过。改革的第二个主要动机是要让生产者承担公共责任，在许多情形下，这个动机就足够了。

第五节　反对改革的声音

改革到来时并非人人都欢迎，但我在这里只讨论那些反对对古典契约做任何改变的论调。对于那些只反对某些改革的论调，我会和它们所反对的改革一起讨论。

我们可以将反对做任何改变的主要论调称为基本经济论，因为它基于经济理论最基本的一些假设。任何经济学入门文章都能解释在市场运作正常的情况下，竞争经济中的消费者为何能以与生产成本相符合的最低价格买到商品。如果将信息也看作商品，我们甚至可以将这一基本理论扩展到消费者决定自己想要什么所需的信息上。这样一来，如果消费者没有得到他们拥有足够信息时会得到的东西，那一定是消费者宁愿盲目选择也不愿为获得明智选择所需的信息付出代价——所以即便他们看似没有得到想要的东西，但从更深层的分析来看他们还是得到了。他们真正想要的就是市场所提供的盲目选择与明智选择的混合。因此，似乎可以推断出如果法律介入并要求生产者向消费者提供任何与消费者想要的不同的东西，法律只会伤害消费者，至少是在消费者偏好方面，因为消费者本来就一直在得到他们最想得到的东西，且与生产成本相符合。法律应该使契约自由与订约能力不受约束。人们应该可以自由签订各种合同，而且合同的内容以及金额应该不受限制。

例如，如果消费者真的很想要更有力的违约救济，他们可以提出要求，至少某些生产者会将这些要求写入合同。这些生产者会因此抬高产品价格，但如果消费者真的非常想要更有力的救济，那他们就会愿意承担更高的价格。实际市场中找不到为消费者提供强有力救济的合同，这说明消费者想要这种合同的程度不足以使其愿意承担生产者提供这种合同的额外成本。如果法律要求生产者为消费者提供包含更强有力救济措施的合同，那消费者的满意程度可能还没有现在高。一项研究表明，在法院和立法机关修改法律以加强对消费者救济之前，消费者很少因为违约起诉生产者。[15]这一事实似乎证实消费者真的比较喜欢之前的状态，至少在救济方面。如果消费者想要更强有力的救济，他们还会如此不充分利用现有的救济吗？

这个观点很少有人表达得像我这样直白、彻底，但它其实却是无数更谨慎表达的论点及意见的基础。我只指出其中的一个，就是理查德·波斯纳（Richard A. Posner）法官在 *Lake River Corp. v. Carborundum Co.* [16]案中的著名观点。

波斯纳在任美国第七巡回上诉法院法官之前曾是一名经济学家、律师以及法学教授。该案中涉及一个违约金条款的有效性问题，该违约金条款规定的金额远高于原告实际损失的金额或这类违约可能造成原告损失的合理金额。传统合同法会使这样的违约金条款无效，理由之一是这种条款会强制一方当事人履行合同，即便违约方赔偿另一方实际损失对当事人双方都更有利。伊利诺伊州遵循传统合同法，所以法院就必须遵循伊利诺伊州法。波斯纳认可这一切并且最终同法院其他成员一起判定该条款无效，但他还是借此机会向伊利诺伊州法院讲授应该如何处理违约金条款。他告诉法院，他们不应该干涉合同双方自愿写入合同的内容，至少在像本案中当事人"完全有能力"的情况下不该干涉：

〔传统规则〕……忽视了……重要的一点，那就是当事人（总是假设他们完全有能力）在决定是否加入某个惩罚性条款时会比较其收益和成本——这里的成本包括未来出现效率违约的情况——只有收益大于成本时才会将惩罚性条款写入合同。[17]

基本经济论的弱点也是其他从事实到偏好进行论证的观点都有的典型弱点。它认为消费者一定满意目前状态是因为目前状态使该理论站得住脚，除非消费者有能力改变现状。然而本章主要讲的就是为什么消费者缺乏此种能力。他们缺乏此种能力是因为他们缺少议价能力，根据定义，议价能力就是决定合同内容的能力。此外，消费者缺乏议价能力的主要原因不是缺少信息，而是缺少理解力，理解力是很不容易矫正的。如果法律不要求生产者去迎合消费者对产品相对简单的期望，即便消费者拥有所有想要的信息，他们还是不能很好地了解当今大部分产品，因此无法作出明智的选择。所以，对此前那个例子的更好解释应该是这样的：在法律加强消费者的救济之前，消费者起诉生产者的案子如此之少是因为消费者通常都明白，那么弱的救济根本不值得起诉。

我只知道有一个观点对这个问题看得比基本经济论深入。这个观点是艾伦·施瓦茨（Alan Schwartz）与路易斯 L. 怀尔德（Louis L. Wilde）在一篇文章中提出的，[18]道格拉斯 G. 贝尔德（Douglas G. Baird）和罗伯特·韦斯伯格（Robert Weisberg）在另一篇文章中也提出了这个观点。[19]这个观点是关于合同订立的，也就是要约与承诺。施瓦茨与怀尔德是在普通法下看待合同订立，贝尔德和韦斯伯格是在《统一商法典》下看待合同订立。这两种视角下的合同订立只存在技术性的差别，而且这两篇文章中的论述不受技术性的影响。

这种观点认为，我们应该审查合同订立的经济市场是否满足三个条件。它必须要有相当大的规模、竞争激烈以及卖家在大批量买家与小批量买家之间不能进行"价格歧视"。"价格"取其广义，是指关于一个产品的任何方面，包括它的质量以及卖家用来销售所使用的合同。因此，"价格歧视"包括对不同买家使用不同销售合同的情况。该观点指出，任何一个规模相当大的市场都应存在大量的大批量买家，对这些大批量买家而言，仔细研究卖家标准合同中的条款并且搞清楚它们的真实含义与法律含义是值得的。这些大批量买家会通过讨价还价来争取最划算的交易。因为假设市场是竞争激烈的，经过讨价还价得来的条款在经济上会是"高效"的，也就是说买家会以愿意出的价钱拿到最满意的价格。最后，由于卖家给每个人的价格都应与给大批量买家的一样（他们不能"价格歧视"），每个买家会拿到与大批量买家一样的优惠，无论特定买家的议价能力多么小。只要市场符合这三个条件，无论任何买家的议价地位存在任何劣势，他们都可以拿到最好的交易条件。法院或立法机关任何想让合同更有利于买家的努力都会适得其反。即便这些努力让小部分买家受益，对大多数买家而言是在帮倒忙。因此，还是该维护契约自由。[20]

这个观点听起来好得不真实，真是如此。它至少有两个缺陷。首先，大批量购买者与小批量购买者之间假设存在的共同利益实际上基本不存在。所以，大批量买家以其议价能力优势争取来的优惠对小批量买家来讲不一定受用，至少不是那么受用。其次，卖家在合同条款上通常可以而且确实对大批量买家和小批量买家区别对待，歧视小批量买家。生产者通常不给予小批量买家那些大批量买家通过议价能力优势得来的优惠。

例如，汽车市场中的大批量买家是那些全国连锁的汽车租赁公司——赫兹（Hertz），安飞士（Avis）等。他们每年都购买成千上万辆新车。但是这些公司的高管们并不使用这些车，只有他们的顾客使用。因此公司的高管们不必担心自己的人身安全。这些公司唯一关心的是顾客受伤时自己不必承担责任，而最经济的避免责任的做法是将免责条款加到租赁合同里。他们也可以要求汽车制造商赔偿他们。

汽车租赁公司的许多其他利益也与普通汽车购买者截然不同。租赁公司要么有自己的维修点，要么大规模外包维修服务，这都使这些公司承担的维修费用相对低廉。普通汽车购买者将车送修后所面临的不方便与高昂修车费对这些公司来说根本不是事儿，因为它们只需购入比满足日常经营再多几辆的车就可以避免这些麻烦。因此，全国连锁的汽车租赁公司相比普通汽车购买者来说不是很在乎质量保证条款，它们反而比较在乎更低的价格。租赁公司也比普通购买者更不在乎车的耐用性，而且它们完全不在乎车的风格是否会很快过时。全国连锁的汽车租赁公司每过一两年会例行替换旧车。

这一观点的第二个缺陷是，与其假设的相反，卖家在销售中可以并且确实在大批量买家与小批量买家之间进行歧视。事实上，这样的歧视是惯例。大批量买家认为自己获得比普通买家更优惠的条件是理所当然的。唯一的问题就是优惠多少，在哪些方面优惠。通常，卖家甚至不会要求大批量买家接受标准合同，订立合同的渠道也与小批量买家不同。例如，赫兹公司不会将采购人员派到汽车经销商那里。它会让采购人员直接去汽车制造商的全国总部，或汽车制造商派销售人员来赫兹公司。即便一个卖家和大批量买家借助卖家的标准合同来商议为他们之间的合同量身打造的条款，表示这些条款的一个简单办法就是在标准合同上划掉不适合的条款或改写相矛盾的条款。[21] 因此，无论生产者和大批量买家如何协商合同内容，生产者给大批量买家的优惠条件是不会给小批量买家的。

第六节　结论

20 世纪初，科学技术与标准合同结合古典契约的某些方面，造成了生产者与消费者之间议价能力广泛且系统性的不平等。结果就是合同通常对消费者非常不利，而且在很多情况下降低了产品本身的质量。大约从 1960 年开始，法官和立法机构开始将这些因素纳入考量。他们制定的新法就是接下来几章的主题。

第三章

合 理 期 望

罗伯特·E. 基顿（Robert E. Keeton）发现，20 世纪 60 年代的法院使用一种被他称为"合理期望"（reasonable expectation）的方法来处理保险案件。对于所有合同，我从理论基础的角度出发也得出同样的方法。基顿和我的工作并没有交集，但我们却不约而同地在 1970—1971 年发布了自己的研究结果。大部分司法管辖区的最高法院自那时起便采纳了这一方法，虽然有些最高法院只将其用于保险案中。本章讲述了"合理期望"的历史，并试图将其多种表达方式集中在一套共同原则之下。

第一节　在保险业中的起源

对保险合同的传统司法处理办法是大量使用不利于提供者（contra proferentem）原则；也就是说，法律文件中模棱两可之处应作不利于起草者的解释。然而，不利于提供者原则存在严重缺陷。保险公司可以通过使用清晰明了的语言避免这一问题，而且清晰明了的语言并不能起到警告购买者的作用，因为人们在购买保险之前几乎不阅读保险单。这一原则可能被不公平运作，因为按照对保险公司不利的方向解释合同模棱两可的部分可以给投保人带来比他想要得**多**的好处。先例不能解决任何问题，因为保险公司可以重新拟定保险单。这一原则常常导致无原则的判决，因为语言上的不确定使得法院可以通过创造模糊点来合理化法院出于其他原因想要达成的结论。

很多人都清楚这些缺陷，但没人提出更好的解决办法，直到 20 世纪 60 年代一些法院开始采用一种好方法。当时在哈佛法学院当教授的基顿注意到了这些判决，并于 1970 年将它们在一篇分为两部分的题为"与保险单规定不一致的保险法权利"（"Insurance Law Rights at Variance with Policy Provisions"）[1] 的文章中报道出来。在他发现的这些判决中，法院没有单纯地向着对保险公司不利的方向解释合同，而是宣告了与保险公司在保险单中规定的权利不一致或没有包含在保险公司提供的保险单中的权利。基顿对这些案子的分析让他认为他发现了一个新原则，他是这样描述的：

申请人与设定的受益人对保险合同条款的客观合理期望将被视作有效，既便对保险单条款细致研究后这些期望不成立。[2]

例如，基顿报道的案子之一 *Gerhardt v. Continental Insurance Co.* [3]案，一名佣人在投保人家中工作时受伤，法院判定投保人的综合房主保险（homeowner's insurance）的承保范围涵盖这次事故中投保人对佣人的责任，尽管保险单中规定受劳工赔偿法保护的工人除外。保险单的正面内容包含该保险单覆盖人身伤害以及投保人写的她雇有不超过两名全职佣人的声明。保险单只在反面提到了免责条款。法院引用了自己在较早案件中说过的一段话：

投保人有权得到满足其"合理期望"所需的必要保护……他们不应受"技术阻碍或隐藏的陷阱"所害。[4]

第二节　在保险业中的正当性

原则（principles）与政策（policies）比规则（rules）或学说（doctrines）更重要。我们通过参考原则和政策来证明规则与学说的正当性。虽然基顿最初认为他发现的这些判决体现了一个新原则，但他后来一定改变了主意，因为他最后开始用原则和政策去证明它的正当性。其他评论家一直将其视为规则或学说。肯尼斯·S. 亚伯拉罕（Kenneth S. Abraham）于 1981 年提出了三个正当理由：效率（efficiency）、平等（equity）以及风险分配（risk distribution）。他所说的"效率"指的是配置效率，是经济学家用来描述一种特定的财富有益分配用语，也叫"效用"（utility）。简单来说，亚伯拉罕的"效率"理由指的是不论保险单实际内容为何，合理期望学说通过要求保险公司提供给投保人期望的保险，使得投保人能够买到他们期望的保险。所谓"平等"，亚伯拉罕指的是不容反悔（estoppel）、信赖（reliance）以及公正（fairness）之类的衡平学说。他将风险分配定义为法院认为保险公司应该覆盖某项风险责任就可判定保险公司承担这项风险责任，无论保险公司在保险单里怎么写。[5]

基顿在 1988 年与阿兰·威迪斯（Alan I. Widiss）合著的论文中给出的理由有所不同。[6]第一，保险合同通常都很冗长、复杂，投保人即使阅读也读得不仔细。第二，买保险的人即便想购买之前先阅读保险单也读不到，因为保险公司通常是在卖完保险几周或几个月后才将保险单寄给投保人。第三，有时保险单中的条款不合理或不公平。第四，法院保护投保人根据保险公司营销手段或整个保险业的做法而产生的期望是适当的。第五，特定情况下保险公司的做法有时会误导投保人期望一些保险单中不提供的东西。[7]

第三节　在保险业中被接受

尽管亚伯拉罕和基顿给出了合理期望的种种正当性理由，马克 C. 瑞哈德特（Mark C. Rahdert）还是于 1986 年发现合理期望学说处境艰难。瑞哈德特报道了很多宣布对合理期望进行限制或从之前作出的"前进"中"撤回"步子的司法管辖区。[8]然而罗杰·C. 亨德森（Roger C. Henderson）于 1990 年作出断言，他认为这一学说十分稳固并且预言更多的司法管辖区会采纳这一学说并将之用于法律的方方面面。[9]亨德森点出了该学说的两个版本。较强的版本是基顿于 1970 年提出的版本：投保人的合理期望占绝对上风，即便它们与保险单不一致。较弱的版本允许通过保险单使用明确的语言推翻合理期望，至少在保险单上的语言显眼的情况下。亨德森认为较弱的版本并不真的比不利于提供者原则进步。这一观点不完全正确。不利于提供者原则通过站在投保人这一边解决了语义不明的问题，但并没有解决语言不显眼的问题。因此，要求保险单上的语言显眼以防被保险人忽略是在合理期望方向上的进步，尽管程度还不够。如果投保人在购买保险之前没有机会阅读保险单，不显眼的语言依然不能影响投保人对从所购保险得到什么利益的期望。

亨德森发现十个司法管辖区的最高法院明确执行较强的版本，另有六个司法管辖区虽然最高法院还没有明确表态，但他认为实际执行的也是较强的版本。他发现一个司法管辖区（爱达荷）的最高法院不接受该学说的较强版本，八个司法管辖区的较低级法院表示该区的最高法院还没有采纳这一学说。剩下的二十五个司法管辖区中，他发现有十二个在判决中使用了合理期望的语言，但从中无法看出它们使用的是较强版本还是较弱版本。十三个司法管辖区的判决要么提都没提这一学说，要么提了立场也不明。

学术界对基顿的文章以及合理期望本身的发展反应相当强烈。有批评，但更多的是支持。亨德森的文章就这些列出了很多学术文献，是个很好的参考。

第四节　保险中的禁反言

如果承保人让潜在的投保人错误地期望保险单内没有的内容，并且投保人依赖这一错误的期望导致了实质性损害，几乎各地的法律都规定承保人这时不可否认保险单符合投保人的期望。正如罗伯特·H. 杰瑞 II（Robert H. Jerry II）在其论文中指出的那样，这一禁反言规定与合理期望规则相同

（或几乎相同），只是多了一个不利益信赖（detrimental reliance）① 要求。大多数情况下投保人可以通过证明若不是期望所购保险包含他们想要的内容，他们本可以并且很可能买了其他满足他们期望的保险来达到这一要求。[10]基于本人对合理期望判决的熟悉程度，我估计几乎所有靠合理期望胜诉的投保人都满足这一要求。因此，这两个学说是重叠的。

然而，这两个学说并不是完全重叠。禁反言判决建立在承保人已经让潜在的投保人产生了确切期望的基础上，而合理期望判决只需要让一个假设的"理性人"产生期望的环境即可。禁反言学说也因受制于现在所谓的 *Hunter* 限制而更加受限，这一学说"不能用来创造保险单中本来不存在的保险范围。"也就是说禁反言只能去除（合同中的）条件条款或除外条款；它不能创造比保险单没有该条件条款或除外条款时更大的责任范围。虽然这一限制的名字来源于 1955 年北卡罗来纳州最高法院对 *Hunter v. Jefferson Standard Insurance Co.* [11]案的判决，但这一限制在 1955 年已经发展成熟。

审理 *Hunter* 案的法院引用了当时主要的法律摘要以及多个案例作为这项限制的法律依据。该限制的初衷显然是想让禁反言原则向古典契约原则靠拢。古典契约将保险单视为合同，无论投保人基于保险单内容才签署合同的想法是多么不切实际。因此，保险单可以推翻一切与承保人可能让投保人产生的期望相反的内容。另外，口头证据规则甚至不允许投保人出示保险购买之前承保人给出的任何口头或书面声明证据。

然而，正如杰瑞指出的那样，这一限制不合逻辑。如果按字面理解这一限制，那么该限制会彻底消除禁反言；从禁反言可以让投保人拿到本不能拿到的保险赔偿这一意义上来讲，任何禁反言都创造了原本并不存在的保险范围。另外，即便不完全从字面上理解，由于没有原则性的停止点，因此该限制不断地被削弱。杰瑞的结论是，虽然 *Hunter* 限制仍然是主流，但在不久的

---

① 不利益信赖，又称致人损害信赖。由于一方当事人对他人的行为或陈述产出信赖，从而导致自己处于不利地位的，则该种信赖即属不利益的信赖。不利益的信赖可以替代合同的对价，使某一单方的允诺成为可强制执行的合同。——译者注。《元照英美法词典》，第 411 页。

将来，禁反言的广泛应用似乎注定要替代它。[12]一定是古典契约中不切实际的假设促使法官们当初创立了这一限制。可能他们不想按照古典契约从逻辑上要求的那样禁止所有的禁反言，所以就通过给禁反言加以限制来尽可能地靠拢古典契约。

此外，就连要求投保人证明不利益信赖这一点也不合逻辑。当缺乏对价时，受约人对立约人的有害依赖替代了对价，因此即便缺乏对价，允诺依然可以强制执行。然而，在适用禁反言的情况中，并不缺乏对价。投保人已经支付保险费，或至少已经承诺支付。因此，禁反言学说在保险合同中从逻辑上来讲降为合理期望学说。

禁反言学说尽管基础不合逻辑，但起到了防止不公平的作用。比起较新的合理期望学说，许多法官似乎更喜欢禁反言学说。它没有直接挑战他们接受的观念，且具有明显的保护被保险人合理依赖的公平性。仍在出版的较早期的保险法论文给它的篇幅要比给合理期望的长，[13]而较新的论文则更强调合理期望。[14]然而，禁反言学说必然被合理期望学说取代，因为较新的学说使旧的学说变得不必要。

第五节　雇佣合同

雇佣关系曾是契约自由原则的首要适用对象。法院通常认为雇佣合同任何一方当事人凭意愿就可以解除合同，即便曾经允诺终身雇佣或其他保有（tenure）① 权利。洛克纳时期的美国最高法院禁止立法机关基于宪法理由提高工资或改善工作环境。因此，当古典契约开始改变时，雇员是主要的受益者之一也并不奇怪。

---

① tenure，保有；持有；占有；领有　　指对地产、职位等不动产性质的客体或权利的把持，常和一定的施加概念相联系。它可以只这一状态、事实，也可以指方式等。——译者注。《元照英美法词典》，第1335页。

劳伦斯·E. 布雷茨（Lawrence E. Blades）是最先发现新型雇佣案例的人。1967 年，他报告称法院正在采取两种新的做法。[15]其一，法院将雇主违反既定公共政策对雇员实施不利行为视作侵权。我将在第四章里探讨这些案例。布雷茨报告的第二种做法与基顿发现的法院在保险案中采取的新做法相似。法院从雇主行为及其非正式意向中推断出雇佣合同内容，即便推断出的雇佣合同与正式书面合同具体条文相悖，或雇主作出行为或非正式地表达意向时明确指出这些并非其合同意向。例如，在一个案件中，法院强制执行了雇主人事手册中所含的资历权（seniority rights），尽管该手册明文规定其内容没有法律效力。法院表示雇主本来就应想到雇员会遵照手册内容行事。[16]自从布雷茨首次报告了合理期望在雇佣合同中适用的这一趋势，更多的司法管辖区已开始这样做。[17]

第六节　在一般合同法中的起源与正当性

虽然基顿的分析与支持在极大程度上加速了合理期望的发展，但法院最先在保险法中创造出合理期望学说并继续在保险法中带领其发展。学者们则是在一般合同法中创造出了合理期望学说。当然，学者们并不能真的创立法律；他们只能建议法院或立法机构去创立法律。学者和法院的另一个区别在于，当学者给出提案时，他们通常在提案变成法律之前就已经准备好了正当性理由；为了说服法院或立法机关将提案变成法律，他们必须这样做。因此，虽然在保险法中我将合理期望的起源与正当性理由分开来讲，在一般合同法中我会将两者放在一起讲。

卡尔·N. 卢埃林（Karl N. Llewellyn）与弗里德里奇·凯斯勒（Friedrich Kessler）最先作出了贡献。卢埃林最先于 1939 年[18]将标准合同的问题认定为消费者缺乏同意，并于 1960 年对这一观点作了进一步阐述，[19]但在这两篇文章中他都没有给出修改建议。卢埃林的伟大成就是编写并制定了《统一商法典》。他最大限度地将自己对合同法修改的建议写进了《统一商法典》。我之后将解释《统一商法典》和合理期望之间是如何相互影响的。

凯斯勒的贡献是他在 1943 年发表的一份关于企业如何以及为何使用标准合同的出色长篇社会经济学分析。[20]文章中包含他对修改法律的建议，措辞十分婉转，这是那个年代法律学术写作的特点：

处理标准合同案件时，法院必须判断较弱缔约方根据企业主"职业"（calling）的服务方式可以合理期望什么，还需判断在普通的生活情景中较强缔约方让对方合理期望落空的程度如何。[21]

1943 年的读者大概会意识到，凯斯勒这是在提议法院忽视标准合同的内容，而对消费者根据"典型生活情境"以及生产者的"职业"产生的合理期望赋予法律效力。然而，虽然法律学者后来将这篇文章奉为经典，但是文章中的提议从来没有引起将它变成法律所需的讨论与支持。据说唯一一个引用它的法院判决是 1966 年加利福尼亚州最高法院作出的，用来支持不利提供者原则在案中的适用。[22]

接下来的贡献是亚瑟·艾伦·莱夫（Arthur Allen Leff）于 1970 年提出的"作为物品的合同"（Contract as Thing）。[23]莱夫表明，在很多使用标准合同的情形中，消费者不把标准合同视为合同，而是当作他们所购买的物品。例如，按照莱夫的说法，保险的购买者通常认为保险单代表所购买的保险，而不是购买保险的合同。这种态度造成的后果之一就是消费者对无法改变合同内容这一情况坦然接受。据莱夫的观点，保险购买者不试图改变保险单内容，就像汽车买主不试图改变汽车发动机设计或车身形状一样。因此，莱夫认为标准合同的问题在于消费者在订立合同的过程中没有进行逐条的谈判；他们原样接受被提供的合同，视合同为"物品"。[24]

莱夫的观察是准确的，但这一观察的重要性不是他想的那样。标准合同确实不利于逐条谈判，但合同法并不要求合同的有效性建立在逐条谈判的基础上。人们经常在订立非标准合同时都不逐条谈判，例如接受通过邮件、产品目录或媒体广告出价而订立的合同。正如卢埃林认识到的那样，标准合同缺少的唯一合同要素就是双方的合意。人们就算没有逐条谈判，也可以对合同达成合意。

莱夫的提议让法学老师和其他相关人士开始称标准合同为"物品。"他希望这样做可以最终说服立法者创建行政机构来规范标准合同内容，就如立法者过去创立行政机构规范其他"物品"的内容与质量一样。例如，行政机构已经对食品、药品和各种服务的内容和质量进行了规范。[25]这一解决办法的弱点十分明显。法律要取得重大改变并不能靠改名字这样简单的做法，至少过去从没成功过。改变需要极其庞大的官僚机构斥巨资对现行的所有标准合同进行有意义的监督，即使这样也不能保证改变有效。五十多年来，行政机构一直在规范着保险合同的内容。但都是法院而非行政机构在解决保险业标准合同问题上取得了进展。

我于 1971 年和 1974 年分别发表了关于标准合同的文章。比较重要的是第一篇，"标准合同以及对立法权的民主控制"。[26]第二篇作了进一步分析并提出了一些在加利福尼亚州法律中的具体运用。[27]我以我眼中的首要原则民主原则即人在没有表示同意受管制的情况下不受任何管制开头。合同是一种私人管制。合同订立之后，它管制着订立它的当事人。因此，合同只有在合同双方同意后才成为民主管制。合同的古典定义表达的也是这个意思，认为合同是双方**合意**的表现形式。[28]

然而，这并不意味着合同必须得到合同当事人的实际同意。只要合同一方当事人让另一方当事人有理由认为他表示了同意就够了。合同法将这称为合同当事人合意的"客观表现"。[29]对于合意的过程，法律关注的是表现出来的同意而不是实际的同意。投票就是个例子。一个将选票投进了票箱或在投票时举了手的人，不能以认为票箱是废纸篓或举手只是为了拿帽子这样的理由悔票。当一个人的同意会影响另一个人的权利时，必须客观地确认同意。

首先，我提出能否合理推断出典型标准合同取得了双方当事人客观表示的同意。我的结论是不能，理由在第二章中给出了。生产者及其他提供标准合同的人通常不能合理地期望消费者阅读合同、理解合同或认识到合同内容的重要性。许多社会因素造成了这一情况，但主要原因是技术。消费者已经没有能力通过透彻地了解所购买的产品来保护自己在买卖合同中的利益了。

如果消费者对标准合同没有客观地表示过同意，那么他在购买产品或订立合同时对什么表示了客观同意？这是一个事实问题，问题的答案取决于案件事实；然而，我用来描述消费者表示同意的事项的用语和基顿选择的一样：消费者的"合理期望"。我继而表示消费者的合理期望也是生产者的合理期望，因为一个理性的生产者知道购买其产品的消费者会期望什么。因此，我们探讨合理期望时可以不区分消费者与生产者，至少作为一项规则可以不做区分。

因此我的论述与基顿对保险判决的分析都得出同样的结果。虽然我是从同意原则（consent principle）开始的，但这一原则将我带到合理期望原则，也就是基顿的出发点。除此之外，我比基顿走得更远一步。我认为合理期望**就是**合同，因为当事人是对合理期望给予客观上的同意，而非标准合同。亚伯拉罕、基顿以及其他人认为需要为这一学说找正当性理由，但按照我的分析，根本没有必要去找正当性理由。这一学说归根究底根本不是学说；它是人们按逻辑运用合同法原则就能得到的一个结论。没必要为强制执行当事人的合理期望提供正当性理由，就像没必要为强制执行合同提供正当性理由一样。

尽管如此，我还是加入了些经济理由。当产品的某些品质将会为生产者带来竞争上的优势，而消费者必须通过合理期望才能理解这些品质时，合理期望之类的存在就有必要。假设生产者有能力执行消费者未能合理期望到的合同内容，那些在合同内容上对消费者让步较少的生产者并不会因合同内容遭受销量下滑，那些合同内容对消费者让步较大的生产者也不会因合同内容而销量上涨。正如我在第二章中解释的那样，标准合同发展的趋势就是所有生产者的标准合同内容都降到业界对消费者最不利的水平，因为这对生产者来说是不花成本得来的好处。他们的合同内容并不会造成销量下滑，而且他们还节省下了为消费者提供更加有利的合同所需的额外成本。

另外，合理期望追究生产者出售劣质产品的责任，除非消费者预见到产品劣质。如果消费者预见到产品劣质，那么生产者销量就会减少——除非生产者提供给消费者令其满意的补偿优势，如较低的价格。要在因产品劣质而损失销量和将产品质量提升至相同或更好水平需投入额外成本之间做选择，竞争当然是必然的。法律界人士及经济学院研究法学的人士在明白这一点后应该支持合理期望。

保险业通过将合同条款标准化来加强竞争。国会已批准保险业免受联邦反托拉斯法的控制，甚至将管理权交到各州手中。各州都对保险业有所管控，但通常允许保险公司自由竞争，而且竞争往往十分激烈。然而，保险公司在很多保险单条款的标准格式上都已达成一致意见，并且州立监管机构以及立法机关也已下令使用许多其他标准格式。标准化的其中一个原因是它可以增强竞争，让消费者能够更容易地区分出哪家的保险待遇更好。当然，若所有条款都是标准条款的话，最好的保险就是那个最便宜的保险。[30]合同标准化确实能促进价格竞争，但以消除标准化条款之间的竞争为代价。标准化不如合理期待还在于标准化合同完全没有帮助消费者了解他们购买的是什么。

虽然基顿的文章、莱夫的文章和我的第一篇文章发表时间相隔不到一年，但我们写作的时候并不知道他人的文章。基顿的文章最先发表。莱夫和我都没有读过他的文章，因为我们以为他只研究侵权和保险。莱夫和我的文章都是在对方发表之前就已经交上去了。我们三个人文章的相似以及出现时间的相近一定是因为当时那个时代。鉴于当时标准合同的广泛应用，学者们是时候重新评估合同法原则了。

1974 年后唯一一篇对标准合同进行系统分析的文章是托德·D. 拉科夫（Todd D. Rakoff）于 1983 年写的。[31]拉科夫的结论是标准合同经推断应该是不可强制执行的，但他没有就生产者可能会如何反驳这一推断给出任何清晰的

结论。但他确实表示合同法并不能解决标准合同的问题，解决这一问题需要
"一个新的法律结构"。[32]他将自己的结论建立在对他人提供的解决办法的分析
上，所有这些办法他觉得都不够好，他坦白自己也提不出什么好办法。然而，
他忽视或曲解了几乎所有其他人提出的办法。他曲解了我的第一篇文章，忽
视了我的第二篇文章，忽视了基顿的文章、亚伯拉罕的文章以及其他所有关
于保险合同中合理期望的文章，还忽视了布雷茨那篇关于雇佣合同新办法的
文章。他将我对解决消费者缺少了解问题的建议说成是我对一方当事人只能
被动接受合同合法性这一完全不同问题的总结，完全曲解了我的文章。他认
为我的办法不可行也就不奇怪了。

虽然我提到的这些学者是一般合同法中合理期望学说的主要来源，他们
并不是唯一的来源。保险判决是另一些来源。许多法院在保险合同中适用合
理期望之后不久或马上就将这一学说用于一般合同，因为他们找不出将合理
期望限于保险合同的合理理由。还有一些案子中，法院对合同的解释与用合
理期望解释得一样，虽然法院没有明说是用了合理期望。我将这些案子视为
合理期望的又一来源，因为这些案子离真正的合理期望就差被我指出这么一
点儿。这些其他来源中的第一个非常具有讽刺意味。它最初是想要**禁止**法院
为了用当事人的合理期望来解释合同而否认标准合同的效力。

第七节　《合同法重述（第二次）》

1981 年发布的《合同法重述（第二次）》与标准合同有关的只有一条，
即第 211 条。虽然法院对第 211 条的理解常有偏差，但第 211 条还是对合理
期望的发展有积极影响。该条起草于 1970 年[33]，鉴于基顿和我的文章是 1970
年末和 1971 年发表的，起草该条的人不知道也不可能知道关于合理期望的学
术文献。《合同法重述（第二次）》的第一位报告人布劳克（Robert Braucher）
起草了这一条。他在次年为了成为马萨诸塞州最高上诉法院（Supreme

Judicial Court）成员而辞去了报告人的职位，显然那之后直到1981年《合同法重述（第二次）》发布都没有人再看过这一节。然而不幸的是，人们后来普遍认为这一条涉及了合理期望，这可能是因为《合同法重述（第二次）》发布的时候合理期望正发展得如火如荼。

第211条出现在该重述的第9章第3主题下。第3主题讲的是口头证据规则。当且仅当书面合同是"完整（integrated agreement）协议"时，口头证据规则才生效。"完整协议"是指协议双方公认的对协议内容表述得最全面的协议最终版本。第211条内容如下：

§211. 格式化协议

（1）除（3）小节的规定外，如果协议的一方当事人签署了一份书面协议或以其他方式作出了同意的意思表示，并且该当事人有理由相信这样的书面协议会经常性地用于表达相同协议的条款，则表明他接受该书面协议以及包含在其中的条款属于一个完整不可分割的协议。

（2）对于这样的书面协议应作合理的解释，以便使所有处境相似的人受到同样的对待，不管他们是否知道或理解该书面协议的标准条款。

（3）如果另一方当事人有合理的理由相信作出同意意思表示的一方当事人如果知道该协议中包含有特殊条款就不会签署或表示同意，则该条款不得作为协议的条款而存在。

（1）小节阐述判断一个标准合同是否为完整协议的规则。（3）小节阐述了（1）小节规则的例外情况。（2）小节与口头证据没有关系。法律程序记录显示，当初布劳克是因其他原因起草了这一节，而且当他介绍这一节时，在场的美国法律协会成员都没有在意。[34]实际上，如果接受者有理由相信一份书面协议是标准合同，（1）小节就可以使这份标准合同变成一份完整协议。由于接受者在几乎任何情况下都有理由如此相信，该小节使得标准合同本身受制于口头证据规则。这一不明缘由的殊荣是《合同法重述（第二次）》未授予其他任何种类合同的。因此（1）小节使得接受者用合理期望推翻标准合同比推翻非标准合同更**难**。

　　布劳克曾经两次对为何如此起草（1）小节作出解释：

　　当我起草〔该节〕……时，……我先提出的是一个相当保守的主张……当你同意一份标准合同，你就接受了它，这当然就意味着里面的所有内容都受制于限制条款（qualifying terms）。[35]

　　之前我主要讲的都是标准合同，我认为这是写些内容支持这些合同的好机会，也是个好地方，因为标准合同在我看来对人类生活至关重要。我是说，我们需要免于选择的自由和摆脱信息的自由。（笑）我们都被那些不想知道的事情完全淹没了，对我来说这是一个表明正是这种情况才使我们需要这节的机会。[36]

　　布劳克并没有解释他为什么觉得他的主张"相当保守"，但事实上确实如此，即便是在 1970 年。卢埃林认为接受者只对标准合同中的"非不合理或非恶意的条款给予整体上的同意（而非具体的同意）……这些条款并没有改变或削弱经谈判得来的条款的合理含义。"[37]除此之外，还有《统一商法典》近期才引入的显失公平学说。不论是卢埃林的看法还是《统一商法典》引入的新学说，对接受者的同意都没有像布劳克在他"相当保守的主张"中的那么一概而论。

　　此外，第（3）小节列出的例外范围很窄。布劳克解释说他最初是为了"匪夷所思或压迫性条款"（bizzare or oppressive terms）起草这一条的，但后来听从了查尔斯·黑斯廷．威拉德（Charles Hastings Willard）的建议没有作如此说明；[38]然而，该条的目的仍是防止合同中包含接受者一定会拒绝的匪夷所思或不寻常的条款，虽然这些条款不一定非得是显失公平的。当时在场的一些其他与会成员指出该条没有要求协议条款必须是匪夷所思或不寻常的，但布劳克并没有修改或收回其关于该条目的的言论，[39]甚至在会议晚些时候又重复了该条的目的。[40]

　　讽刺的是，这一条对合同法的小小影响极大地支持了合理期望学说。亚利桑那州、[41]渥太华州[42]以及马萨诸塞州[43]的最高法院均引用了这条来支持合理期望学说的采用。爱荷华州法院在早期判决中直接将该条与合理期望学说画等号，[44]虽然该法院后来给合理期望学说下了个通常定义，没有再尝试将此学说与该条扯在一起。[45]所有其他最高法院采纳合理期望学说的判决中都没提该条。我所知道的唯一一个关于该条对合理期望影响的学术评论是亨德森（Henderson）发表的，他的结论是虽然单靠该条还不足以支持合理期望学说，但整体而言它对合理期望的帮助体现了美国法律协会的支持！[46]然而该条的影响并不都是支持。一个联邦地区法院[47]以及美国索赔法院（U. S. Court of Claims）[48]曾将第211条作为拒绝采用合理期望学说的法律依据，尽管它们各自的判决也基于案件的具体事实。

第八节　附合合同（Contracts of Adhesion）

埃德温·W. 帕特森（Edwin W. Patterson）于1919年将标准合同描述成"附合合同"。[49]在帕特森引入该词之前，只有大陆法系的律师使用它。[50]凯斯勒（Kessler）在1943年发表的那篇关于标准合同的经典文章中也使用了该词。[51]我们看到雷科夫（Rakoff）在1983年也用了该词的这一含义。当然"附合合同"的这一含义只不过就是使其成为使用合理期望的标志，加利福尼亚州法院[52]和内华达州法院[53]就是这么使用该含义的。夏威夷州最高法院在1990年的一项判决中使用了该词的这一含义，[54]但在其他所有场合都似乎只称其为"标准合同"。堪萨斯州、[55]密苏里州[56]以及宾夕法尼亚州[57]的一些下级法院在裁决中使用"附合合同"仅来表示标准合同。

另外，其他作者给了这个词不同的含义。他们认为该词是指由一方当事人事先准备好的、让另一方当事人选择接受或不接受而另一方当事人除了接受之外没有其他合理选择的合同。例如，如果某家公共电力公司是附近唯一的一家，那么公共电力公司给用户提供的要么接受要么不接受的合同就属于这一意义上的附合合同。[58]一个人对合同内容除了同意别无选择的同意不算真的同意，因为同意必须是自愿的。这种附合合同不可被强制执行，即使没有选择权的一方当事人合理期望到自己会没有选择。这种情况下合同能否被强制执行取决于是否有强制执行的非合同理由。例如，相关公共事业监管委员会的许可就算是一个非合同理由。在阿拉斯加州、科罗拉多州、伊利诺伊州、密歇根州、明尼苏达州、新泽西州、新墨西哥州、南达科他州以及得克萨斯州都有在这个意义上使用"附合合同"的裁决。[59]

第九节　显失公平

到20 世纪70 年代末，几乎所有州都通过了《统一商法典》，大部分州在20 世纪60 年代末就完成了。《统一商法典》第2 章提出的显失公平学说是对合同法最重要的改变。法院几乎都是在州立法机关通过《统一商法典》之后，马上将显失公平学说纳入普通合同法中的。

一般说来，显失公平拒绝强制执行合同中对一方当事人非常不公平的条款，如果该当事人在订立合同之前没有合理机会去阅读并理解合同条款的话。该学说的第二部分与合理期望具有明显的相似性。如果一个人有合理的机会阅读并理解合同条款，他就会去合理地期望它；如果他没有这样的合理机会，他**不可能**合理地期望它（虽然如果条款规定的是被广泛理解或很普通的内容，他可能还是会合理地期望它）。

但这一学说的第一部分将其与合理期望学说区别开来，也使其在反对滥用议价能力方面的效力大大降低。合理期望学说使得消费者在任何情况下都可依赖他的合理期望，但显失公平学说要求法院得出涉案合同或合同条款在该案中对消费者非常不公平的结论，并且消费者有责任说服法院得出这一结论。结果就是涉及显失公平的判决都太过基于案子具体事实而不能成为先例，并且该学说没能产生足够规模的法律来保护消费者。尽管如此，显失公平与合理期望之间的相似性使他们相互支持。例如许多早期的合理期望判决也都基于显失公平。[60]

第十节 《统一商法典》第 2 章

法院对《统一商法典》第 2 章中的条款也采取了之前没有适用于普通合同法的类似合理期望的做法。其中之一就是第 2 - 207 条，当合同双方给对方提供自己的标准合同时，卢埃林意图用该条来判定法律认可的当事人订立的合同。如果合同双方就两份标准合同内容达成合意，结合两份标准合同来订立新的合同须遵照第 2 - 207 条的前两项规定，即使两份合同格式不同也没有关系。如果合同双方没有就两份标准合同内容达成合意，但依照达成的合意继续走接下来的程序，这种合同的订立须遵照第（3）项的规定。基本来讲，第（3）项规定当事人标准合同中一致的部分直接纳入新的合同，不一致的部分由"《统一商法典》其他任何规定中包含的补充条款"代替纳入新的合同。

法院认为上面引用的话指的是通常被叫作的《统一商法典》"漏洞补充条款"（gap-filler provisions）。这些条款对合同中当事人没有达成合意的部分作出了规定。其中有些相当具体，例如规定交货地点的条款，适用于合同中没有写明交货地点的情况。即便是具体条款，只要加上"除非情况显示不然"这样的话就变得十分普适了。大多数漏洞补充条款的内容都非常模糊，作用只不过是向法院指出这个案子还未确定的事实罢了。例如，关于价格的漏洞补充条款会写价格应是"交货时的合理价格"。无论哪种情况，法院会遵循合理期望学说来继续下一步程序：它用当事人的合理期望填补"漏洞"。法院越来越多地依据第（3）项而非其他项判案，因为依照其他项判案的结果没有规律可循。在只有一方当事人使用标准合同的情况下，法院也依据第 2 - 207 条判决。[61] 如果这些趋势按逻辑发展的话，最终结论会是只要至少一方当事人使用标准合同，合理期望就适用于当事人依据《统一商法典》订立的所有合同，即使名义上不能实际上也能。

法院实际上也一直在第 2 - 316 条担保排除声明条款下使用合理期望，还在第 2 - 719 条关于救济限制中使用合理期望。第 2 - 316 条通常判定担保排除声明无效，除非它们明确且显眼；[62]如果它们明确且显眼，买方通常都会合理地预见到。第 2 - 719 条并没有包括明确且显眼这一要求，但法院在对该条的实际适用中仍然有此要求。[63]

第十一节　诚信与公平交易条款

所谓的诚信与公平交易条款将在第四章和第五章中讨论，因为它在关系侵权以及恶意违约侵权的进化中扮演了重要角色。因为它在合理期望的进化中扮演一个小角色，所以我在这里先简单提一下。合同法传统上要求一个人诚信地履行合同。法院有时通过声称每个合同中都隐含着一个诚信与公平交易条款来表明这一要求。该条款传统上是为了防止人们依据合同的字面意思占对方的便宜。

例如，在 *Patterson v. Meyerhofer*[64]案中，合同规定 Patterson 可以用最少的钱买下某些被拍卖的财产，然后 Meyerhofer 将以 ＄23 000 的总价从他手中买下这些财产。Patterson 当时打包票说可以用低于 ＄23 000 的价格买到那些财产，Meyerhofer 则愿意付他 ＄23 000 去得到那些财产，如此一来便无价格变高的风险。合同中并没有规定 Meyerhofer 自己不能去竞拍，于是她成功地以低于 ＄23 000 的价格拍下了那些财产。如果她觉得自己不能以低于 ＄23 000 的价格拍下那些财产，她应该就会让 Patterson 去买。因此，这份合同如果你从字面上看，就会发现 Meyerhofer 与 Patterson 签订的合同只能让她占便宜、让 Patterson 吃亏。Patterson 以她阻止其获利为由起诉她并且胜诉，理由就是 Meyerhofer 违反了诚信与公平交易条款。[65]

最近几十年来，法院将该条款的范围扩展到包括即使在公正解读合同的情况下也会导致一方当事人占另一方当事人便宜的情形。据我所知，所有的这些判决都涉及标准合同。这些案件中提供标准合同的一方当事人要么没有提醒另一方当事人注意一些相关内容，要么提供标准合同的一方当事人不能合理地期望另一方当事人明白合同条款的含义。因此，法院通过该条款使标准合同的接受者的合理期望成立，即使合同中的条款不支持这些合理期望。

例如，在 1974 年的 *Silberg v. California Life Insurance Co.* [66] 案中，残疾保险单允许保险公司扣发补贴，直到被保险人与相关权力机关弄清楚被保险人是否有资格享有劳工赔偿福利。原告和相关权力机关花了将近两年时间也没搞清楚这一问题，这期间原告因为无力承担费用，被迫**说谎或使用其他手段骗取治疗**。他经历了两次精神崩溃并最终经济上惨不忍睹。加利福尼亚州最高法院认为保险公司在法律上违反了诚信与公平交易条款。保险申请表上用大粗字体写着"保护自己免受医药费压垮"。这才是原告合理期望得到的保护。保险单中允许保险公司在解决劳工补偿福利资格之前扣发补贴的条款是不能强制执行的，因为它们违背了上述合理期望。[67]

第十二节　无意中的使用

法院有时在不知情的情况下也使用了合理期望。[68]理查德·波斯纳法官针对 *Morin Building Products Co. v. Baystone Con-struction, Inc.* [69] 案向美国第七巡回上诉法院表达的看法就是个例子。Baystone 是给位于印第安纳州曼西的通用汽车雪佛兰工厂加盖厂房的总承包商。Morin 是一个分包商，负责供应及建造铝墙。合同中要求外墙使用"铝合金型 3003，不低于 18B&S 规格，具有光面处理和灰泥压花表面纹理以搭配现有的金属壁板的造型和质感"。合同还规定：

所有施工结果都要获得建筑师或业主〔通用汽车〕授权代理人的最终认可，并且建筑师或代理人关于艺术效果方面的决定会是最终决定。若在合同文件规定的范畴之内……如果质量、材料或做工方面出现任何争议，是否接受施工结果只能由业主说了算。业主的标准是，所有做工或材料在各方面都必须是一流的。建造其他建筑时的通常或普遍做法不得以任何方式影响对此次施工的考量或决定。[70]

在明亮的阳光下斜看墙面时，Morin 竖立的外墙看起来效果并不统一。通用汽车在 Morin 施工结束后不接受施工的最终结果，要求 Morin 将它拆除并请了另一家承建商重新施工。Morin 争辩道，通用汽车的决定没有任何客观上站得住脚的理由：没有任何证据显示这些墙壁除了实用功能外还有什么其他功能，并且行业中所谓的"光面钢板"本来就是"不统一的表面处理，每片都不同，即便在同一片中也难免有污渍或油渍。"

如果合同中的满意标准是主观的，印第安纳法就会执行该主观满意标准，即使标的物容许（susceptible to）客观评估。主观标准只要求关于不满的表达是诚实的。Morin 没有证据证明通用汽车代表所表达的不满是不诚实的。尽管如此，地区法院还是判 Morin 胜诉，上诉法院也维持了原判。上诉法院表示，虽然上述引言似乎足以表示采用主观满意标准的意向，但地区法院法官忽略这段话是对的。这段话只是一份通用格式合同的条件清单中的第 17 项，又被作为第 35 段引入当事人所使用的格式合同中。鉴于这些情况，上诉法院总结道：

我们不轻视格式合同，因为没有格式合同，国家的商业生活将会停滞不前。但是我们有理由认为本案格式合同中的艺术效果和质量条款的约束范围并不包括光面铝制工厂墙壁的美观。[71]

沃尔特·E. 霍夫曼（Walter E. Hoffman）法官针对 *Nanakuli Paving and Rock Co. v. Shell Oil Co.*[72] 案在美国第九巡回上诉法院给出的意见也是一个例子。Nanakuli 铺路公司与壳牌石油公司签署了沥青的长期需求合同，Nanakuli 公司要用这些沥青来完成为瓦湖岛修建公路及高速路的铺路合同。合同规定沥青的价格将是交货时壳牌的牌价。然而，Nanakuli 公司在庭审中表明，瓦湖岛铺路行业有一个惯例，那就是沥青、骨料以及其他铺路材料的供应商会向客户提供"价格保护"。一个铺路承包商可能需要长达两年的时间来完成一份铺路合同，完成项目前铺路材料的价格可能还会上涨，但是批准合同的政府机构要求承包商按照中标时的价格完成项目。在价格保护下，材料供应商将会按照承包商竞标时的牌价向承包商供应材料直至完成项目，而不论交货时的牌价为何。Nanakuli 公司还在庭审中表明壳牌公司在之前仅有的两份需要价格保护的需求合同中都向它提供了价格保护。

尽管陪审团作出了对 Nanakuli 公司有利的裁决，地区法院还是判了壳牌公司胜诉。上诉法院推翻了原判并恢复了陪审团的裁决，理由之一是《统一商法典》中所定义的"协议"[73]比合同的"书面文件更为广泛"，包括了签订合同时的所有情形，包括任何相关的贸易惯例或习惯。[74]从古典契约原则的角度看，法院的论述是不合逻辑的，并且法院援引的《统一商法典》内容也不支持其论述。那些内容都只是关于反对旧有的"四角规则"①的，在该规则下，法院解释书面合同时可以不考虑当事人订立合同时的环境。另外，如果从合理期望的角度看，法院的论述显得十分合理。阅读该意见的全文后会觉得合理期望应该就是法院如此论述的精神。证据显示，合同当事人都没有注意到关于交货时价格的书面规定，都以为壳牌公司会向 Nanakuli 公司提供价格保护，直到一位新人接管了壳牌公司在瓦湖岛的业务。

第十三节　接受

合理期望学说至少从世纪之交（19 世纪与 20 世纪之交——译者注）采纳合同客观理论开始一直是美国合同法的一部分。自那时起，该学说的重要性与日俱增，现在也许是合同法最重要的学说。亚瑟·L. 科宾（Arthur L. Corbin）于 1950 年发表了一篇关于合同的伟大论文，第一部分的标题是"合同法的主要目的是实现由允诺所产生的合理期望。"[75]科宾的主张涵盖面很

---

①　根据该规则，双方当事人，尤其是让与人的真实意图，应当按照文件的完整内容认定，不能根据某一孤立部分推测。——译者注。《元照英美法词典》，第 576 页。

广。他不只认为对合同的解释应使当事人的合理期望生效，他认为整个合同法都应如此：强制执行的理由、履行的抗辩、损害赔偿金的确定、合同权利义务转让的承认、第三方权利的承认——所有这一切。例如，在损害赔偿金的确定中，合理期望学说体现在损害赔偿金通常都是按所期望的数额来确定的。

虽然基顿和我在 1970 年都没能发现或得出合理期望学说，但我们发现或得出了该学说的一些全新的应用。之前没有人想过合同当事人的合理期望应该高于标准合同，基顿发现了法院在一些保险案中就是这么做的，也没人想过合同当事人的合理期望**就是**合同，我总结出了理应如此。虽然基顿发现的几个判决早在 20 世纪 50 年代末就出现了，但没有法院采纳我的关于适用该学说的建议，直到爱荷华州最高法院在 *C & J Fertilizer*, *Inc. v. Allied Mutual Insurance Co.* [76] 案中采纳这一学说，并于 1975 年作出判决。这一次，法院在保险领域接受了该学说并直接扩展至普遍适用。虽然爱荷华州最高法院曾在某保险案中使用过该学说的较弱版本 [77]，但 *C & J* 案是其第一次使用该学说的较强版本，而且法院接受了该学说的普遍适用。更准确地说，虽然法院判决意见书接受了该学说的普遍适用，但参与法院判决意见书的五名法官中只有三名同意接受扩展到如此广泛的程度，另外两名法官只接受在保险业中适用该学说。三名同意普遍适用该学说的法官是该判决意见书的撰写人雷诺森（W. W. Reynoldson），以及大卫·哈里斯（David Harris）和马克·麦考密克（Mark McCormick）。爱荷华州最高法院的大多数于 1981 年接受了该学说的普遍适用。[78]

C & J 案涉及盗窃险。原告的店面在周末休业期间被盗。盗窃的证据包括一些室内门上强行进入的痕迹。尽管有无可辩驳的证据显示外门在周末关店之前已经锁了，但是外门上并没有这些痕迹。然而，也有证据表示盗贼可能在不留任何痕迹的情况下强行打开了外门。保险单的标题是"广泛补偿店主保险（BROAD FORM STORE-KEEPERS POLICY）"以及"商业盗窃与抢劫保险（MERCANTILE BURGLARY AND ROBBERY POLICY）"，但是其中的条

款仅将在房屋外部留有"可见痕迹"的严重闯入视为盗窃。向原告出售保险的代理人之前告诉他，必须要有一些可见的证据来证明是真的盗窃而不是"内贼作案"，但当保险公司否认此次盗窃属于承保范围时，该代理表示"十分……吃惊"并且为原告出庭作证。

雷诺森法官的意见是原告胜诉，理由有三：违反担保，合理期望以及显失公平。保险单中对"盗窃"的定义与该词的通常含义相异，并且由于被告事前没有告知原告会按照字面意思执行保险单，原告可以合理地期望他所购买的保险涵盖通常意义上的盗窃。因此，保险公司默示地保证了保险单涵盖通常意义上的盗窃（违反担保的理由）。同样，原告可以合理地期望保险单涵盖他们通常理解的盗窃（合理期望理由），此外，保险单对"盗窃"的定义显失公平。

违反担保的理由是雷诺森法官从我 1971 年的那篇文章中得来的。我在文章中没有将它限于保险行业，他在判决意见中也没有将它限于保险行业。显失公平理由也不限于保险行业，因为显失公平学说适用于所有合同。雷诺森法官甚至也没有将合理期望理由限于保险行业，尽管他只引用了（来自其他州）保险案例作为先例。确切地说，他这部分判决主要建立在适用于所有标准合同的《合同法重述（第二次）》第 211 条上。亨德森在 1990 年发表的文章中，将 C & J 案视为到那时为止影响合理期望学说在保险合同中发展的最重要判决之一。[79] 在我看来，该案是迄今为止影响合理期望学说在所有合同中发展的最重要的判决，因为它如此清楚地解释并证明了它成立的理由。在该议题上，唯一可以与之媲美的是亚利桑那州最高法院法官斯坦利 G. 费尔德曼（Stanley G. Feldman）的两个判决意见，[80] 亨德森也十分欣赏这两个判决意见。[81]

亨德森在 1990 年统计过，有 16 个司法管辖区在保险法中采纳了他所谓的较强版本的合理期望学说，其中 11 个司法管辖区也承认了该学说的普遍适用性。爱荷华州和亚利桑那州之前已经讲过了。其他的司法管辖区为加利福尼亚州、科罗拉多州、[82] 夏威夷州、[83] 蒙塔纳州、[84] 新泽西州、[85] 内华达州、北卡罗来纳州、[86]宾夕法尼亚州[87]以及罗德岛。[88]（加利福尼亚州与内华达州表明承认合理期望学说的判决是之前提到的在"附合合同"名下使用该学说的判决。）另外，在两个密苏里州上诉法院的判决中，该学说被用于保险合同，但法院引用了我的文章并指出该学说具有普遍适用性。[89]所有对该学说默示的承认，如一些有关雇佣合同的判决和《统一商法典》第 2 - 207 条的规定，都不是在保险领域，这也支持了该学说具有的普遍适用性。简单的逻辑也支持该学说。该学说保护消费者免受生产者不能合理期望他们阅读并理解的合同之害。没有理由将该学说限于保险合同，正如没有理由将该学说限于星期二订立的合同一样。最终，每个司法管辖区都将接受该学说在所有合同中的适用，这一点没什么好怀疑的。

为什么法院在保险合同创立合理期望之后过了大约 20 年才开始在其他合同中普遍接受它呢？至少部分原因肯定是保险公司通常比其他产业的生产者拥有更强的议价能力。保险的许多方面消费者很难理解，而且保险合同又是出了名的复杂。然而，保险合同对消费者的重要性比其他产业合同对消费者的重要性更大，这应该也是部分原因。保险合同几乎是产品本身，因为保险购买者除了合同内提供的内容外几乎没有得到其他任何东西。（这里一定要说"几乎"，因为保险公司的诚实、能力和财务稳健性也很重要。）在几乎所有的其他产业中，产品和合同是分开的，而且消费者通常更加看重产品。例如，汽车的购买者会得到汽车本身，他们通常认为汽车比影响此次交易的合同重要得多。保险的本质也使得保险合同相对更加重要。人们通常买保险是为了保护自己或他人免受没有保险的情况下要承担的更大经济损失。如果类似情况发生，被保险人和破产者之间可能只差一份保险合同。

保险合同对被保险人来说相对比较重要，这使得当被保险人和保险公司存在无法解决的纠纷时，被保险人更有可能提起诉讼。这也使得当法院怀疑保险公司可能对被保险人不公平时，法院更会去保护被保险人。保险诉讼也比其他合同诉讼更有可能打到上诉法院，因为保险合同更加复杂，更有可能在诉讼过程中出现可上诉的问题。一份非正式电脑抽样调查显示，关于合同的裁决中，大约有 1/5 是关于保险合同的。[90]

如果将保险产业与其他具有部分上述因素但并非完全一样的产业相比较，我们可以得出结论说，也许是所有这些原因共同造成了合理期望在保险产业中适用得比在其他产业中早。例如，住宅抵押贷款合同通常比保险合同更长且更复杂，但是住宅抵押贷款合同并不难理解（它们本质上只是担保贷款），而且通常购房者将银行贷出的钱和其收取的利息看得比抵押贷款合同中的任何内容都重要。保健组织（health maintenance organization/HMO）的会员合同也是一个例子。这些合同也通常都比保险合同更长且更复杂，但 HMO 会员往往更看重他们得到的医疗服务的质量与范围，而不是会员合同中对他们权利的描述。

第十四节 公共立法与订约能力

合理期望并不限制契约自由，但是会限制订约能力。要约人仍可自由地在要约中规定他们想要的任何内容，但只有要约人能够合理期望受约人理解的部分才能真正成为要约人所起草的合同的内容。显然，这一限制主要影响的是使用标准形式订立的合同。

任何产业的产品在问世几年后，消费者便会积累大量的实际期望。法院可以利用这些累积的实际期望来判断合理期望。然而，出于第二章所讲的原因，大面积的知识空白和片面的理解是必然存在的。现代社会的产品在技术上十分复杂。产品的种类又太多，每人都只能对其中的一小部分进行肤浅的了解。标准合同本身也受同样的限制。这些合同也往往十分复杂，也往往种类很多，每人都只能对其中的一小部分进行肤浅的了解。

由此引出应如何处理我们不能合理期望消费者理解的合同部分这一问题。我在 1971 年发表的那篇文章中提出了一个解决办法：我们应将合理期望视作着眼于目的而非手段。[91]这也是我们看待对有形产品提供担保的方法。如果一辆新车在你转动钥匙后点不燃火，通常凭这一点你就可以得出生产商违反了适销性担保的结论。适销性担保的目的就是当你转动钥匙时，车辆应该启动。消费者没有必要知道汽车生产商要通过什么技术手段来达到这一目的。同样，本书第二章引用的合同中使用的利率计算公式很好地阐释了如何将此方法用于服务业。按理来说，公式的目的是保护贷款人免受市场利率上升带来的损失，保障借款人享受到市场利率下跌带来的好处，而不是以一方当事人损失为代价让另一方当事人发一笔横财。因此，此处的合理期望应是该公式实际上能达到上述效果。如果公式使用的特定利率确定方式没有达到上述效果，反而造成了对借款人的不利，这种情况应该视作违反了借款人的合理期望。我们可以从逻辑上得出这一结果，不需要假设消费者（即借款人）明白公式是怎么运作的。只要知道他能合理地期望公式取得上面描述的效果就够了。

将合理期望视作着眼于目的而非手段极大地增强了订约能力，但订约能力仍不是不受限制的。即便将合理期望视为着眼于目的而非手段，仍然还是会出现我们解答不了的问题。到了这一步，就不应再靠合同法了。法院再不能根据当事人表示的同意来做判决了。一些公共立法机构必须制订法律来规范这一步之后的交易。我们应该坦率地承认这一点，而不是将其勉强地藏在"合理期望"的外衣下。

事实上，公共机构在过去的一百多年来，针对某些问题制订了不少表面上是合同法的法律。例如，公法规范着债务人与债权人[92]以及保险人和投保人关系[93]的许多方面。目前使用的商业责任标准保险单体现了公法作为补充的必要性。[94]保险服务局（Insurance Services Office）起草该保险单是为了顺应许多州出台的简明（法律）语言法（plain language laws）①。我们因此就可以

---

① 简明（法律）语言法规定住房租赁合同及其他 50000 美元以下的消费合同必须使用非法律专业性的词语。商行应尽量使用普通语言，以清晰的文字书写合同，否则要偿付 10000 美元以下的赔款。1977 年纽约州首先通过这项改革性的法律，并于 1978 年实施。——译者注。《元照英美法词典》，第 1057 页。

名正言顺地将仍然看不懂的部分归咎于该主题本身的困难，这种困难是简明的语言也无法克服的。该保险单分为五节，分别题为"承保范围""谁是受保人""保险限制""商业综合责任条件"以及"定义"。每节都以大纲形式写成，大小段落加起来总共 43 段。法院已经解释了保险单中使用的许多用语，有些用语甚至解释了几百次。保险公司不可能用可以理解的形式将所有的这些信息都传达给保险购买者。没人能完全理解这些信息。这是一个在研究和学习后也只知其部分的知识体，就像百科全书中的知识一样。

虽然这类法律中的一部分可以由立法机关和行政机构制定，但其中的大部分主要还得靠法院制定。这类法律中的大部分不在立法机关的关注之内，而且产业种类又太多，不可能由每个产业自己的监管机构来制定。通过观察法院如何在保险业中制定这种法律，就可知法院应如何为其他产业制定这种法律。通常是从保险单（也就是标准格式）开始研究。保险单通常是按照对保险公司有利的方式来表述法律的。保险人以及被保险人的律师就被保险人的合理期望、双方当事人及行业需求以及更具一般性的公共政策进行辩论。法院综合考虑这些所有因素后制定出法律。先例不断累积，论文和报表服务从先例中提炼出规则和原则，成果就是我们所谓的"保险法"。

C&J 案几年之后，爱荷华州最高法院在 *Weber v. IMT Insurance Co.* [95] 案中阐释了这一过程。韦伯（Weber）兄弟种植农作物和养猪。他们用猪粪给庄稼施肥，使用同样的机械把猪粪从猪圈里运出来，然后撒在庄稼上。从猪圈到庄稼地的一条路经过纽曼（Newman）的一个农场。粪便从机械上掉下来落在纽曼农场边的路上，轮胎也从粪便上碾过弄得到处都是。最终，臭味污染了纽曼的甜玉米，导致玉米卖不出去。韦伯兄弟不理会纽曼的抗议，这样做了好几年。纽曼起诉他们并赢了官司。随后，韦伯兄弟依据他们购买的农民综合个人责任险起诉了保险人，该保险覆盖了因"意外事件"导致的责任。初审法院判保险人胜诉，爱荷华州最高法院以若干理由维持原判。韦伯期望将如此重复的行为定性为意外事故是不合理的。要求责任保险人为人们的故意损害行为进行赔付违背公共政策。

法院制定这类法律的权力是宪法赋予其制定普通法的权力。这种法律属于普通法的哪个类别（财产、侵权等）其实并不重要，只是我们不能合理地称之为合同法，因为它不是法院从当事人明确的同意中得出的。大多数法院在保险案件中制定或适用这类法律时并不费心将其归类，只是偶尔将其作为保险法，从而使保险本身成为一个法律类别。然而，法院在近来的一些保险案件判决中将其归类为侵权法。这些判决，加上其他行业的一些判决，组成我将在第四章讨论的"关系侵权"。因此，合理期望和关系侵权是相辅相成的。关系侵权是主要由法官制定的公法，规范着生产者与消费者之间我们不能合理期望消费者理解的那些方面的关系。关系侵权法只是"大部分"由法官制定，因为立法者也制定了一些关系侵权法。

第十五节　担忧

像任何重大新发展一样，合理期望也引起了人们的担忧。其中一个担忧虽然我只偶见于文章中[96]，但常常有人向我提起，那就是该学说赋予了法院太多的自由裁量权。新出现的很多问题是合理期望无法解决的，因为这些问题涉及消费者不能理解的部分。因此法院不得不在缺少立法或其他任何指导下解决这些问题。但是一个认为合理期望给了法院太多自由裁量权的人，逻辑上一定认为保险法、债权债务人关系法以及普通法中的任何其他法都给了法院太多的自由裁量权——而且这种情况已经持续了近十个世纪。

人们也向我表达了对合理期望会影响标准合同使用的担忧。如果消费者不论签署了什么内容的标准合同，依然能实现他们的合理期望，那么标准合同不就变成了一纸空文？如果标准合同变成一纸空文，生产者会不会停止使用它们？如果生产者停止使用它们，人们不会因失去它们带来的效率而遭受损失吗？标准合同降低了交易成本，增加了法律责任的可预见性。诚然，生产者滥用了标准合同带来的议价能力，尽管如此，合理期望将标准合同变成一纸空文会不会是因噎废食？

若合理期望会导致标准合同的使用减少，这种情况也还不明显，并且截至 20 世纪 90 年代中期，合理期望已经在保险合同领域适用超过了 20 年。然而，在保险领域测试合理期望可能不是很公平，因为尽管该理论不断扩散，但仍有许多司法管辖区尚未传播到。在许多司法管辖区内，保险人依然可以期望从被保险人不会去阅读的保险单条款中获取利益。如果要公平地解决这个担忧，必须假定该学说已经被普遍接受，生产者在几乎任何地方都不能指望从与合理期望学说相冲突的合同条款中获益。那样的话，生产者还会使用标准合同吗？如果不会，会不会牺牲掉标准合同带来的交易成本的降低和法律责任可预见性的增加？

生产者很可能会继续使用标准合同。首先，他们需要标准合同来告知消费者有关产品的信息。比如，保险人需要向被保险人提供书面材料说明保险责任范围，投保限额，以及责任范围内的损失发生后应该怎么做。汽车制造商需要告知购车人，要想在保修期内保有保修权利必须怎么做。生产商需要标准合同来提供这些信息，无论这些信息是否构成具有法律强制执行力的义务。

如果合理期待着眼于目的而不是手段，生产商将继续需要标准合同来说明手段。在说明合理期望着眼于目的还是手段的区别时所使用例子也说明了这一必要性。贷款人需要标准格式来说明确定变动利率的公式。否则，贷款人和借款人必须在每次市场利率发生实质性变化时进行谈判来决定利率，如果不能达成统一意见，可能还不得不由法院来为他们决定。在格式合同中写明确定利率的公式显然更有效率。借款人很少会对公式提出异议，如果提了，贷款人只需证明该公式的目的是提供对双方都公平的利率即可。

我之前提过，消费者的合理期望不足以决定案件的结果时，法院必须根据当事人、行业需求以及公共政策来判决案件。生产者也许会继续在反映他们和他们行业需求的条款上以及反映他们对相关公共政策理解的条款上使用格式合同。例如，*Weber* 案中的保险单包括了将保险人的责任限制在

"意外事件"以及对被保险人故意损害行为不负责任的条款。这些规定既反映了保险人和保险业的需求，也反映了法院审判时所依据的公共政策考量。

生产者也许还会为了给消费者的合理期望提供具体内容而继续使用标准合同。例如，即便理性的火险购买者能够想到会有火灾损失发生后必须及时通知保险人的要求，但他们可能不清楚多长时间内通知算是及时。保险单就可以通过规定具体的天数来解决这种不确定性。依据货物销售合同提出的质保索赔请求的时间也是如此。

最后，生产者将继续需要标准合同来限定消费者的合理期望，或者使它们更具体，或者改变它们的内容。当然，如果一个生产者为了这个目的而使用标准合同，那么他必须在消费者购买产品之前提醒消费者注意这些内容，而且这些内容必须是消费者能够理解的。例如，保险人通常在申请表中这样做。申请表以简单语言写明了保险公司提供的一种或几种保险，并且提供了方框以便消费者在上面打钩注明他的选择。

然而，尽管生产者毫无疑问将继续使用标准合同，但在确定生产者法律责任方面，标准合同的效力会降低。这样一来，似乎生产者的法律责任将比以往更难预测。然而，这种结果可能性不大。在合理期望学说发展之前，所谓的标准合同能带来法律责任的可预测性大抵只是个神话。不利提供者原则总是削弱它，并且自从 20 世纪 60 年代以来，生产者还不得不与显失公平原则较劲。此外，如果涉及货物，就与《统一商法典》的第 2－207 条，第 2－316 条和第 2－719 条相关，适用它们的结果也是不可预测的。合理期望会以单一、明确的原则在很大程度上取代这些欠全面且常常具有不可预测性的法律，最终实现对法律责任**更大**的预见性。

第十六节　陪审团与法官之间的分工

作为一个规则，长期以来法律文书的含义由法院作为法律问题来决定，尽管普遍的规则是事实问题由陪审团决定，且法律文书的含义很大程度上就是事实问题[97]（合同的含义不完全是一个事实问题，因为法律对它也有影响，如合同客观理论和口头证据规则）。然而，这一规则存在一个同样被普遍接受的例外。如果书面法律文书的含义取决于旁证（extrinsic evidence）且该证据的可信性（credibility）存在问题的话，陪审团至少要决定可信性问题，这时他们常常也连法律文书的含义也决定了。《合同法重述（第二次）》提出将这种例外进行扩展，认为凡是要通过从旁证的各种合理推断中作出选择才能决定的书面法律文书的含义，即使不存在可信性问题，都应由陪审团来决定书面法律文书的含义。[98]即便没有《合同法重述（第二次）》中提议的自由化，也有人会说完全来自于旁证的合理期望应该由陪审团来决定。例如，在 *C&J* 案中，法院从"盗窃"的通常含义中推出了合理期望。一个词的通常含义完全取决于旁证。

然而，实际操作中合理期望是作为法律问题由法院来决定的，而且没有例外情况。我的四个研究助理检视了某一司法管辖区内所有他们能找到的涉及合理期望的判决。没有人发现由陪审团裁定合理期望的判决。这种做法是明智之举。除非合理期望由法院决定，否则不能成为判例。除非有判例，否则人们就必须就同一问题一遍又一遍地对簿公堂。陪审团的裁定不能成为判例，即便可以，创造大多数判例的上诉法院根本不使用陪审团。而且，决定合理期望所需的事实通常上诉法院和陪审团一样可以获得。这些事实很少取决于并且很少只与手头的案子有关。*C&J* 案再次作了很好的阐释。没有任何因素使得"盗窃"这个词的通常含义对该案的当事人来说与任何情况下的任何一个理性人对该词的理解有所不同。

然而，传统的可信性例外（credibility exception）应对合理期望适用，正如它适用于决定书面法律文书的含义一样。例如，如果消费者声称卖产品给他的人关于该产品说了些影响他合理期望的话，陪审团就应该决定销售人员是否真说了那些话，若是说了，是否确如消费者声称的那样影响了消费者的合理期望。由陪审团在合理期望案件中决定可信性问题的正当性与在涉及书面法律文书含义的案子中相同。这样的裁定很少需要具备与产品或行业相关的技术或特殊知识。这样的裁定不会成为判例。上诉法院一般没有能力靠书面诉讼记录重新裁定。根据美国宪法和大多数州的宪法规定，如果案件原本属于当事人有权利要求陪审团审理的案件，那么当事人有权利要求陪审团作出这样的裁定。

第十七节　特殊知识的作用

基顿和威迪斯在他们的论文中问到，如果保险购买者知晓了一般保险购买者不会知晓的对其不利的条款内容，是否应该要求这部分保险购买者接受这些不利内容，因为他们合理期望到了这些内容。他们的回答是否定的，并给出了几点理由。消费者从来不应该因其具有的特殊知识而遭受损失。保险公司通常会将保险费定得足够高以便赔付普通购买人的损失，因此，具有特殊知识的投保人已经对此承保范围支付了费用。如果保险公司不需根据通常承保范围来进行赔付，那它会获取不当得利。不让有知识的投保人享有一般期望带来的好处，就是对他们获取知识的惩罚，而法律不应该阻碍知识的获取。[99]因此，举例来说，即便 C&J 案中的饲料库拥有人在购买保险之前已经阅读并理解了保险单中对盗窃的狭义定义，保险人还是不得不对饲料库拥有人因盗窃所遭受的损失进行赔付，至少在保险公司已经将保险费定得足以承担这类损失的情况下。

我在前一节中提出的除非可信性存在问题，应由法院而不是陪审团继续裁定合理期望的结论也支持这一立场。如果法院裁定合理期望，他们的裁定会成为判例，而判例就是法律。某些信息一旦一般产品购买者都能获得，便会影响法院去制定不同的法律。每一位产品购买者都应当平等地享有这些法律带来的利益，不论他或她是否拥有这样的信息。

第十八节　合理期望在合同法变革中的角色

合理期望平衡了议价能力。生产者普遍拥有较强的议价能力有两个原因，一是他们对其产品更为了解，二是他们有能力制订标准合同。合理期望要求生产者将他们对产品更透彻的了解以消费者能够理解的方式告知消费者，并且只在符合消费者合理期望的程度上承认标准合同的法律效力。合理期望在对抗古典契约借助"阅读义务"允许滥用议价能力方面效果尤为突出，这些我在第一章解释过。这一新方法废除了这项"义务"，除了可以合理期望消费者**确实**会阅读并理解的部分外，合理期望否定标准合同其他部分的法律效力。

然而，仍存在局限性。其中一个局限性我之前提到过，那就是在现代经济中，许多产品具有一些不能合理期望消费者能够理解的部分。另一个局限性我之前没有提到过，那就是如果产品被证明有缺陷，在谁应该对此承担责任以及责任方应如何处理的问题上，合理期望并不能实质性地增强消费者的议价能力。这种情形下的议价能力主要是看当事人法律救济的效力。在后面的章节中我将讲到一些变革，这些变革增强了消费者在这种情况下的议价能力，而合理期望做不到这一点。

这些变革普遍服务的第二个主要目的合理期望也做不到：它无法强加给生产者公共责任，因为它不要求生产者做或不做任何他们无法通过合同逃避的事。只有这些其他的变革才能强制生产者承担不能通过合同逃避的责任。

第十九节　合理期望的未来

合理期望最终将会成为世界各地合同法的组成部分。将来的法律学生会纳闷为什么律师和学者能够那么久地将双方当事人都知道其中一方没有阅读或没能力理解的书面文件视为合同。我们可以自信地作出这些预言，因为合理期望原则是合同法的基础。处理标准合同状况的新方法其实不过是认识到了旧方法违反了这一原则而已。

出于同样的原因，合理期望作为一个学说终将会消失。学者和业界终将简单地视其为合同解释中客观理论的一部分。合同将永远是当时环境下的理性人所认为的那样。它的书面内容将只是这个理性人能够期望当事人双方去阅读或理解的内容。

第四章

关系侵权法

自古以来，法院一直为具有特定关系的当事人创设义务，但是他们通常不为具有合同关系的当事人创设义务，直到大约 1960 年。我称这些新义务为关系侵权法。它们是侵权法，因为它们是由法律强加的，而不是由合同规定的。它们是关系性的，因为它们只适用于具有特定关系的当事人。[1]关系侵权法类似于 19 世纪初被法院废除的公共职业责任。公共职业责任也同样是由法院强加而不是由合同规定的，并且它们也只适用于特定关系的当事人。法院废除这些责任是因为它们是契约自由的障碍。法院现在创设与之如此相似的新责任，明显体现了对契约自由的新态度。

关系侵权法与合理期望相辅相成。关系侵权法主要是由法官制定的公法，在我们不能合理期望消费者理解的领域调整生产者与消费者之间的关系。虽然关系侵权法限制了契约自由，但其至少一直在尝试着去服务公共目的或者使合同更加有效或对弱势当事人更加公平。

第一节　古典契约法对契约自由的限制

古典契约不包括任何关系侵权法，因为它没对合同当事人强加可以推翻合同约定义务的义务。然而，它确实限制契约自由，显然是想让合同变得更加有效，有时显然是为了合同对弱势方更为公平。这些限制体现在拒绝强制执行某些特定的合同条款。《统一商法典》中也包括这样一些限制。

合同当事人可以约定一方违约应承担的赔偿金数额。如此设定的赔偿金是"约定赔偿金"。然而，根据合同当事人签订合同时已知的事实，约定赔偿金若超出违约行为可能造成损失的合理估计，法院将不会对其强制执行。我们通常将这样过高的约定违约金条款称为"惩罚条款"。[2]《统一商法典》第 2 - 718 条对法典涵盖范围内合同种类的约定违约金规定了本质上相同的限制。

普通法在合同受益条件方面对当事人的自由规定了相似的限制。如果合同受益条件会使一方当事人不公平获利或一方当事人失去的利益与因没达到要求给对方造成的损失不成比例，法院将不会强制执行该条件。我们通常将这样的条件称为"没收"（forfeitures）。[3]例如，我的汽车购买合同使得我必须严格遵守保养项目的每一步，否则便会失去保修权利。在诸多项目中，如果我更换机油比预定的时间只晚了一天，我就可能因此失去所有的保修权利。法院通常不会强制执行这样的条件，至少不会按字面上的意思执行。

如果违约是"实质性的"（也就是说非常严重），普通法赋予受损方解除合同的权利。受损方可以停止履行合同，拿回违约方从其履行中得到的任何利益，另外还可以获得赔偿。[4]尽管《统一商法典》没有使用"解除"这个词，但它所谓的"拒收"（第 2 - 601 条）和"撤销接受"（第 2 - 608 条）达到的是同样的效果。第 2 - 601 条授权买方拒绝接收与合同约定不符的货物。买方在收货时若不能合理地发现货物瑕疵，第 2 - 608 条授权买方撤销接受。[5]尽管我没有找到涉及该问题的任何判决，一般的推测是，法院不会强制执行一个大大削弱解除合同救济措施或第 2 - 601 条及第 2 - 608 条所提供的保护的合同条款。

即便违约本身并没有严重到需要当事人解除合同的程度，在其他违约救济措施失败的情形下，法院也允许当事人行使解除权。例如，在 *Hibschman Pontiac, Inc. v. Batchelor* 一案中，[6]买卖合同将汽车车主的保修违约救济措施限制在将汽车交还给经销商进行维修。因为经销商每次都没有令人满意地将车修好，车主多次把车交回经销商进行同样的修理。印第安纳州最高法院判决车主可以退车，拿回他的钱，另外还可以对浪费的时间获得赔偿。

但尽管有一些类似 *Batchelor* 的案子，解约权提供的保护并不如看起来的那么多。只有一小部分违约严重到让当事人有理由解除合同，而且即使法律允许解除合同，人们也往往不愿意这么做。解除合同既麻烦又昂贵，而且当事人通常需要将同样的交易再重复一遍。例如，一个买车人如果解除合同，他通常还得再买一辆。解除合同也是有风险的。如果一方当事人错误地认为另一方当事人的行为使其有权解除合同，则该当事人试图解约本身将是一种违约行为，而且可能是实质性违约，严重到使另一方有权解除合同。"扣动解约的扳机"可能会导致"适得其反"的后果。误认为自己有解约权的当事人不得不保留有瑕疵的产品**并且**还要向另一方支付赔偿金。[7] 最后，已经付了费的消费者可能发现解约权没什么用，因为要行使它就必须得打官司要求退款。我在第二章中解释了为什么对消费者而言，打官司很少是切实可行的。

第二节 产品责任法

产品责任法是要求生产商和中间商为瑕疵有形产品（也就是说，产品责任不涵盖服务）造成的人身损害和财产损失承担责任的法律。严格来讲，产品责任法不是关系侵权法，因为它强加的义务的对象不限于事先与生产者有合同关系或其他关系的人。相反，它赋予受到瑕疵产品损害的任何人从生产商得到赔偿的权利。然而，产品责任法限制了合同自由，因为除了特殊情况，生产商不能通过合同逃避其强加的义务，因此它与关系侵权法有关。最先判决生产商不能通过合同逃避产品义务的案子是 1960 年新泽西州最高法院判决的 *Henningsen v. Bloomfield Motors, Inc.* 案。[8] 时至今日，产品责任无处不在。

如果将产品责任扩展到包括所谓的经济损失① (economic losses)，那么即使在严格意义上，产品责任法也是关系侵权法。经济损失只是指经济上的损失；也就是说，它不包括有形损失的方面。例如，如果一辆新车的刹车存在瑕疵，车主就在经济上蒙受了损失，因为他不得不去修理或更换刹车片，或者继续驾驶有瑕疵（因而贬值）的汽车。只有产品的所有者才会蒙受经济损失。因为产品责任只适用于新产品，所有者和生产商之间是合同关系，如果不是直接的合同关系，也至少通过一家或多家中间商的代理机构达成合同关系。

如果产品瑕疵导致的事故也造成了有形损失，大多数法院已经允许产品的所有者就经济损失获得赔偿。⁹11 个司法管辖区的案例报告中已允许所有者在不存在有形损失的情况下就经济损失获得赔偿，但 27 个司法管辖区的案例报告中否决了这样的损失赔偿。然而，许多否决该赔偿的判决将否决限制于特殊情况。5 个判决的否决理由是原告为商业机构，暗示个体消费者可以获得赔偿。有 11 个判决法院表明或暗示如果经济损失是由"突发灾难"造成的，而不是产品价值或工作能力上逐渐的减损，他们会准许赔偿。有 8 个判决法院表明或暗示如果产品瑕疵具有导致人身伤害或财产损失的实质性风险，即使没有造成实际的伤害或损失，他们也会准许赔偿。这些类别相互之间并不排斥；有些判决属于其中两种或多种情况。¹⁰

第三节　关系侵权法在加利福尼亚州的诞生

早在 20 世纪初，为责任保险关系当事人创立侵权义务的判决就已经存在了，但是这些判决创立的义务通常是对责任索赔人的义务，责任索赔人与其

---

①　经济损失：在产品责任诉讼中对经济损失的赔偿包括对瑕疵产品的修理或更换所需费用，以及由于价值不足而产生的商业损失 (commercial lose) 和因失去利润或使用效益而产生的间接损失 (consequent loss)。——译者注。《元照英美法词典》，第 459 页。

他两方当事人并无合同关系。[11]另外，20 世纪末的判决甚至也为存在合同关系的当事人创立了侵权义务，虽然有些也涉及责任保险关系。1958 年，加利福尼亚州最高法院在 *Comunale v. Traders and General Insurance Co.* 案[12]中作出了第一个这样的判决。

1948 年的一天，Percy Sloan 驾驶他兄弟的卡车去办私事时撞到了 Anthony Comunale 和 Carmela Comunale，造成 Carmela 轻伤，Anthony 重伤。Sloan 毫无疑问是有责任的，因为当时 Comunale 家的这两人走在一条画线的人行横道上。Sloan 的保险人 Traders and General Insurance Co. 表示他购买的保险不承保这次事故，因为卡车不是他的。这个说法是错误的。像几乎所有汽车责任保险一样，Sloan 购买的保险覆盖他的驾驶行为，即使车不是他的。

Comunale 家这两人起诉 Sloan 时，他聘请了一个律师。该律师正式要求 Traders 保险公司接受这个抗辩。Traders 保险公司拒绝了，声称 Sloan 因为直到事件发生的次日才报告事故，所以他的保险已经失效了。这一说法也是错误的。保险单中并没有要求投保人更及时地报告事故，并且这次的迟延报告并没有对保险公司造成损害。

保险单额度为每位伤者10 000美元，每起事故20 000美元。Comunale 家的这两人提出以 4000 美元和解。Sloan 的律师建议他接受和解，但由于 Sloan 拿不出钱所以案子上了法庭。法院判给 Anthony 25 000美元，Carmela 1250 美元，但是 Sloan 连和解的钱都掏不出来，更别说判决的金额了。这种情形下，加利福尼亚州法律让 Traders 保险公司对 Comunale 家的这两人承担责任，但保险单的上限离 Anthony 的判决金额还差15 000。Anthony 随后与 Sloan 签订合同：Sloan 将其对 Traders 保险公司的权利转让给 Anthony，作为交换，Anthony 同意不再要求 Sloan 履行判决。

之后 Anthony 作为 Sloan 的受让人起诉了 Traders 保险公司。他诉请保险公司支付 Sloan 所花费的 800 美元律师费和其他诉讼费用，以及 Sloan 应赔判决金额还差的那15 000美元。Traders 保险公司支付了 800 美元，但拒绝为那15 000美元承担责任，理由是虽然保险单允许它和解，但并没有**要求**它必须和解。陪审团作出了支持 Comunale 的裁决，但法官不顾该裁决还是判了 Traders 保险公司胜诉，因为他同意 Traders 保险公司对保险单的解释。[13] Comunale 一路上诉到了加利福尼亚州最高法院才最终胜诉。法院开头是这么说的：

> 每个合同中都存在着诚实信用与公平交易的默示条款，任何一方当事人都不能为获得合同利益而损害另一方权利……这一原则也适用于保险单。[14]

法院为此援引了威斯康星州的一个判决，这个判决认为被保险人的权利"比〔保险人〕为他制订的合同的表面意思要多"，"基于每份合同中都包含的公平交易原则"，合同中包含默示义务。[15] 法院继续说道：

> 鉴于这种情况，诚实信用和公平交易的默示义务要求保险人在适当情形下进行和解，即使保险单上没有明文规定这一义务。[16]

该判决无异议通过。该判决意见书出自首席法官菲尔 S. 吉普森（Phil S. Gibson）之手，写得非常简短。只有对法律相当熟悉的人才能认识到该判决对法律的改变有多大。人们对每个合同中都隐含诚实信用和公平交易默示条款的主张没有争议性。这个"条款"更常被称为善意履行义务。顾名思义，该义务是指善意履行**合同约定**的义务。然而在该案中，合同并没有规定 Traders 保险公司有接受合理和解要约的义务。该保险单只是**允许** Traders 保险公司接受和解要约，并且无论发生什么，保险单将 Traders 保险公司的保险额度限为每人10 000美元或每起事故20 000美元。

因此，当法院宣布责任保险人对被保险人负有接受合理和解要约的义务时，法院是不顾保险合同内容甚至违反保险合同内容来强加这一义务的。

罗伯特·E. 基顿（Robert E. Keeton）在 1971 年发表的第一版保险法论文中援引了 Comunale 案，认为它是最早表明要求保险人满足被保险人合理期望这一"新原则"的案子之一，即使仔细阅读保险合同会推翻这些合理期望。[17] 然而，现在可以看出 Comunale 案并没有开启合理期望学说的发展，至少在加利福尼亚州没有。它开启了截然不同的关系侵权法的发展。法院将接受合理和解要约的义务强加于 Traders 保险公司并不是因为 Sloan 的合理期待，而是将该义务作为法律强加于每一个责任保险人。

法院决定限制合同自由是适当的，因为责任保险纠纷的和解会非常复杂。它涉及三方当事人——保险人、被保险人以及责任索赔人——的利益，并且它们之间经常冲突。保险法的案例教程对这些和解通常要布置一周的阅读量，目的仅仅是为了让学生了解该主题。即使保险人尽可能清楚地解释这一程序，消费者也无法明智地决定哪种保险单在责任索赔和解中能向他们提供更好的保护。

在加利福尼亚州，合同的诉讼时效是 4 年，侵权的诉讼时效是 2 年。当法院对 Anthony Comunale 人身伤害索赔案作出 Sloan 败诉的终审判决时，Sloan 起诉 Traders 保险公司的诉讼理由产生。Comunale 作为 Sloan 的受让人起诉 Traders 保险公司在时间上距离上述事件超过了 2 年，但不到 4 年。Comunale 的代理人试图通过将索赔作为合同索赔来避开侵权索赔较短的诉讼时效，但 Traders 保险公司找到了一些判例来证明不当拒绝和解的诉讼属于侵权诉讼。法院没有在这点上作出裁定，而是认为违反诚实信用与公平交易条款的诉讼"同时属于合同和侵权"，并补充说这类诉讼中的原告"通常享有在合同之诉和侵权之诉两者中选择的自由。"[18]

因此，具有讽刺意味的是，正是保险人首次迫使加利福尼亚州法院承认责任保险人的和解义务既属于侵权法也属于合同法。这一结论本来就是逻辑上所隐含的，因为不管合同条款怎么规定，该义务都存在。然而，法院的明确承认也很重要，因为如此一来关系侵权法便建立在清晰且富有逻辑的基础之上，有助于推动新的关系侵权法的发展。在那些法院没有及时承认其同时属于侵权法的司法管辖区，其发展通常相对缓慢。例如，在俄勒冈州的发展就没那么迅速。直到 1992 年，俄勒冈州的最高法院才承认它也属于侵权法。[19]

第四节　保险业

现今，每一个州的保险人都负有关系侵权法义务。艾伦·D. 温特（Allan D. Windt）在保险法论文中列出了三十多项义务。我选择了以下几项来让大家对它们都是些什么有个概念：及时回应被保险人提出的索赔通知；在拒绝理赔之前对索赔进行合理调查；如果拒绝理赔，及时通知被保险人；对不存在争议的索赔或部分索赔及时赔付；如果保险是责任险，即使承保范围不确定也要保护被保险人和及时接受受害人合理的和解要约（正如 *Comunale* 案）。[20]

此外，保险法中还包括一些基于公共政策的规则，这些规则对保险人与被保险人都有约束。法院和评论者通常称它们为解释规则，但它们实际上是法律规则。重写保险单的困难使得保险人不愿重写保险单，除非所有获得有利司法解释的尝试都失败了。没个十年或多场诉讼，失败可能也显现不出来。例如，"事件"（触发保险人责任的事件），"意外事故"（与故意行为相对），以及"因使用造成"的含义几十年来一直是诉讼热点。一个没有披着解释外衣的规则的例子就是可保利益（insurable interest）要求。保险购买人必须与被保财产或人身存在确切经济利害关系，理赔额度不得超出对该利害关系的合理估计金额。[21]

第五节　非法解雇

雇佣关系曾是契约自由的主要目标之一。如果合同没有明确约定不能任意终止雇佣关系，不论雇主还是雇员都可以任意终止雇佣关系。基本上，雇主对雇员不负任何义务，甚至没有提供安全工作环境的义务。美国联邦最高法院保护这一"自由"，甚至与洛克纳时代试图通过立法限制该自由的努力做对抗。然而，20世纪60年代起，法院开始在雇佣领域使用合理期望学说，并且还为雇佣关系创设了关系侵权。

尽管被称作不当解雇，该侵权涵盖了雇主对雇员采取的任何有害行为。如果雇主采取或威胁采取这样的有害行为来迫使雇员从事有悖于公共政策的活动或惩罚遵守公共政策的雇员都属于侵权。例如，在 *Palmateer v. International Harvester Co.* 案中，[22]一名雇员通知执法当局，声称他的一名同事可能实施了犯罪行为并且同意协助当局调查此事。雇主发现了他的所作所为后就解雇了他。法院判给该雇员损害赔偿金，理由是惩罚一名帮助当局执法打击犯罪行为的雇员是不当的。同样，在 *Vermillion v. AAA Moving and Storage* 案中，[23]一位搬运公司的雇员声称，雇主解雇他的原因是因为他告诉一位客户其雇主曾将从自家公司一辆失事家具搬运车中抢救下来的该客户的财物据为己有。法院认为该雇员已经说明了诉由。[24]

有些案件，法院将其判决建立在合同基础而不是侵权基础上，理论依据是雇佣合同中隐含着可适用的公共政策。[25]我还是将这些判决算作关系侵权，因为合同基础太站不住脚；一位违反了公共政策的雇主不会与雇员之间签订不去违反公共政策的合同。此外，将这样的判决建立在合同基础上是不合逻辑的，因为如果合同要求雇员去违反公共政策，那么传统法律就会要求法院拒绝强制执行合同。

将传统的故意精神伤害侵权运用到雇佣领域也得到了相当广泛的发展。这类侵权的构成要件是被告的行为是故意的、该行为"离谱"或"极端"以及该行为导致了原告的精神损害而且损害"严重"。[26]在有些案件中，即使雇佣合同可以任意解除，雇员仍成功援用了该侵权，理由是雇主仍负有不可以不公平地解雇或对待他们的义务，并且雇佣中的不公平行为符合这类侵权中的"离谱"或"极端"要求。然而，在另一些案子中，法院甚至拒绝将不公平的解雇算作"离谱"或"极端"行为，而是将这一侵权留着给雇主超出解雇本身的行为使用[27]。例如，雇主为了拿刑事起诉威胁女雇员而将自己的空白支票放到她的钱包里来"陷害她"，法院便使用了该侵权。[28]另一个案子中法院也使用了该侵权，该案的雇主没有任何其他明确原因，仅凭"年纪太大"便将为公司服务了 20 年的副总降职为扫地工和员工餐厅清洁工。[29]执业律师告诉我，尽管还没有公开发表的上诉判决明确支持故意精神伤害侵权，该侵权在加利福尼亚州被广泛使用。

第六节　新住宅出售与建筑服务

直到 20 世纪 50 年代，购者自慎规则（rule of caveat emptor）规范着新屋的销售以及房屋建筑服务的提供。当卖方将地契交付时，他的义务就终止了。他所作的唯一担保是地契中无异议所有权担保部分。[30]这一传统法律与销售"货物"（有形的动产）的法律形成对比，后者从 19 世纪以来就隐含着质量和无瑕疵担保。[31]建筑业的传统做法可能是其形成原因。"二战"前，建筑商不在自己拥有的土地上建造住宅。他们将建筑物建在打算在里面居住或经商的人所拥有的土地上。土地所有人购买的仅仅是建筑服务，并且法律传统上对服务销售没有默示担保要求，除非专业人士（比如律师或医生提供的服务）。

"二战"后，土地开发商开始购买大片土地，将其分割许多块，在这些地块上建住宅，住宅出售时连"钥匙都配好了"。一些司法管辖区的法院在 20 世纪 50 年代改变了购者自慎规则，但是直到 1968 年德克萨斯州最高法院对 *Humber v. Morton* 案判决之后，[32]全国范围内改变该规则的大量案件才涌现。到目前为止，新规则在几乎所有地方依然有效，它规定销售或建造新住宅必须附带可居住性担保。对于非住宅建筑，还没有确定的规则。[33]

起初，人们不确定卖方能否通过合同拒绝可居住性担保。德克萨斯州最高法院在 1987 年的 *Melody Home Manufacturing Co. v. Barnes* 案中判定卖方不能，并且同时判定该担保义务既属于侵权法，也属于合同法。[34]我只找到了三个允许卖方拒绝承担此项担保的判决，并且这些判决都认为卖方通常情况下是不能拒绝承担此项担保的，允许案中卖方不承担是因为案件存在特殊情况。在 *Frickel v. Sunnyside Enterprises，Inc.* 一案中，[35]华盛顿州最高法院判定可居住性的默示担保不适用于旧公寓楼的销售。该法院还指出买方在拥有和管理公寓楼方面与卖方一样有经验。在 *Lenawee County Board of Health v. Messerly* 一案中，[36]密歇根州最高法院也判定出售的公寓楼若不是新的就不存在可居住性的默示担保。在 *Schepps v. Howe* 一案中，[37]俄勒冈州最高法院认为买方签署了约定按"现状"销售的合同后就放弃了可居住性担保，并且卖方是业余建筑爱好者，当初建造住宅时并没有想作为商业投资。弗伦内·M. 鲍威尔（Frona M. Powell）分析了全国的案件后得出结论，房屋购买者一旦将案子告到各州最高法院，州最高法院马上就会判决新住宅的卖方不能拒绝可居住性担保。[38]

第七节　房东和房客

法律认为租约既是财产权益转让也是合同。自 20 世纪 60 年代末期起，法院开始创设房东对房客的义务，不论租约条款如何规定。虽然商业房屋承租人也因这些义务受益，但住宅承租人尤其受益。基于可以理解的原因，法院通常将该义务归为财产法而不是侵权法。许多判决明显建立在承租人相对缺少议价能力基础上。

这种关系侵权法主要是可居住性担保。法律强加于房东一项担保义务，要求房产在开始出租时必须具有可居住性，并且房东必须在整个租赁期内保持房产处于可居住状态。一般来讲，可适用的建筑法规定可居住性的最低要求，但真的是只规定最低要求，法院认为不完善的建筑法尤为如此。其他方面的这种关系侵权法限制了房东终止出租的权利。在 20 世纪 60 年代之前，除非租约中限制了这些权利，否则这些权利是不受限制的，而现在房东通常不能为报复房客而行使租约中规定的任何权利来驱逐他们，并且在一些司法管辖区，除非房东有合理理由，否则不能赶走房客。[39]

第八节　一般服务

德克萨斯州最高法院在 *Melody Home* 案中判决提供建筑服务的卖方不能

拒绝该法院在 *Humber* 案中创设的可居住性担保时，将判决依据建立在一个很宽泛的基础上，即**任何**向消费者提供服务的卖方都提供了一个不可否认的担保，即保证以"良好的专业的方式"提供服务。[40]法院在狭义上使用"消费者"一词，指的是个人消费者，而不是我一直以来使用的广义"消费者"，广义"消费者"包括企业在内。

得克萨斯州是目前为止唯一一个规定所有服务都伴有不可否认的担保的州，但是许多州似乎都在朝这个方向发展。各地的法院和立法者为了适用一直以来都不可拒绝承担的传统专业领域的渎职责任，将越来越多的职业界定为专业。[41]例如，目前《加利福尼亚商业和专业法》（California's Business and Professional Code）包括建筑商、理发师、助听师、机动车机械师、私人调查员，以及害虫防治师。该法使这些人在法律上负有保持能力与注意力达到专业标准的义务。[42]

威廉姆·L. 普若瑟（William L. Prosser）和 W. 佩杰基顿（W. Page Keeton）的侵权法论文对这一问题的看法有效重申了 *Melody Home* 案判决的观点。该论文将专业渎职视为适用于所有行为的理性人行为标准的特别应用。该论文总结到**每一个**

拥有更多学识和经验以及拥有超出业内人通常所拥有的任何特殊技能、知识或训练的人，必须……尽到与之相适应的合理注意……一般专业人士以及从事需要特殊技能职业的人士，不仅必须在工作中做到合理注意，还必须具备最低标准的特殊知识与能力。[43]

这篇论文引用了多个应用这些标准的判例，其中涉及经验丰富的牛奶搬运工、曲棍球教练、滑雪者、建筑监理人、牙医、药剂师、建筑师、工程师，会计师、律师、医生，"以及许多其他专业和技术职位"。[44]换言之，如果你宣称自己拥有某个技能，你必须尽到通常与之相关的注意，具有与之相关的能力。一般人或职业者自己不将该技能视为专业技能也没关系。

普若瑟和基顿论文的最新版本发表于 1984 年。1986 年，一个印第安纳州的法院在判决一名电脑顾问对其不称职的建议负有侵权责任时，实质上采取了与上述论文相同的方法。法院并没有认定电脑咨询是一个专业，而是认为作为一个职业就足够了：

> 那些对外宣称自己拥有各自职业或专业所需技能和资格的人，默示地表明他们拥有该技能并将表现出该行业或专业资深人士所通常具有的勤勉……我们认为这些原则同样适用于那些签订合同开发计算机程序的人。[45]

此外，一个美国上诉法院在 1989 年界定电脑咨询是可以构成渎职的职业，尽管法院承认这次界定没有按照界定专业的传统标准来操作。对电脑顾问来说，不存在认证要求、专业考试或道德准则。法院认为，一般人不太懂电脑及其相关软件，不能很好地保护他/她的合同利益就足够了。[46]同样的理由也可用来支持几乎所有向公众提供的服务都附带不可拒绝的胜任与注意担保的推断。

第九节　《统一商法典》中的担保免责声明

在刚刚提到的两宗有关电脑服务的案件中，电脑顾问均建议他的客户买什么，但并未向客户出售产品。如果他出售了他推荐的产品，会有什么影响吗？原则上没有，但到了这一步，原则必须适应立法。《统一商法典》第 2 章涵盖了货物销售。卖方针对产品（如果产品是"货物"）提供特别建议的情形属于第 2 - 315 条中规定的情形，内容如下：

第 2 - 315 条默示担保：货物适合于特定用途

凡卖方在订约时有理由知道买方所需货物的特定用途，并且买方依赖卖方的技能或判断去选择或配备合适的货物，卖方便承担了该货物必须符合此特定用途的默示担保，除非在下一条中被排除或修改。

因此，《统一商法典》对提供建议的货物卖方强加的胜任与注意义务实质上与普若瑟和基顿论文中以及之前两案中提到的对提供服务或仅提供建议的人强加的义务是一样的。诚然，《统一商法典》规定的责任更重些。当货物不能满足特定用途时，即便卖方尽职履行了胜任与注意义务，《统一商法典》仍要求卖方承担责任。《统一商法典》还规定了在任何情形下都适用的担保，无论卖方是否提供特别建议。其中最重要的是第 2 - 314 条中所谓的适销性担保。然而，《统一商法典》中的第 2 - 316 条允许卖方拒绝承担任何担保，只要免责声明显眼、语言清晰。使用标准合同的卖方往往拒绝承担所有《统一商法典》规定的担保并以自定的更有限的担保取而代之。因此，除非法院通过自由解释推翻约定条款，《统一商法典》阻隔了关系侵权法向货物销售或租赁合同的扩张。我将在第六章更深入地逐一探讨《统一商法典》对合同法四个主要发展的影响。

第十节　经纪人佣金

虽然通常认为业主支付房地产经纪人佣金要等到地产出售之后，但过去的标准合同常常规定只要房地产经纪人找到了愿意购买的买家且业主接受了该买家，即使交易最终没有完成，房地产经纪人也应拿到佣金。一旦案件中出现了这类纠纷，法院总是支持经纪人，直到 1967 年新泽西州最高法院在 *Ellsworth Dobbs，Inc. v. Johnson* 案[47]中作出了不同的判决。判决意见书是约翰·J. 弗兰西斯（John J. Francis）法官执笔的。*Henningsen v. Bloomfield Motors，Inc.* 一案的判决意见也是弗兰西斯法官写的，这个 1960 年具有开创性的判决否决了消费者合同中的担保免责声明和救济限制。

在 *Dobbs* 案中，Johnson 家要价 250 000 美元将他们的农场托付给房地产经纪人 Ellsworth Dobbs 出售。佣金 15 000 美元，当 Johnson 一家收到买方部分房款时分期支付。Dobbs 找到了 Iarussi，他看起来很有经济实力。Iarussi 签署了购买该处地产的合同，并支付了 2500 美元定金。然而，几次拖欠之后，中间还有过一次 Johnson 家赢了实际履行令的法院诉讼，Iarussi 使所有相关人相信他缺乏经济能力，无力为继。Johnson 家与 Iarussi 达成和解，条件是他们保留定金并且由 Iarussi 赔偿他们欠 Dobbs 的佣金。Dobbs 为了佣金把 Johnson 家和 Iarussi 都告上了法庭。初审法院判 Dobbs 胜诉，理由是合同关于佣金分期支付的规定只与支付时间有关。[48]

新泽西州最高法院推翻了该判决。[49]如果经纪人与卖方之前存在"实质上不平等的议价能力、地位或优势"，经纪人在卖方售出地产之前不能赚取佣金，除非交易不能完成是因为卖方本身的过错。[50]法院认为上述实质上不平等的议价能力是存在的，因为经纪人有经纪业务方面的经验和专长，卖方两者都缺乏，并且经纪人使用了只有他熟悉的标准合同。[51]该判决实质上将房地产经纪人何时能够赚取佣金的规则变成了法律规定，而且是关系侵权法，因为法院认为足够表明存在实质上不平等的议价能力这一要素几乎在每个案子中都有。虽然大多数州的最高法院在这一点上还没有作出定论，[52]但所有已经对此作出定论的法院都效仿 Dobbs 案。[53]

通常，房屋一经出售卖方就可以拿到房款；买方从贷款机构取得他所需要的信贷。最近的三起适用 Dobbs 规则的案件与上述情况不同，是卖方为买方提供了信贷。在每个案件中，法院判决因卖方承担买方不能付款的风险，所以即便买方没有付款给卖方，卖方也必须支付经纪人佣金。理由是当卖方接受买方信用而不是要求现金支付时，卖方选择了承担这一风险。[54]

第十一节　信托关系

"受托人"（fiduciary）一般是指法律要求其忠于他人利益的人，被忠于的对象通常被称为"受益人（beneficiary）"。受托人的典型例子是"trustee"，是为他人即"受益人"的利益而持有财产所有权的人，但法律早已将受托人的范围扩大到了 trustee 之外。例如，如今的代理人是他们委托人的受托人。[55]合伙企业中的每一个合伙人都是其他合伙人和作为独立实体的合伙企业的受托人。[56]专业人士是他们的客户或病人的受托人。[57]法院认定几乎所有存在于企业的关系本身或至少在特定环境下具有信托性。这些关系包括公司、公司管理人员、董事、作为群体的股东、不同级别或种类的股东之间的关系。[58]结果就是，信托义务（fiduciary duty）规范着这些人相互之间各种合同的订立和履行。

法律对受托人强加了一些他们不可拒绝的义务。信托义务要求受托人将受益人的利益放在自己利益之前。如果处于信托关系中的两个人订立了涉及信托对象的合同，信托义务适用于合同的订立和履行。合同法中，信托关系有时被称为"confidencial"关系而不是"fiduciary"关系，尤其是称呼非正式关系时。[59]

自 20 世纪 60 年代起，法院开始将特定的合同关系界定为信托关系，并对处于支配地位的当事人强加信托义务，即便该信托关系在合同成立之前并不存在。尽管有时法院给出的理由是关系的信托性隐含于处于支配地位的当事人在社会中的地位——例如，银行家或保险人——更多的时候，法院给出的理由是基于案子的具体事实。法院发现要么一方当事人信赖另一方当事人并对其有信心，要么两者间的关系使得一方当事人依赖另一方当事人的诚信、诚实，或判断。底波拉·A. 狄莫特（Deborah A. DeMott）找到了一些判决，这些判决基于上述一条或多条理由将信托义务强加于特许人与被特许人、制造商与零售商、银行与贷款人、银行与存款人以及石油和天然气领域不同利益持有者之间的关系。[60]

已故的信托法著名学者奥斯丁·W. 史葛（Austin W. Scott）[61]将受托人定义为"承诺为了他人利益而采取行动的人"。[62]该定义将判断建立在受托人的意图之上。如果一个人委托另一个人什么事，约翰·C. 谢泼德（John C. Shephard）将两人的关系界定为信托关系。[63]谢泼德的判断建立在受益人意图之上。然而，正如狄莫特指出的那样，这两种判断方法都没有涵盖所有法律强加信托义务的情形，因为在任何一方当事人都没有明确表达适当意图的情况下，法律有时也会强加信托义务。[64]

狄莫特建议使用她所谓的"工具性"的定义：信托责任是指当"一个人

的酌情权因为与另一个人关系的性质而**应当受到控制**时（强调）法律所强加的责任"。[65]她的提法使得该判断变成一个规范性判断。尽管该规范性判断会将任何一方当事人所表达的意图考虑进去，但大概有没有适当的意思表示都不起决定性作用。她的建议是描述性的，她认为这一建议抓住了当前判例法的精髓。

狄莫特的定义显示了信托原则演变的广泛程度。除非在合同中规定了足够的控制标准，**任何**合同中的酌情权"都应当因为〔当事人〕之间……关系的性质而受到控制。"不受限制的酌情权本质上是将一方当事人置于另一方当事人的控制之下。因此，在任何情况下，如果合同本身没有对酌情权进行限制，法律就应当控制它。唯一真正的问题是法律应当施加的控制标准。诚信是最低标准，因为即使是古典合同法也强加了诚信履约义务。事实上，法院已经得出结论，认为法律应当以更直接的途径控制合同中酌情权的行使，如下节所示。

第十二节　酌情权（Discretionary Powers）

即使是古典合同法也要求当事人诚信行使合同中的酌情权。这个要求只是当事人应诚信履行其所有合同义务这一更广泛要求的一部分。[66]许多判决更进一步，要求当事人也必须合理地行使酌情权。其中一些判决已赋予这种额外要求以正当性，声称它想必是当事人双方的意图。[67]在享有酌情权的当事人对其负有的每项合同义务都可行使酌情权的情况下，法院的判决往往认为诚信行使酌情权这一合理性要求具有正当性，认为如果没有该合理性要求的话，合同就是骗人的。[68]还有其他的一些判决没有对其正当性说明理由，只是将其作为法律问题裁定当事人一方必须合理行使酌情权。[69]体现在所有这些判决中的法律都属于关系侵权法，除了那些可能建立在当事人推定意图之上的判决，而且在效果上这些可能也是关系侵权法，因为如果当事双方明确声明酌情权可以任意行使的话，想必法院会因其显失公平而判决该意图声明无效。

所谓的满意条款（satisfaction clause）就是一种酌情权。这些条款将合同义务建立在当事人对某事满意的条件上。例如，买方负有的接受不动产及付款义务可能建立在他有能力在特定期限内找到其满意的抵押贷款条件上。有关满意条款的法律与其他有关酌情权的法律是一样的。法院总是要求不满意的当事人应当诚实。在许多案件中，法院还要求他证明他的不满意有合理理由。[70]

第十三节　不属于侵权法的诚信与公平交易义务

之前我们看到，在加利福尼亚州和其他州，法院从诚信和公平交易义务（covenant of good faith and fair dealing）中发展出了关系侵权法的概念。该义务通常只要求合同当事人在履行合同义务时要诚实守信。然而，法院将该义务发展到了不顾合同内容，对存在特定关系的当事人强加义务的地步。当法院如此使用该义务时，一般说来，法院至少终于承认了该义务属于侵权法。另外，一些法院如此使用该义务却仍未承认它属于侵权法。

因此，以 K. M. C. Co. v. Irving Trust Co. 案为例，[71]美国第六巡回上诉法院判决被告因未经合理通知就终止了原告的信用额度构成违约，尽管合同并没有要求被告通知原告。被告抗辩理由之一是，合同默示准许不经通知就可以终止，因为合同明确允许被告根据需要取得所有未偿款项还款。法院在答复这一论点时表示，诚信和公平交易义务也将推翻这些合同规定，并要求被告在要求还款时给予合理通知。法院错误地以为《统一商法典》第 2 章（规范"货物交易"）涵盖了此案，所以适用了《统一商法典》第 1－208 条中规定的诚信定义，但它还援引了普通法判决。

这类判决的很大一部分涉及贷款机构。查尔斯·L. 纳普（Charles

L. Knapp）和内森·M. 克里斯特尔（Nathan M. Crystal）收集了这些被引用的判决，编成了相对近期的有关贷款人责任的法律最新文献。[72]

第十四节　消费者保护立法

国会在 1914 年制定了《联邦贸易委员会法》。[73]它授权联邦贸易委员会对从事不公平和欺诈行为进而影响国内贸易的人发出禁止令（cease and desist order），并且在某些情形下处以罚款（须经法院批准）。法院和联邦贸易委员会已用各种方式使用该法案来保护消费者。20 世纪 60 年代和 70 年代，许多州制订了类似的法令，到了 20 世纪 90 年代中期，每个州和哥伦比亚特区都存在某种禁止通常所谓的"不公平或欺诈行为或做法"的法令。与联邦法不同的是，州法令通常既授权私人诉讼也授权行政执法。私人诉讼向原告提供根据古典合同法所获赔偿之外的赔偿金。[74]

此外，几乎所有州都有法令要求提供特定服务的卖方在出售服务之前须对特定事实予以披露。例如，汽车修理店必须提供他们将修理什么以及收费多少的逐项估计，[75]家庭维修服务的提供者在开始工作之前，如果消费者询问，必须告知他们的小时收费额。[76]对违规行为的处罚从小额罚款到免除消费者为卖方未披露的任何事项付款。

1975 年，国会颁布了《马格努森 - 莫斯贸易委员会促进法案》。[77]该法案规定只有卖方不拒绝承担任何法律默示担保的情形下，才可将其担保标注为"全面"（full）担保。否则，他必须将其担保标注为"有限"（limited）担保。这个做法本想让竞争驱使大部分卖家不拒绝法律规定的默示担保，但结果是卖方干脆就将其担保标注为"有限"担保。因此，该法案没有取得任何实质性成效。

第十五节　分析

关系侵权法限制了合同自由，因为关系侵权法对关系中的当事人强加了他们无法通过合同逃避的义务。关系侵权法的一个正当性在于它防止了议价能力的滥用。如果法律不强加这些义务，拥有较强议价能力的一方当事人可以利用合同自由压制议价能力较弱的当事人。当负有义务的当事人未履行该义务时，关系侵权法至少能默示地给予权利方当事人某些救济。因此，关系侵权法在负有该义务的当事人违反该义务时，也防止当事人在任何交易中滥用议价能力。如果负有关系侵权法强加义务的当事人是生产者——其实几乎总是生产者，那么该义务也有可能因其服务公共利益而被正当化。若是那样，即使消费者一方拥有足够的议价能力来保护自己利益，当事人也不能通过合同来逃避该义务。创立了关系侵权法的法院将其正当性建立在这两个基础之上，虽然防止议价能力滥用似乎占主导地位。

加利福尼亚州最高法院在 *Seaman's Direct Buying Service*，*Inc. v. Standard Oil Co.*[78] 案中认为"诚信和公平交易义务"只有在当事人之间的关系具有"公共利益、附合性和信托责任的要素"时才属于侵权法（因此使关系侵权法的创立具有正当性）。[79]新泽西州最高法院提到了同样的三要素，再加上不平等的议价能力作为 *Ellsworth Dobbs* 案中对不动产经纪人创设关系侵权义务的正当性理由。[80]德克萨斯州最高法院提到同样的三要素以及其他一些理由，作为在 *Melody Home* 案中判决向消费者提供的服务必须以"良好和专业的方式"履行这一不可拒绝的担保的正当性理由。[81]印第安纳州最高法院在 *F. D. Borkholder Co. v. Sandock* 案[82]中提到了公共利益、信任的必要性（等同于信托责任）和生产者技能上的优势这些正当性理由，判决相关合同中的违约行为也是侵权行为，因此可以支持惩罚性赔偿判决。

公共利益要求显然属于公共目的的正当性理由，附合性要求属于防止滥用议价能力的正当性理由，虽然可能不那么明显。我在第三章中讲述了"附合合同"的来源。它的字面意思是一方当事人准备的、另一方当事人如果想订立合同就必须遵守的合同，因为第一方当事人不会对其条款做任何让步。因此，附合合同就是一份标准合同。虽然标准合同的使用是不平等议价能力的证据，但是如果我们加上提供标准合同的当事人是生产者而另一方当事人无一例外都是消费者这样的事实，该证据对于所有实用目的来说就变得具有决定性。

前几页中我们讨论了信托责任的概念。我总结说，一般而言，认为一段关系具有信托性仅仅表达了法律应当控制占主导地位的当事人行使某些合同权利的结论。虽然那些法院明确提到信托责任的案件只占法院创设关系侵权法案件中的一小部分，这个结论似乎对更广范围内的案件来说也同样是正确的。因此，至少在一般情况下，信托责任要求分裂成了其他两个要求。它仅仅表明了法院为了服务公共目的和/或防止议价能力的滥用应该创立关系侵权义务这一结论。

然而，如果法院将这两个正当性理由适用于当事人双方的整体关系，它们都会失去意义。重点应只放在法院考虑是否要创设关系侵权法的方面。在关系的其他方面是否存在公共利益，或消费者是否缺乏相应的议价能力都无关紧要。例如，加利福尼亚州最高法院在 *Comunale* 案中规定责任保险人负有接受合理和解要约的义务时，它想必是相信公众在及时并公平地达成保险责任索赔和解方面具有利益，以及/或这类索赔和解通常对责任保险的消费者来说复杂到难以理解。没有必要对责任保险人、被保险人以及第三方索赔人之间关系的其他方面进行调查，法院也没有这样做。关注关系的整体而不仅仅是正在探讨的这个方面会导致关系侵权法涵盖过广或不足。如果法院判断这两种正当性理由都不适用于整体关系，那么它可能在应当创设关系侵权法时而不创设；如果法院断定这两种正当性理由之一或两者都适用于整体关系，那么它可能在不应创设关系侵权法时却创设了，尽管这些正当性理由可能不适用于相关方面。

虽然公共利益和不平等议价能力的存在也许表明了我们需要关系侵权义务，但上述两个正当性理由没有一个告诉我们该义务应该是什么。幸运的是，法院和评论家们已经研究出了确定某些传统侵权法的原则，这些原则对于确定许多关系侵权法也是合适的。大多数合同纠纷起因于当事人在订立合同时没有预料到的事。通常情况下，纠纷的产生是由于有形产品或服务因为不合理的产品设计、制造或服务不适当的履行而出现问题。这种预料之外的事件属于意外事件（accidents）。在传统侵权法中指导法院分配意外事件费用的原则同样可以指导他们分配关系侵权中产生的费用。

这些原则是"更好成本防范者原则（better cost-avoider）"和"更好成本分摊者原则（better cost-spreader）"。立法者提了两个问题。首先，在当事人双方都有可能降低这类事故风险的情况下，哪一方当事人可以花费少些？其次，在没有任何一方当事人能够降低相关事故风险的情况下，哪一方当事人可以更好地在应当承担成本的人中分摊成本？两个问题都将当事双方作为群体的成员而不是个体看待：相关产品的生产者群体和消费者群体。因此，这些问题以两种方式将公共利益纳入了立法考量。他们考量人的群体而非案件的当事人，考量对未来行为的激励而非导致事故的过错。[83]

几乎在每种情形下，生产者既是更好的成本防范者，也是更好的成本分摊者。如果产品是有形的，在防范产品缺陷方面，生产者处于优越地位，因为生产者设计和生产产品。如果产品是服务，在防止产品缺陷方面，生产者处于优越地位，因为生产者履行服务。通常情况下，生产者在应当承担事故成本的人中分摊成本更具优势，因为生产者可以通过提高产品价格将成本转嫁到所有该产品的购买者头上。然而，对于某些种类的损失，消费者可能是更好的成本防范者。例如，消费者通常在使用产品时采取预防措施和减轻任何对人身或财产损害方面更具优势。他们甚至可能在减少产品本身损害方面具有优势，因为如果意外是由缺陷引起的，这种意外通常发生在消费者使用该产品的时候。

人们显然可以把这些原则适用于与有形产品有关的关系侵权，因为这与将其适用于传统侵权没有什么不同。然而，人们应如何将这些原则适用于相关服务的关系侵权中就不是那么明显了，因此我将说明如何将它们适用于这类关系侵权。我们再以加利福尼亚州最高法院对 *Comunale* 案的判决为例。该案中意外事件是责任索赔人赢了被保险人，并且得到了超出保险单限额的判决。在被保险人和保险人之间，明显是保险人在降低这类事故风险方面具有优势。责任保险人从头到尾负责该起索赔，并且其处理该类索赔既内行又有经验。对因这类风险分配给保险人导致其增加的成本，保险人可以通过提高保费将它们分摊给所有这类保险的购买人。在这类案件中，大多数司法管辖区对责任保险人使用过失责任标准，尽管少数司法管辖区只要求对和解的拒绝需基于诚信。没有任何司法管辖区使用严格责任标准，尽管有些评论家建议使用。[84] 我不会在这儿停下来去探讨责任标准问题，但是我指出来是为了说明关系侵权法遇到的问题与传统侵权法遇到的问题是何等相似。几十年来，法院和评论家一直在设法解决传统侵权法中同样的标准问题。

人们也可以将更好的成本防范者原则适用于通知问题，虽然在这种情况下谁是更好的成本回避者通常回答起来非常简单，根本没有必要诉诸一个如此复杂的概念工具。通知的目的是在为时已晚之前给某人时间去处理某个问题。因此，风险在于通知可能太晚。要避免的成本是通知给得过晚对某人造成的损失。降低该风险的成本是及时给予通知所产生的成本。许多保险人的关系侵权义务仅仅是及时通知某事。

更好成本防范者原则和更好成本分摊者原则在许多关系侵权中的适用效果应比在大多数传统侵权中更好，因为关系侵权很少涉及非经济损失。在传统侵权中，法院往往要去平衡无法比较的东西：降低威胁生命的风险或降低人身伤害风险值多少钱。在关系侵权中，法院很少需要做这样的平衡，因为关系侵权中涉及的损失通常可以用金钱衡量。

然而，这两个原则并不是所有关系侵权都适用。例如，在分析惩罚性赔偿或没收财产方面或在决定法律应对享有合同酌情权的当事人强加什么义务方面，它们都不适用。在这一类案子中，将公共政策纳入考量会有帮助，但除此之外也没什么好说的了。说到底，设计关系侵权法与设计传统侵权法没有太大的不同。除了之前提到的可比较性不同之外，唯一的不同在于事实方面。关系侵权法的设计者仅需考虑某种关系中当事人的需要和期望，而传统侵权法的设计者必须考虑行为可能影响的每一个人的利益。

威廉·K. 琼斯（William K. Jones）得出结论说，产品责任法不应该允许对经济损失获得赔偿，除非议价能力不平等。然而，他认为只有产品消费者是个人的情况下议价能力才不平等。[85]他要是不认为商业消费者和生产者通常具有同等议价能力，那么他的结论和我的结论就一样了。在第二章中，我给出了他的观点不正确的理由，因为商业消费者通常并不比个人消费者拥有更多的议价能力。

第十六节　与合同混淆

该新义务在逻辑上属于侵权法而非合同法，因为它们未经当事人一致同意。它们不从合同中产生，它们甚至可能与合同有冲突，当事人没有通过订立合同拒绝承担它们的自由。然而，正如我们所看到的，许多法院认为它们既属于侵权法又属于合同法。虽然我之前没有点出，有些学者认为我们应该把它们视为只属于合同法。斯宾塞·L. 金博尔（Spencer L. Kimball）尤其是这一立场的积极倡导者。他关于该主题的著述只涉及他所专长的保险法中的新义务。

金博尔提出了几个论点。第一，法院最初从诚信履约义务中得出了这些新义务，而且许多判决依然将违反这些义务认定为恶意违约。第二，法院认为该义务既属于侵权法又属于合同法的理由是为了向原告提供只能依侵权法获得的额外赔偿，这个理由是不充分的，因为法院只需遵照合同法的某些原则便得出合同法也可以提供实质上相同赔偿的逻辑结果。第三，认为这些义务属于侵权法为惩罚性赔偿打开了大门，惩罚性赔偿本质上很难控制。第四，总的来说，新的损害赔偿权对其所针对的行为威慑过度，使得保险人被迫采取昂贵且与健全保险原则相冲突的防御措施。[86]

我认同金博尔关于惩罚性赔偿的担忧，这将在下一章讨论，但我认为他的其他观点没有说服力。我们不能让法律产生时所属的类别永远决定它的类别。要是这样的话，我们今天还在讲"间接侵害之诉[①]（trespass on the case）"和"债务人承诺偿还之诉[②]（indebitatus assumpsit）"。在我看来，金博尔认为法院最初认定这些义务既属于侵权法又属于合同法主要是为了提供额外赔偿的观点是误读了这些判决。法院的主要理由是为推翻那个未能强加该新义务或甚至与之相矛盾的合同建立一个基础。就我之前描述的加利福尼亚州最高法院对 Comunale 案的判决，读者可以在这个问题上作出自己的判断。该案中，法院甚至没有判决任何侵权赔偿金。更重要的是，对于眼前的目的来说，法院当初创设该新义务的理由无关紧要。如果我们将该新义务视为仅属于合同法，那么从逻辑上讲生产者可以简单地通过在合同中拒绝该义务来逃避这些义务，要是这样的话，整个 30 年甚至更久的司法发展就白费了。允许生产者通过合同逃避该新义务还会损害到法院意图让该新义务服务的公共目的。

许多法院和保险领域的评论家继续把这种新型侵权称为恶意违约的现象确实存在，但令人困惑。一个人没有恶意也可以违反这些新义务中的几乎任何一个。对于这些违反新义务的大部分行为来说，简单过失（Simple negligence）就够了，其中还有一些使人承担严格责任，也就是说，一个人只要没有履行这些义务，即使他自身没有过错，没履行本身就是违反了义务。从金博尔的立场来看，他认识到了这个问题。[87]"恶意违约"这个叫法也同样

---

① 间接侵害之诉，又称类案侵权之诉、例案侵权之诉。普通法的侵权诉讼形式之一，指一方的侵害行为与另一方的损失或伤害之间有间接而非直接的因果关系，是现代法中过失损害侵权之诉的前身。常简称为"case"或"action on the case"——译者注。《元照英美法词典》第 1536 页。

② 债务人承诺偿还之诉，普通法的一种诉讼方式，即普通的简约之诉（general assumpsit）。原告诉称：被告向其所负的债务或义务已经到期并证实了上述情况；由此被告承诺履行债务或义务。——译者注。《元照英美法词典》第 680 页。

令人困惑，因为它没有对这些义务作出区分，这种义务仅在保险领域就已经有几十个了。如果继续用同一个名字称呼这些新义务，我们永远也不能充分理解它们。最后，没有理由认为新的损害赔偿权总体来说过分威吓了它所针对的行为——除了惩罚性赔偿，关于这一点，我已表示过与金博尔有同感。

虽然对新义务属于侵权法有争议的主要是学者，但是默认新义务实质上具有契约性已经导致了一些不好的司法立法。尤其是，它使几乎所有司法管辖权的法院拒绝将责任保险人的关系侵权义务扩展到责任索赔人，因为他们之间没有合同。[88]当然保险合同的当事人只有保险人和买了责任保险的那个人。法院拒绝的结果是，只有被保险人才有权对保险人因其违反关系侵权义务提起诉讼。如果违反义务行为也对责任索赔人造成了损害，责任索赔人唯一的追索途径是起诉被保险人，然后被保险人通过起诉保险人来收回付给责任索赔人的赔偿，或者责任索赔人取得被保险人对保险人的权利，作为受让人起诉保险人。这两种方案都会造成严重的不公平。

如果责任索赔人为了得到保险人违反义务的赔偿而起诉被保险人，结果就是使被保险人为保险人的过错买单。然后，被保险人为收回向责任索赔人支付的赔偿可以起诉保险人，但即使他完全胜诉，美国规则通常会拒绝他收回其支付的第二审诉讼费用，而且他也没有权利为两次诉讼中做的大量的工作获得任何补偿。了解到这一点，被保险人很可能同意将其对保险人的权利转让给责任索赔人，以换取责任索赔人同意不向其追讨判决所获赔偿。然而，这样的权利转让会产生其他的不公平。

Comunale 案的案件事实体现了其中的一些不公平。当被保险人 Sloan 的保险人 Traders 拒绝保护他时，Sloan 不得不花费的 800 美元律师费从未获得任何补偿，Traders 也从未对其冷酷无情的不当行为给 Sloan 造成的多年担忧和烦恼进行过任何补偿。Traders 反而向 Sloan 的受让人 Comunale 支付了 800美元，Traders 自始至终没有为它的不当行为给 Sloan 带来的痛苦付出任何代价。1968 年判决的另一个加利福尼亚州案件——*Crisci v. Security Insurance Co.*案[89]——导致了更严重的不公平。Rosina Crisci 拥有并经营一个小公寓，她自

已也住在里面。一名叫 June DiMare 的租户在通过室外的楼梯时，因一阶楼梯断裂而失足坠落，造成了身体损伤以及据说的"精神崩溃"。Crisci 的责任保险度是10 000美元。Security 保险公司拒绝了 DiMare 夫妇提出的 3000 美元的和解要约。陪审团判给 June DiMare 100 000美元损害赔偿并判给她丈夫 1000 美元配偶权损害赔偿。Security 保险公司支付了保单限额的10 000美元。DiMare 夫妇与 Crisci 就剩下的判决金额达成和解，DiMare 夫妇要求 Crisci 支付22 000美元现金、出让 40% 公寓权利以及转让因 Security 公司拒绝 DiMare 夫妇提出的 3000 元和解要约而产生的对 Security 公司的索赔权。加利福尼亚州最高法院对 Crisci 与 DiMare 夫妇之间的和解协议产生的效果描述如下：

Crisci 夫人，一位 70 岁的移民寡妇，从此陷入贫困。她以帮别人带小孩为生，连房租都得靠孙辈支付。她的经济状况每况愈下，随之而来的是身体状况的变差，整个人变得歇斯底里还多次自杀未遂。[90]

然后，法院以 Crisci 所受的精神折磨为基础又判给作为 Crisci 受让人的 DiMare 夫妇25 000美元，在此之前法院已经判决 Crisci 承担超出保单限额的 91 000美元赔偿金。尽管 Crisci 已经给了 DiMare 夫妇22 000美元现金和 40% 的公寓权益作为超出保险额度判决金额的部分赔偿，但 DeMare 夫妇还是将 91 000美元和25 000美元全数拿走了。Crisci 自己显然没有从 DiMare 夫妇从她这儿拿走的现金和财产中以及她因 Security 保险公司的行为遭受的精神痛苦中获得分毫补偿。

规范索赔权转让的法律因其内容的不明确和不确定，也产生了不公平。所谓的人身侵权——包括对人身、名誉或感情的不法侵害——在许多州是不可转让的，至少理论上是这样。例如，从理论上讲，Crisci 本不能将其对 Security 保险公司要求精神损害赔偿的权利转让给 DiMare 夫妇。大多数司法管辖区的法律对该目的下到底什么算是人身侵权规定得并不清楚，尤其是惩罚性赔偿权是否算是人身侵权方面。尽管责任索赔人的律师在规避转让禁止法规方面很有办法，但这些办法可能成本很高，而且总要冒被法院认定为不当的风险。[91]

保险人对责任索赔人直接的关系侵权义务不仅可以避免这些不公平的产生，而且还可以服务于为补偿责任索赔人提供资金这一公共目的。各州政府已经以多种方式表达了具有如此效果的公共政策，尤其在机动车事故方面。例如，几乎每一个州都有某种机动车驾驶员强制责任保险法或财务责任法①。[92]

第十七节　批评

对关系侵权法的批评几乎全都是针对适用于制成品的关系侵权法，可能是因为这些侵权法具有十分重大的经济意义。此外，大多数批评者是经济学家，大概是因为关系侵权法违反了自由市场的原则。它们违反自由市场原则的理由与它们限制合同自由的理由一样，这个我在第一章中解释过。然而，因为这些批评建立在广泛普遍性的基础上，所以仍与所有的关系侵权法有关。

市场竞争的主要好处之一就是经济学家所谓的高配置效率。简单来说，它意味着消费者可以以他们认为合适的价格购买所需的东西。由此可推，如果市场运转正常，法律不应要求生产者以任何方式去改变其产品。根据这种观点，任何改变都只会使事情变得更糟，因为消费者已经以他们认为合适的价格买到了想要的东西。例如，如果法律规定汽车在正常使用下至少要能跑100 000英里，那么部分汽车制造商肯定会因该法而不得不抬高汽车的售价。如此一来，一些消费者将被迫花更高的价格买性能超过其实际需求的车，还有一些消费者将被迫放弃购买新车的计划，因为连汽车制造商保本制造这些汽车的最低价格他们也付不起。

---

①　财务责任法，（美）州制定法。该法要求机动车辆所有人提供其支付能力的证明并将此证明作为授予驾驶执照和登记证的条件。如在发生交通事故或违反机动车辆法规后，机动车所有人若不能执行终局判决或提供关于其责任的证明，管理当局则可中止或吊销其驾驶执照或登记证。该法还规定驾驶机动车辆须以预先投保责任保险为前提。——译者注。《元照英美法词典》，第554页。

经济学家将产品出现缺陷的风险视作产品质量的一方面，把这套推理应用到制约生产商限制自身产品缺陷责任的法律中。风险越小，产品质量越好；风险越大，产品质量越差。一旦作出这样的判断，按照分配效率的主张，就会得出这些法律只会使事情变得更糟的结论。这些法律生效之前，消费者可能会心甘情愿地承担一部分风险（当然是为了换取更低的价格）。因此，有些消费者现在必须以更高的价格购买更好（因为风险较低）的产品，但他们并不心甘情愿；另一些消费者则必须放弃购买任何此类产品，因为他们负担不起生产者可以承受的出售它们的最低价格。[93]

一个对经济学没有深刻理解的人也能作出上述论证。所有这一切都是观察得来的，即如果法律禁止次等产品，一些人将不得不购买更好的产品，还有一些人将不得不放弃购买任何此类产品。这一观察既明显又真实，但将其用于扩展生产者责任的法律是不对的，因为缺陷风险并不是产品质量的一个方面。至少消费者一般不这样认为。无论消费者对产品有什么期望，他们一般不会期望所购买的**任何**产品存在缺陷。缺陷几乎总是以令人不快的形式突然出现。一个理性人不会因发现其购买的现代汽车不如奔驰汽车好开，或者3美元的葡萄酒不如40美元的葡萄酒好喝而感到吃惊。然而，如果这酒造成他食物中毒或者这车如 *Henningsen v. Bloomfield Motors*，*Inc.* [94]案中那样失控撞上一堵砖墙，他一定会十分诧异。

因此，通过扩展生产者责任来保护消费者免受缺陷产品造成的损失或伤害的法律能够保护消费者免遭这些令人不快的意外或意外造成的后果。这些法律并不要求消费者购买更高质量的产品。这些法律也并没有缩小现代汽车与奔驰汽车性能之间的差距或不同品质葡萄酒口感之间的差距。然而，它们在使产品更安全、更符合消费者期望以及补偿因产品导致损失或伤害的消费者方面有很大作用。

此外，即使将产品缺陷风险视为产品质量的一个方面，那些经济学家的主张也站不住脚。即使消费者在某价位同类商品中做选择时将缺陷风险纳入考量，一般消费者在该问题上几乎是没有议价能力的。消费者相对于生产者缺乏议价能力的理由在缺陷风险这个问题上体现得尤为明显：除了极个别情况，消费者无法仅仅通过检查产品来评估该风险，即便他们手中有作这种评估所需的所有技术资料，他们也缺乏使用这些资料的专业知识和理解力。

经济学家还以"交叉补贴"（cross-subsidization）为理由批评扩展生产者责任的法律。如果一些买家因某产品对另一些买家来说更值钱而为该产品支付了更多的钱，这时就产生了交叉补贴。结果，第一组购买者通过帮助支付只有第二组购买者受益的东西补贴了第二组购买者。在法律不允许生产者拒绝担保、对救济予以限制或以其他方式免除产品缺陷责任的情形下，交叉补贴恐怕是不可避免的。[95]

第二章分析的 *Wilson Trading Corp. v. David Ferguson，Ltd.* 案[96]的事实可作例证。假设服装生产商在使用纱线之前可对所购买的纱线进行瑕疵测试，比如"色差"测试，但是测试费用很高。进行测试的服装生产商会由此产生测试成本，但也会因此避免服装出现色差而引起的损失。那些没有进行测试的服装生产商就不会产生测试成本，但是他们偶尔会因为服装出现色差而遭受损失，正如 *Wilson* 案中原告的遭遇。因此，当法律要求纱线生产商对因色差导致的损失承担责任时，只有使用纱线前**未**做色差测试的服装生产商受益。然而，纱线生产商不得不对所有购买者调高价格以承担新增的责任。他们不能继续向同意免除其色差责任的购买者提供折扣，因为法律禁止这样的免责。对色差进行测试的服装生产商因此交叉补贴了没有做色差测试的服装生产商。

这类批评还预测某些情况下会出现财富从穷人到富人的再分配。假设产品的某种缺陷会导致产品着火。如果着火了，火会对周围环境造成损害。如果法律规定生产者对火造成的周围环境损害承担责任，那么，生产者对在价值高的周围环境中使用该产品的买家的责任往往会更大，对在价值低的周围环境中使用该产品的买家的责任会更低。实际上，这两类买家为产品支付的更高的价格中都包含火险，但是较富的买家以相同的价格得到的火险比较穷的买家多。在这种情况下，交叉补贴是穷人补贴富人。[97]

　　根据这类批评，避免这两种交叉补贴的唯一途径是恢复合同自由。法律应该允许生产商拒绝担保、对救济作出限制或者通过合同免除责任，这样他们就可以实行差别定价（price-discriminate）。他们应该能够自由地将产品以较低的价格卖给同意接受以合同方式削减救济权利的顾客，并以较高的价格卖给那些不愿接受削减的顾客。

　　这类批评是站不住脚的，因为它忽略了重要的与之抗衡的考量。交叉补贴并没有坏到法律应不惜一切代价去避免它的程度。为了获得某些好处，即便产生交叉补贴可能也是值得的。比如，大多数刑法和侵权法都产生了一些交叉补贴，但是我们接受了这些交叉补贴，因为我们相信这些法律提供的好处值得我们接受交叉补贴。面对劫匪和窃贼，富人的损失往往比穷人多。有些人在家中安装了安防系统或者雇用私人警察来巡视并捉拿窃贼。人们交多少税来支持警察并不见得取决于贫富程度，也不取决于他们是否在家里安装了安防系统或雇用了私人警察。用于支持刑事法院和监狱的税收也是如此。保护人们免受意外事故、殴击、诽谤、欺诈以及其他事件造成的损失的侵权法也存在类似情况。有些人比其他人受益更多，有些人比其他人采取更昂贵的预防措施来保护他们自己。但是，仅仅因为刑法和侵权法以及支持它们的机构造成了一些交叉补贴就废除它们是愚蠢的。

　　就像其他最终提议恢复不受限制的合同自由的批评一样，该批评忽略了不平等议价能力带来的问题。现今产品的技术复杂性使得消费者无法对产品的使用寿命或产品可能存在的缺陷进行评估。即便法律把选择的自由给消费者，他们通常也不能有效地利用这种自由在更好的担保与较低的价格之间进行选择。如果法律允许生产者让消费者选择，我们也没有理由认为许多生产者会为消费者提供这种选择。历史证明情况恰恰相反。在法律改变之前，几乎所有行业中的生产者都例行地取消了几乎所有消费者选择的权利。在这方面，*Henningsen* 案和 *Wilson* 案中的合同就是典型。

　　该批评还误解了普通法，普通法中有许多原则都在避免出现交叉补贴。近因原则、介入原因原则、共同过失或比较过错原则、混合过失或比较过失

原则、自担风险原则、可预见性原则以及减轻损失原则，这些都服务于避免
交叉补贴，正如我之前解释过的"缺陷"这个概念那样。我之前还解释过的
"更佳成本避免者"以及"更佳成本承担者"或"更佳成本分散者"也是如
此。因此，除非生产者能够限制或拒绝缺陷责任，否则我们不能说会出现交
叉补贴。法律本来就在避免交叉补贴。我将用两个例子来说明。

假设以下情形：一家染料生产商生产的染料会在某些种类的布料上产
生不均匀的颜色。布料种类太多，无法事先测试出哪些布料会出现颜色不
均的情况。因此，生产商在销售这些染料的时候给出了警告，告知服装生
产商应当先用想染的布料进行小面积测试。按照常识，如果服装生产商没
有经过测试就使用该染料，他就不能让染料生产商对因此造成的任何损害
承担责任。

法院可以通过任何上述提到的普通法原则或概念来得出这一结论。它可
以说染料不是造成这种损失的近因，因为未做测试是更直接的原因，或是
"介入原因"。它可以说染料生产商没有过错，因为染料生产商给出了恰当的
警告。即使法院认为染料生产商有过失，它也可以说服装生产商有共同过失，
这一点也可以成为染料生产商的抗辩理由。法院可以说该损失不能合理预见
到，因为一个理性的服装生产商不会忽视警告。即使法律对产品缺陷责任适
用的是严格责任，法院可以说染料不存缺陷。染料生产商不能用合理的成本
完全消除染料造成布料染色不均的可能性，而且染料生产商已经给了服装生
产商公正的警告。比如，如果一罐汽油爆炸是因为购买人将一根点燃的香烟
插进去引起的，即使油桶上标有易燃的警告，我们也不会认为这一罐汽油有
缺陷。因此，法院利用这些概念或原则中的任意一个都能避免谨慎的服装生
产商交叉补贴粗心的服装生产商。

我的第二个例子是关于可预见性规则的，该规则在合同背景下尤其适用。
它诞生于 1854 年英国 *Hadley v. Baxendale* 案的判决。[98]被告是一个运货人，他
未能按合同约定及时地将原告的磨轴送到修理厂修理并带回来，结果导致原
告的磨坊停工了几天。法院认为虽然被告迟到是违约行为，但被告不应为停

工负责，因为被告不能合理地预见磨坊经营者手边没有备用的磨轴来替代那些不得不取下去修理的磨轴。因此，备有额外磨轴的有远见的磨坊主不必交叉补贴那些没准备备用磨轴的短视的磨坊主。

提出交叉补贴主张的评论家之一用一个与 *Hadley* 案几乎相同的假想例子阐明了可预见性规则。丹尼尔·S. 谢克特（Daniel S. Schecter）假设了两个小零件制造商，Speedy Widget Supply（快速零件）制造公司和 Long-Term Widget（长期零件）制造公司。Speedy 制造公司将产品卖给一家日本工厂，由于该工厂的经营模式是"零库存"，所以需要零件准时到货。Long-Term 制造公司将产品卖给一家美国公司，该公司接受按季度交货，因为它有大量库存。Speedy 公司和 Long-Term 公司都没有为制造零件的机器可能出现故障而准备备用的制造机器。它们使用的小零件制造机器都是 Acme 小零件机械公司制造的。这两家小零件制造公司每家都有一台机器坏了，于是两家公司都将坏了的机器送到 Acme 公司修理。Acme 公司修理和返还这两台机器花了太长时间，但只有 Speedy 公司因此遭受了巨额的损失，因为只有 Speedy 公司对其消费者（这家日本工厂）负有延期交货的违约责任。

谢克特的结论是法律应该允许 Acme 公司对上述损失免除责任，否则 Long-Term 公司这样的企业会交叉补贴 Speedy 公司这样的企业。然而，他忘记了可预见性规则。法院可能会根据 *Hadley* 案的判决来否认 Speedy 公司的诉讼请求。在那种情形下（即 Speedy 公司拥有"零库存"顾客），Acme 公司不能合理预见到 Speedy 公司未在它的机械库存中准备一些备用的小零件制造机器。[99]

这些并不是说立法者应该忽视交叉补贴，因为它从来都不是个问题。在某些情形下，它当然可能是个问题。特别是，法院通常允许买方和卖方就以较弱的担保交换较低的价格订立合同，前提是卖方可以证明买方在这件事上拥有差不多平等的议价能力，即卖方要能够证明买方是在充分了解低价换取低担保所带来的风险后才做的决定。法院经常允许当事人通过订立合同排除一方当事人通常应承担的对另一方当事人的传统侵权责任，前提是能够证明放弃侵权法保护的那一方当事人知道他所面临的风险。[100]法院也可以在有关担保和其他关系侵权义务上给予买家和卖家同样的准许。

第十八节　接受

任何产品都能在至少一个司法管辖区内找到针对该产品的关系侵权法，每一个司法管辖区针对保险和加工产品都制定了大量且全面的关系侵权法，但只有一个例外。法院已为住宅和服务创设了关系侵权法，其中既包括适用于这类事物的一般性法律，也包括针对特定产品的法律或在特定情形下适用的法律。后者的例子包括针对雇佣、建筑服务、经纪人、信托关系和合同酌情权的关系侵权法。我所谓的例外指的是针对非住宅建筑物的关系侵权法，就连这个例外也可能只是表面上的例外。一个需要这种建筑物的人通常不会从开发商手中购买已经建成的建筑物，而是会雇佣一个总承包商和一个设计师来建造它。有关渎职的法律已经涵盖了建筑师，针对建筑服务的关系侵权法已经涵盖了总承包商，并且一旦案子起诉到法院，法院有可能认为有关渎职的法律涵盖了总承包商。

关系侵权法中涵盖了很多与合理期望相同的情况。我会在第七章讨论关系侵权法与合理期望之间的联系。

第五章
恶意违约与救济改革

尽管不是每个法院都以同样的方式定义恶意违约，但共识是，如果违约方明知他没有任何抗辩理由但依然试图通过违约逃避责任，该违约就属于恶意违约。恶意违约是一种侵权行为。除了通常违约应承担的赔偿外，受害方可以获得精神损害赔偿和惩罚性赔偿金。在越来越多的司法管辖区，受害方还可以拿回他的诉讼费用。法院如今在不涉及恶意违约的合同诉讼中也判给当事人上述的一些额外损失赔偿，这就是我在本章标题中提到的救济改革。

第一节　恶意违约在加利福尼亚州的诞生

恶意违约侵权在20世纪70年代和80年代在许多州"诞生"，但我将只描述它在加利福尼亚州的发展，因为我对其在加利福尼亚州的发展最熟悉，而且加利福尼亚州法院在其发展中起了主导作用，虽然并非唯一的功臣。我在第四章谈到了加利福尼亚州最高法院1958年 *Comunale v. Traders and General Insurance Co.* [1]案的判决。该法院认为，责任保险人必须接受责任索赔人提出的合理和解要约。该法院还认为诚实信用和公平交易义务既属于合同法，又属于侵权法。关于这部分法院当时几乎没做斟酌，目的仅仅是为了避免争论原告索赔到底适用哪种法，但此举事后证明对恶意违约理论的发展至关重要。

与 20 世纪 60 年代几乎所有其他州一样，加利福尼亚州法律禁止在合同案件中获得精神损害赔偿，除非合同是"为了保护人身利益"[2]，也禁止在任何合同案件中获得惩罚性赔偿金。[3] "为了保护人身利益"的合同范围很窄，除了极少数例外，仅限于三类合同：安排葬礼的合同、整形合同以及食宿合同。这些合同的违约是指侮辱性地，或至少不合情理地将人从相关场所赶走。[4] 当然，实践中还有更多限制。除非原告能够表明被告的行为太离谱并且他为此经受了非常痛苦的精神折磨，否则他将得不到赔偿。对严重程度的要求可能来自于合同案件中的原告需要证明损失具有合理程度的确定性这一规则。[5] 一个人只有因侵权行为才能获得惩罚性赔偿，即便如此，也只有特定种类的侵权或违法者的行为极其恶劣才能获得惩罚性赔偿。[6]

Comunale 案开启了在合同案件中摆脱这些传统限制并获得精神损害赔偿和惩罚性赔偿金的可能性，因为加利福尼亚州最高法院在该案中认为诚实信用和公平交易义务隐含在每一个合同中。没有人认为法院的本意是想表达每一种合同违约同时也是侵权，但是在该法院就此事再次发表意见之前，我们只能试图推测法院要做到什么程度。同时，我们可以清楚地看到，责任保险案件中的诚实信用和公平交易义务既属于合同法范畴，也属于侵权法范畴，因为 Comunale 案就是一个责任保险案件。Comunale 案 9 年后的 1967 年，该法院在另一起责任保险案件中再次认为诚实信用和公平交易义务既属于合同法，也属于侵权法，但是没有透露任何其他范畴内可能的应用。[7] 在这个大背景下，两个中间上诉法院判决了两个涉及残疾保险的案件。*Fletcher v. Western National Life Insurance Co.*[8] 是在 1970 年判的，*Wetherbee v. United Insurance Co.*[9] 案是在 1971 年判的。马库斯·M. 考夫曼（Marcus M. Kaufman）法官写了 *Fletcher* 案的判决意见，丹尼尔·R. 休梅克（Daniel R. Shoemaker）法官写了 *Wetherbee* 案的判决意见。直到现在，这两个判决在加利福尼亚州内外还一直有影响，但为了简洁起见，我只讨论 *Fletcher* 案。

被保险人 U. L. Fletcher 四年级后就退学了。他靠在一家橡胶公司干废料处理员养活一个 10 口之家，每周工作 70 到 80 小时。他在亚利桑那州拥有自己的住宅和一些不动产。他的残疾保险承诺如果意外事件导致他"完全残疾",保险公司将每月给他 150 美金,期限 30 年。工作中,他因扛起一捆 360 磅的橡胶而导致背部受伤。给他检查的医生断定他完全并永久地残疾了。尽管如此,他的保险人 Western National Life 保险公司仍写信说他们认为他的伤是由马传染的"轻微症状的马鼻疽"造成的,不是事故造成的。他们指责他买保险的时候未披露这个"先天性背部疾病",并要求他**退回**他们已付给他的差不多 2000 美元,减去他残废之前支付的保险费。Fletcher 离职后,没有工资也没有保险福利,他花光了积蓄,卖了亚利桑那州的财产,自己和家人沦落到几乎只能吃全淀粉食物度日的境地。后来 Fletcher 太太找到了一份工作,他在家照顾孩子,朋友们也接济了他们点钱,但他们依然入不敷出。他们的水电也最终因欠费而被停掉了。

Fletcher 选择了起诉,陪审团裁决给他 60 000 美元补偿性赔偿,并裁定 Western 保险公司付给他 640 000 美元惩罚性赔偿,Western 公司处理该案的负责人付给他 10 000 美元惩罚性赔偿。法院将针对 Western 保险公司的惩罚性赔偿调解为 180 000 美元并取消了针对该案负责人的惩罚性赔偿,Fletcher 接受了该调解以换取被告不上诉。上诉法院基于两个理由予以维持。它认为,在残疾保险案中,诚实信用和公平交易义务既属于合同法范畴又属于侵权法范畴,并且它认为 Western 保险公司已经实施了一个包含在(违约行为)内的侵权行为(included tort)。如果合同案件中被告与违约有关的行为构成普通侵权,那么他就实施了"包含在(违约行为)内的侵权行为"。该上诉法院认为,Western 保险公司实施了故意施加严重精神痛苦的普通侵权行为。这种侵权有三要素:被告造成原告精神痛苦须是故意行为,被告的行为须"极度离谱",而且被告造成的精神痛苦须非常严重。[10]Western 保险公司没有上诉,所以加利福尼亚州最高法院没有机会针对其中任何一个理由维持或推翻该判决。然而,加利福尼亚州最高法院于 1973 年维持了一个同样建立在这两个理由上的判决,并认为其中任何一个理由都足以支持判给精神损害赔偿和惩罚性赔偿。[11]

1973 年后悬而未决的主要问题是在非保险合同关系中，诚实信用和公平交易义务是否同样既属于侵权法也属于合同法。加利福尼亚州最高法院直到 1984 年的 *Seaman's Direct Buying Service*，*Inc. v. Standard Oil Co.* 案[12]才给出答案。Seaman's 公司是一个船舶用品零售商。加利福尼亚州的尤里卡市计划建一个新码头，新码头将划一块地建船舶燃料站。Seaman's 公司与尤里卡市谈了一个合同，合同规定尤里卡市将新码头的一块地方出租给 Seaman's 公司供其销售船用燃料，但条件是 Seaman's 公司要提供证据证明它已经从一个有信誉的燃料批发商那儿取得了燃料经销权。Seaman's 公司与标准石油公司签署了经销权合同并将副本作为证据给了尤里卡市，据此尤里卡市给了 Seaman's 公司租赁权。然而，在尤里卡市完成该码头的建设之前，1973—1974 年全球石油短缺开始了。

联邦政府限制石油公司向他们已有的顾客出售石油，除非这些顾客能拿到被称为供给订单（supply orders）的特许（individualized exception）。在标准石油公司的协助下，Seaman's 公司申请并取得了供给订单，但随后标准石油公司改变了主意，并向高一级的联邦机构申请撤销该订单，理由是它与 Seaman's 公司之间没有有约束力的合同。标准石油公司的申请获得了批准，但 Seaman's 公司向更高一级的机构申诉又恢复了订单。然而，该机构为恢复订单设定的条件是 Seaman's 公司必须获得证明它与标准石油公司的合同具有约束力的法院裁定。Seaman's 公司请求标准石油公司在这件事上不要为难它，因为 Seaman's 公司拿不到燃料供应的话根本撑不到初审。据说标准石油公司有关官员笑着回答："法院见。"[13]Seaman's 公司因此倒闭了，也失去了它与尤里卡市的租约。

Seaman's 公司起诉标准石油公司，诉称标准石油公司违约、违反侵权法中的诚实信用和公平交易义务并非法干涉它与尤里卡市的业务关系。Seaman's 公司在初审中三项指控全部成立。针对违约指控，陪审团判给 Seaman's 公司 397 050 美元补偿性赔偿金；针对故意干涉有利业务关系（advantageous business relationship）指控，陪审团判给 Seaman's 公司 1 588 200

美元补偿性赔偿金；针对恶意违约和故意干涉指控，陪审团各判给 Seaman's 公司 1100 万美元惩罚性赔偿金，总共 23 985 250 美元。法院指示，除非 Seaman's 公司同意将恶意违约的惩罚性赔偿金减少到 100 万美元，将非法干涉的惩罚性赔偿金减少到 600 万美元，否则该案重新审理。Seaman's 公司同意了。

标准石油公司一路上诉到加利福尼亚州最高法院。该法院维持了合同违约的判决，但是推翻了其他两项判决，指令重审。然而，重审只是为了调查清楚事实。法院认为原告的后两项指控在法律上理由是充分的。[14]标准石油公司与 Seaman's 以 450 万美元达成和解，不再上诉。[15]对非法干涉这一议题我不多讲，因为与我们主题无关。法院在违反诚实信用和公平交易义务的判决方面意见一致，只是首席大法官罗斯·伯德（Rose Bird）对侵权的解释比其他法官更宽泛。Fletcher 案判决意见书的撰写人马库斯 M. 考夫曼（Marcus M. Kaufman）当时是加利福尼亚州最高法院的法官之一。然而，他和其他法官都没有在判决意见书上署名，意见书上只是简单地写着"法院撰"。

该法院认为违反诚实信用和公平交易条款也构成侵权，通常至少在"保险人与被保险人的'特殊关系'中"或"具有相似性质的其他关系中"是这样。保险人与被保险人的关系"特殊"在具有"公共利益、附合性和信托责任这三个要素"。[16]Seaman's 公司与标准石油公司之间的关系不具有特殊性，因为缺少这些要素。他们之间的合同只是一个"普通商业合同"。虽然如此，该法院认为如果标准石油公司的违约具有某些特质的话，诚实信用和公平交易义务仍属于侵权法。关于这些特质，该法院援引的唯一权威意见是 1976 年俄勒冈州最高法院对 *Adams v. Crater Well Drilling, Incorporated* 案的判决。[17]要想理解加利福尼亚州最高法院对本案这一问题的判决，就要先了解 *Adams* 案。

Crater 为 Adams 打一口井，根据合同规定，每英尺支付费用 4 美元，但是如果 Crater 遇到了坚硬的石头，每英尺的费用就变成 8 美元。Crater 打到 500 英尺时找到了水，他开给 Adams 的账单中除了刚开始的 63 英尺按每英尺 4 美元收费，剩下的都按每英尺 8 美元收费，声称那 437 英尺都是坚硬石头。

Adams 不相信 Crater，给了他一张 2000 美元的支票，并告诉他只欠他这么多。
Crater 知道 Adams 的妻子那时候病得很重，而且她很害怕打官司，Crater 于是
就以诉讼相威胁试图讨回未付的余款。Adams 开了第二张支票付清了余款，
但在妻子痊愈后就起诉了 Crater，要求 Crater 归还余款。陪审团作出了支持
Adams 的裁决，同意他所说的 Crater 钻井过程中没有遇到任何坚硬石头，但
是初审法院对该裁决不予理会。

俄勒冈最高法院恢复了陪审团支持 Adams 的裁决，理由是他是在受胁迫
的情况下付给 Crater 这些额外的钱的。如果一个人实施某一行为时没有其他
合理选择的余地，并且这种合理选择的缺失是因对方不法威胁或行为造成的，
那么这个人就是在受胁迫下实施的行为。Adams 妻子的病以及她对打官司的
害怕使他没有其他合理选择，不得不支付额外的钱。Crater 威胁起诉是不合
法的，因为他的起诉"'没有合理根据，并且他也不相信该诉讼理由的存
在'"。[18]

Seaman's 案判决几年后，我问加利福尼亚州最高法院的一个法官为什么当
年没人在法院判决意见书上署名。他回答说这是因为他们谁也不知道该如何解
释"这个奇怪的俄勒冈小案件"，该案是他们所知的支持他们判决意见的唯一
先例。无论奇怪与否，加利福尼亚州最高法院有效地使用了该案。法院说：

原则上，合同当事人以这种方式取得超额支付，与合同当事人在没有合
理根据并且相信不存在抗辩理由的情况下采取拖延战术（"法院见"）试图逃
避有价值的合同索赔中的所有责任没什么区别。这种行为超出了单纯的违约。
它违反了公认的商业道德。[援引 Adams 案]。在这种情形下采取侵权救济不
太可能侵扰议价关系，也不大会影响合同当事人的合理期望。[19]

尽管法院在这里将对恶意的检验表述为该违约是否没有合理根据**并且**相
信不存在抗辩理由，但是该法院判决意见的其他地方有迹象表明只要相信缺
乏抗辩理由就够了。该法院在几个地方似乎都在表达这个意思，单独使用了
诸如"相信"或"善意"字眼。[20]更重要的是，标准石油公司抗辩称合同不具
有约束力是因为合同在符合《防止欺诈法》的要求方面不够明确。虽然法院

认为该合同已足够明确，[21] 但这并不意味着缺少明确性就不能构成合理的根据，而且该法院从来没说过不能。法院下令重审有关恶意违约指控的理由之一是，如果陪审团认为当标准石油公司对联邦机构否认它与 Seaman's 公司之间存在有约束力的合同时已经考虑到了《反欺诈法》，Standard 公司的行为就不算恶意违约。[22] 以此推理，如果标准石油公司在否认有约束力合同存在时没有想到这个抗辩理由，它就是在恶意违约——即使该抗辩是一个合理根据。换句话说，相信没有抗辩理由就够了；除非违约方知道抗辩理由的存在，否则即使存在实际上是合理根据的抗辩理由也不算数。

该法院将标准石油公司的行为定性为试图逃避**所有**合同责任。然而几年后，该法院又维持了只涉及试图逃避部分责任的一些判决，对恶意违约侵权可能不包括只想试图逃避某些责任的疑惑就消失了。[23] 因此，恶意违约在加利福尼亚州最终被定义为确信没有抗辩理由却试图逃避合同责任。

直至并包括 Seaman's 案，恶意违约的判决除了允许传统的违约赔偿外，还允许获得精神损害赔偿和惩罚性赔偿。加利福尼亚州最高法院在 1985 年的 Brandt v. Superior Court 案中[24] 又加上了胜诉原告的诉讼费用。该法院为此给出了两点理由。首先是将其与机动车事故受害者获得医疗费用类比。该法院指出，正如机动车事故的受害者要求支付医疗费以治疗他/她受到的伤害一样，恶意违约的受害者同样需要支付律师费以矫正违约后果。原则上这是一个合理主张，但是该赔偿原则不是问题所在。问题是美国规则（American Rule）禁止获得诉讼费用，**即使**诉讼费用是被告不法行为的近因（proximate cause）。

第二个理由是将其与恶意起诉类比。如果一个人或者在没有合理根据或相信没有指控理由或民事诉由的情形下，诱使公诉人对另一个人提起刑事指控或自己针对另一个人提起民事诉讼，这就构成了恶意起诉侵权。这类侵权的受害人可以获得为对抗刑事指控或民事诉讼自我辩护所花的费用，这些费用通常包括律师费。[25] 这个类比是成立的。事实上，恶意起诉与该法院在 Seaman's 案中定义的恶意违约几乎是一个硬币的正反两面。如果一个人在没有合理根据或相信没有起诉理由的情形下提起诉讼，这个人就实施了恶意起诉的侵权；如果一个人在没有合理根据或相信没有抗辩理由的情况下针对合同诉讼进行抗辩，他就实施了恶意违约的侵权。恶意起诉包括不正当地提起诉讼。恶意违约包括不正当地为诉讼抗辩。

然而，恶意起诉的受害人必须提出单独的诉讼来收回他在刑事或民事诉讼中他不得不进行抗辩所产生的诉讼费用。这样一来就避开了美国规则，美国规则只禁止被告在同一个诉讼中收回诉讼费用。但是，恶意违约中的原告要在同一个诉讼中收回诉讼费用。*Brandt* 案中的被告指出了这一区别，但法院认为另起诉讼只是程序性规则便没有理会，并指出要求原告提起第二个诉讼来收回诉讼费用是一种浪费。然而，该法院尽量贴近恶意起诉，将原告诉讼费用的收回限制在合同部分的诉讼费用。原告不能收回他为证明被告构成恶意违约所产生的诉讼费用。[26]

然而，仅仅一年后，该法院在 *White v. Western Life Insurance Co.* 案中[27]维持了原告收回恶意违约案中所有诉讼费用的判决且没做任何评论，这让该问题变得模棱两可。当时是 1986 年。令人惊讶的是，截至 20 世纪 90 年代中期，关于这点问题再没有州法院的判决出现。律师们告诉我，初审法院的判决两个方向都有，兴许绝大多数允许全部收回。1993 年，美国第九巡回上诉法院适用加利福尼亚州法律时实施了上述限制，只援引了 *Brandt* 案，并且拒绝了原告修改原诉的请求（request for leave to amend），理由是关于这一点的法律非常明确，不容忽视。[28]在当时的大环境下，拒绝修改原诉的请求似乎有点儿苛刻。

该法院在 *Brandt* 案中并没有就恶意违约与恶意起诉的类比做详细阐述。加利福尼亚州上诉法院法官克罗斯基（H. Walter Crosskey）在 1990 年的 *Careau & Co. v. Security Pacific Business Credit, Inc.* [29]案中严密地阐明了这个类比。与加利福尼亚州最高法院在 *Seaman's* 案中所做的与胁迫的类比相比，与恶意起诉的类比为允许原告获得诉讼费用提供了正当性理由，但除此之外，两个类比似乎具有相同的说服力。然而，诉讼费用的收回不应该要求特别的正当性。胜诉的当事人在任何情形下理应从败诉的一方收回他的诉讼费用，正如我们目前看到的那样。

Seaman's 案以及受其影响的后续案件并不受被告方律师的欢迎，尤其是代理保险公司的被告方律师。[30]一些发表的评论甚至认为在 Seaman's 案中找到了在任何合同案件中判给原告精神损害赔偿和惩罚性赔偿的许可证。[31]20 世纪80 年代早期出现了全国性的保险危机，其中责任保险的价格飙升，有些种类的责任保险掏多少钱都买不到。许多人将这次危机归咎于允许更高额赔偿的法律变更。在加利福尼亚州，这些担忧恰好与对法院显然不情愿执行死刑的担忧同时发生，最近该州又恢复了死刑。加利福尼亚州的法官只需要竞选一次，那是在获得该州州长提名几年之后。巧的是，加利福尼亚州最高法院 7 个成员中有 4 个必须参加 1986 年 11 月份的竞选，结果只有一人当选。该法院的另一位成员随后不久也辞职了。这些败选加上之前的另两起辞职，使得1987 年加利福尼亚州最高法院只剩下一位自 1981 年就在那儿任职的法官。[32]

新组建的法院于 1988 年审理的 Foley v. Interactive Data Corp. 案涉及恶意违约。[33] Foley 与 Interactive 公司之间的劳动合同可以依任何一方的意愿予以解除。但 Foley 仍然声称 Interactive 公司解雇他是非法的，因为这种解雇属于侵权。他声称 Interactive 公司解雇的理由违反了公共政策，诚实信用和公平交易义务使得缺少正当理由的任何解雇都属于侵权。该法院认可了有关公共政策的诉由成立，但是裁定 Interactive 公司没有违反公共政策，法院也拒绝认定该诉求建立在诚实信用和公平交易义务上。尽管 Foley 将 Interactive 公司的行为定性为恶意，但本案中的情况与法院发展恶意违约侵权所作的判决相比没有共同点。

即便如此，法官们还是对恶意违约的构成要件展开了争论。争论的甚至不是要件本身，只是在争论法院在 Seaman's 案的判决意见书中表达的究竟是什么。Foley 案的法官中，7 人中有 4 人认为，Seaman's 案法院的意思是，对一般商业合同来说，只有恶意否认合同存在才构成恶意违约。恶意抗辩是不够的。[34]这种解释是荒谬的。它依据的只是法院意见书中标准石油公司否认其与 Seaman's 之间存在合同这一部分内容，但在同一页中还有好几处提到人们否认存在"有约束力的""有价值的"或"有效的"合同、合同下的责任或者否认抗辩理由的存在。[35] 这个解释也与该法院对重申法庭关于标准石油公司相信《反欺诈法》抗辩理由存在或不存在的效力所作的指示相矛盾。[36] 不用说，Foley 案导致了很大的困惑。

然而，尽管 Foley 案如此判决，所有的加利福尼亚州法院继续承认某些形式的恶意违约，一些法院仍像加利福尼亚州最高法院在 Seaman's 中实际判决的那样认定恶意违约，[37] 直到 1995 年加利福尼亚州最高法院在 Freeman & Mills, Inc. v. Belcher Oil Co.[38] 案中推翻了 Seaman's 案。法院给出的推翻理由是 Seaman's 案引起了普遍困惑、存在充分政策理由停止在合同情形下使用侵权救济以及除蒙大拿州以外的其他州都不承认商业合同中的恶意违约侵权这一事实。这些理由没有一个具有说服力。大多数有关 Seaman's 案判决的困惑是 Foley 案造成的，一般情况下，从逻辑上讲，解决办法是消除困惑而不是去推翻本来就很明智的判决。所谓的充分政策理由要么是古典合同法中侵权法与合同法应该严格分开这种陈旧观点的老调重弹，要么是强调 Seaman's 案令人困惑。最后，除了蒙大拿州以外其他州都不承认商业合同中的恶意违约侵权也不是事实。事实是有16 个其他州在所有合同中或至少在大范围的合同中承认它，关于这点下节会讲。不管怎样，该判决不太可能如法院所设想的那样大大减少合同案件中惩罚性赔偿索赔的数量，因为许多恶意违约案件同时可以建立在欺诈之上，而欺诈案中原告也可以获得惩罚性赔偿。例如，当 Seaman's 案中的被告故意恶意地否认与原告之间存在有约束力合同时，被告就构成欺诈。

第二节　恶意违约在全国范围内的发展

尽管存在许多解读问题，公平地说，目前 36 个司法管辖区实质上承认像加利福尼亚州最高法院在 Seaman's 案中定义的那种恶意违约侵权。在

Freeman & Mills 案作出改变之前，如果一项法律强加了不可恶意违约这一不能免责的义务，并且违反规定的一方当事人行为过分（aggravated circumstances）时，还要承担补偿性赔偿责任之外的惩罚性赔偿责任，这样的法律无论该司法管辖区是不是冠以"恶意"之名或将其定性为侵权法，我都将其算作实质上如同加利福尼亚州法一样法律。然而，其中大多数司法管辖区中还不允许像加利福尼亚州曾经那样在所有合同范围内都适用该侵权。16 个司法管辖区在所有合同或至少大部分合同中承认它。[39] 9 个司法管辖区，包括加利福尼亚州，对该侵权适用范围限定得很窄，往往只限于保险合同。[40] 13 个司法管辖区还未对其适用范围进行规范。[41] 只有宾夕法尼亚州[42]和犹他州[43]最高法院拒绝承认任何合同中的恶意违约侵权或其他类似概念，因此还留有 11 个司法管辖区在这个问题上依然没有定论。[44] 要确定目前有多少州允许在恶意违约诉讼中要回诉讼费用几乎是不可能的，因为商业法律文摘对已报道判决的分类方法让人无法作这样的统计。然而，West Corporation（公司名称）最近为保险人延迟或拒绝支付被保险人诉讼费用建立了一个分类，根据这个分类，我们可以看出至少 33 个司法管辖区目前允许在这些案件中收回诉讼费用。[45]

有些州对这种侵权的定义甚至比加利福尼亚州在 *Seaman's* 中的定义更宽泛。比如，在一系列追溯到 1976 年的印第安纳州最高法院的判决中，如果违约具有"侵权性质"或如果"'在争议中**掺杂**着欺诈、恶意、重大过失或胁迫因素'，印第安纳法院允许在合同案件中判处惩罚性赔偿"（原文强调）。如果被告的行为在"本质上"具有欺骗性或欺诈性就足够了，即使还不能满足普通法对欺诈的要求。如果被告的职业或地位受公众的高度信任，情况更是如此。法院认为保险业和建筑业人士拥有这样程度的公众信任。然而，有个案件的败诉被告是一个汽车经销商，法院并没有说汽车经销商属于受公众信任的行业。[46]

但是措辞上的差异似乎并不重要。如果将 *Seaman's* 案的定义适用于上述案件事实，虽然措辞有所不同，但总的来说得出的结论是相同的。印第安纳州的 *Hibschman Pontiac, Inc. v. Batchelor* 案[47]是一个很好的例子。Batchelor 把他的新车送到他当初买车的经销商 Hibschman 那儿维修，车子交付的第一个月内就维修 5 次，最终做了 12 次连夜赶修，总共维修 20 次。每次维修的大部分内容是该经销商服务经理声称的前次维修已经做了的。然而，每次 Batchelor 来取车时，该服务经理都告诉他车"修好了。"最后，Batchelor 越过该服务经理直接向下一级负责人投诉，结果却被告知别再来烦他们。印第安纳州最高法院维持了惩罚性赔偿金的裁决，理由之一是，有"令人信服的证据证明……欺诈……和胁迫行为"。[48] Seaman's 案中定义的恶意违约要素在本案中很容易找到。汽车经销商有合同义务交付良好工作状态的汽车，如果该车在交付时工作状态并非良好，汽车经销商有合同义务秉承专业态度进行维修。这两个方面该汽车经销商都没有做到，却在不相信具备有效抗辩理由的情形下试图逃避责任。

小约翰·A. 斯波特（John A. Sebert，Jr.）在 1986 年发表了有关新型合同赔偿权方面的开拓性著述。[49]他调研了法院判给"非财产损害赔偿"的合同案件，他所说的"非财产损害赔偿"是指具有补偿性但又不是针对客观上可衡量的经济损失的赔偿。精神损害赔偿就是例子。这个标准下包括恶意违约案件以及法院针对被包含的侵权（included tort）判予非财产损害赔偿的案件。斯波特找到了 21 个州判予非财产损害赔偿的判决。米歇尔·A. 哈林顿（Michelle A. Harrington）在 1989 年发表了类似的调查报告，她在斯波特已发现的 21 个州的基础上又添加了 8 个州。[51]哈林顿还发现有 6 个州的下级法院判予惩罚性赔偿或至少表示在合同案件中惩罚性赔偿是可以适用的。[52]尽管斯波特和哈林顿的评判标准包括的不只是恶意违约判决，但即便这样，1995 年和 1986 年之间的差距也是显著的。承认恶意违约侵权（实质上若非名义上）的司法管辖区数目仅仅在 9 年里就从 21 个或少于 21 个增加到了 37 个。

第三节 正当性

为什么恶意违约比一般违约更恶劣？加利福尼亚州最高法院在 Seaman's 案中表示那是因为恶意违约"违背了公认的商业道德观念。"[53]也许是这样，但这一说法并不是很明确，因为它没有告诉我们为什么恶意违约违背了这些观念。

其他违约较之恶意违约缺少的是违约者的不诚实。违约方不仅仅违反了合同义务——他故意违反了该义务。他知道他没有抗辩理由，或如法院有时所说的，他"缺乏对抗辩理由存在的相信"。恶意违约行为的不诚实不是指在说谎意义上的不诚实，虽然违约者声称自己有抗辩理由是在撒谎。这里的不诚实是更广义的概念，是指故意违反法律或道德规范，以牺牲他人利益为代价获利。打比方来说，这种不诚实就如同抢劫或勒索的不诚实一样。强盗或勒索人对受害人说的话可能是相当诚实的，但是他抢走或侵占的是属于被害人的东西，而且他明知自己的行为是非法的。恶意违约人故意违法侵占的是受害人的合同权利。

我们必须明白，这里的合同义务指的是履行合同的义务**或**因未履行合同赔偿对方当事人的义务。即使在一个完美世界，人们也不是什么合同都履行，因为在有些情形下当事人双方不履行合同对所有相关各方都更有益。然而，至少在通常情况下，如果违约方不赔偿另一方的话，另一方当事人会遭受损失。恶意违约与经济学家所谓的"效率违约"的区别就在于恶意违约方试图逃避违约责任，而效率违约方虽然是故意违约，但会主动赔偿另一方当事人。[54]

传统上，法律对故意违反义务的惩罚要比对不知情违反或意外违反更重些。理由可能是故意违反义务不仅对受害人造成损害，还对公众利益造成了损害。故意违反破坏了建立文明社会人们之间所需的互信。此外，正如克罗斯基（Crosskey）法官指出的那样，恶意违约对公众的损害类似于恶意起诉对公众的损害。[55]公众以很高的成本来维护司法体系。陪审员和其他相关人员以极低的薪酬或零薪酬为该体系献时献力。对民法来说，司法体系的主要功能是解决争议。当人们利用司法体系不诚实地追究他人责任（恶意起诉），或用不诚实的手段逃避自己的责任时（恶意违约），就是在滥用司法体系。

恶意违约比一般违约更恶劣的原因无关涉案的合同种类或合同提供方所处的行业。因此，随着律师和法官对该侵权理解的加深，我们可以预见法院最终会取消目前存在的一些司法管辖区对该侵权适用范围的限制。20世纪80年代晚期和20世纪90年代早期，一些仍将该侵权限制在或主要限制在保险人的司法管辖区法院承认了被保险人也可能实施该侵权，这是朝着取消限制的方向前进了一步。[56]将恶意违约限制在保险人的正当性理由与第四章讨论过的将关系侵权限制在保险人的正当性理由是相同的，但是这些正当性理由并不支持将该侵权扩展到被保险人。

一些人批评恶意违约的定义太含糊，留给陪审团太多作出大额赔偿金裁决的自由。[57]科津斯基（Alex Kozinski）法官曾经称之为"诉因概括得太模糊，应用结果太不可预测，以至于它更像从三楼窗口抛出的一块砖而不像是法律规则。"[58]关于模糊的指责言之过早。许多十年前或更早使用"恶意违约"措辞的法院在使用时并没有明确地定义它，但最近几年来，法院已经像定义传统规则那样赋予了其精确的定义。

然而，在陪审团和法官的职能分配方面仍存在一些混乱。被告是否真实相信抗辩理由的存在属于事实问题，大多数法官因此将它留给陪审团裁定。然而，如果答案取决于被告提出的抗辩理由在法律和事实上是否具有合理依据时，陪审团没有能力作出合格的裁决，在许多案件中，答案确实依赖于这些判定。尽管提出法律和事实上具有合理依据抗辩理由的人可能对该理由并没有诚实信念，但在一般情形下，这种可能性太微乎其微，法官不应该让陪审团对此进行推测。此外，如果抗辩理由是否在法律和事实上有合理依据是问题的所在，那这种案子也该由法官而非陪审团来决定，因为这种决定需要作出法律上的判断。例如，恶意起诉案件中的固定做法是由法官而不是陪审团来做这些判定。[59]

Tan Jay International，*Ltd. v. Canadian Indemnity Co.* [60]就是一个很好的例子，该案的初审法官在这方面似乎什么都做错了。他让陪审团决定保险人提

出的不在承保范围内的抗辩理由是否具有法律和事实上的合理依据，并且在该抗辩理由在法律和事实上都具有合理依据的情况下，他允许陪审团作出保险人对该抗辩理由不具有诚实信念的裁决。而 *Seaman's* 案中的加利福尼亚州最高法院在这方面每件事都做对了。当该法院将有关被告否认其与原告之间存在有约束力合同时是否知道诉讼时效抗辩理由的裁决发回陪审团重审时，该法院将陪审团的职能限制在该裁决上。它没有下令初审法官允许陪审团去决定该抗辩理由是否在法律和事实上有合理依据，也没有下令初审法官允许陪审团去决定即使被告知道诉讼时效问题，被告是否对抗辩理由缺乏诚实信念。

如果陪审团在恶意违约案件中判予的赔偿额太大，那也该归咎于确定损害赔偿额的实质性或程序性控制，而不是恶意违约。恶意违约案件中，陪审团在精神损害赔偿或惩罚性损害赔偿数额的确定方面所拥有的自由裁量权并没有比其他允许判予这些损害赔偿的案子多。

第四节　合同之外的恶意行为

一个人可能实施与恶意违约同种类的恶意行为，即使他未履行的义务不是合同义务。他只要知道不存在抗辩理由但却试图逃避责任就构成了这种行为。比如，一个明知出售的产品有瑕疵却试图逃避产品质量问题造成的人身损害和财产损失责任的制造商就恶意违反了产品质量法。法院已经将恶意这个概念用于关系侵权义务的违反，虽然"违反"一词既用于合同义务的不履行又用于诚实信用和公平交易义务的不履行有些混淆不清。[61]侵权行为发生在哪个领域，我们应该区别清楚。如果我们仅对与违约有关的侵权使用"违反"字眼，在其他情形下简单地说"恶意"兴许会更清楚。

第五节 诉讼费赔偿：美国规则

为使胜诉原告得到充分补偿，赔偿诉讼费是必要的。一个受到不法行为伤害的人如果不得不靠起诉来获得最初伤害的赔偿，只有损害赔偿包括他的诉讼费用才算是充分的赔偿。将诉讼费列入恶意违约损害赔偿中这些理由就足够了。需要理由的是美国规则（American Rule）。为什么每个案子的胜诉方不能获得诉讼费赔偿？世界其他地方的规则是胜诉方可以获得每个案件的诉讼费赔偿。我将首先探讨这个规则，因为大多数评论家建议用其取代美国规则。随后我将探讨只允许胜诉原告获得诉讼费赔偿的规则。

在诉讼费可以获得赔偿的情形下，该赔偿需要符合其他种类损失赔偿需要符合的所有法律要求：例如，因果关系、确定性、可预见性以及减轻损失。基于此，可以得出两条重要规则。一个规则是胜诉方只能获得合理的诉讼费赔偿，因为超出合理的部分不是败诉方造成的。这个限制适用于律师的小时收费额以及他/她在这个案件上花费的时间。[62]这个规则有利于将诉讼费维持在一个合理的水平上，当事人和公众都会从中受益。公众会因此受益是因为不必要的冗长诉讼会带来不必要的司法系统的开支。

这些法律要求产生的另一个规则是原告只有为获得其他损害赔偿所必需的诉讼费可以获得诉讼费赔偿。比如，如果胜诉原告从法院得到的赔偿并不比在他的律师开始做诉讼准备之前被告提出的和解数额多，那么律师开始做诉讼准备之后产生的费用他就不能获得赔偿。[63]这个规则鼓励被告提出公平的和解要约，也鼓励原告接受它们。如果任何一方未能公平行事，其面对的损失额便会增加。显而易见，这个规则还阻止了任何一方当事人使用旨在增加另一方诉讼费的策略。

那些通常允许获得诉讼费赔偿的国家也通常禁止胜诉分成约定（contingent fee arrangements），但这并不代表两者间存在任何逻辑上的必要性。如果我们愿意的话，也可以在已经废除美国规则的情形中继续允许胜诉分成约定。但是，我们应该作一些调整。无论原告和他的律师之间是否有胜诉分成约定，胜诉原告可以获得的诉讼费赔偿额应该是一样的。无论哪一种情形，原告只能获得合理诉讼费赔偿。如果不这样的话，原告律师便可毫不受限地收取过高的分成。反正这些分成将由被告支付，分成比例对原告来说也无关痛痒。

如果我们允许法院在结案后确定这个分成比例可能会避免这个问题，但避免不了其他问题。订立了胜诉分成协议的原告仍比支付律师费的原告有优势；被告将更愿意与前者达成和解协议，因为如果他们败诉了会赔得更多。这将是不公平的，这会鼓励所有的原告使用胜诉分成协议，甚至是那些有能力支付律师费用且本来更倾向支付律师费用的原告。

订立了胜诉分成协议的原告如果胜诉了，就得向其律师支付约定的分成比例，他从被告那儿得到的赔偿仅是以预付律师费为依据的合理律师服务费。这样的赔偿留给原告的会比全额损害赔偿少，给其律师的会比以预付律师费为依据的合理律师服务费多。但这样的结果可能是公平的，因为律师承担了所有败诉的风险，而原告不承担任何败诉风险。

如果订立了胜诉分成协议的原告败诉了，律师也应与其委托人一起对对方当事人的诉讼费用共同承担责任。这也是公平的，因为律师的胜诉分成协议将律师与原告的经济利益连在了一起。律师和其委托人如何分摊败诉产生的责任可以由他们自行决定，但我们可以有把握地预测，竞争将很快迫使大多数律师同意承担起全部责任。理应如此，因为律师既是最佳成本避免者也是最佳成本分散者。她/他是专家，有经验，并且可以将个别案子的风险分摊到若干案件中。那些从事胜诉分成业务的律师事务所通常会受理数十个甚至常常数百个同类的案子。至少在人身伤害案件中，绝大多数胜诉分成委托人已经因迫使他们请律师的事件陷入贫困，所以律师应该知道他/她实际上是唯一的经济责任者。

在所有反对败诉原告承担责任的理由中，我只听过一个站得住脚的反对理由，即这将阻止穷人或不愿冒险的人对有诉讼价值的案子提起诉讼。律师根据胜诉分成协议承担共同责任则有效解决了这一问题。⁶⁴因为不靠胜诉分成的话穷人根本没钱提起诉讼，有了胜诉分成以后，即使产生对被告的责任也不用他们负担。不穷但不愿冒险的人也可如此，而且这些人还可以选择那些愿意承担所有风险的律师。如果穷人或不愿冒险的人找不到同意承担所有风险的律师，那么不起诉是对的，因为他的选择已经证明了他对自己的案件没有足够的信心或没有在意到愿意承担风险程度。法律诉讼是昂贵的，并且会扰乱别人的生活。法律不应当鼓励人们没有任何风险地提起诉讼。

律师的共同责任^①对委托人也有好处，因为共同责任激励律师在同意代理前仔细调查案件的法律依据。如果该律师拒绝代理此案，受害人就可以自由地去找其他律师。有些律师将潜在的胜诉分成委托人视为可剥削的资源。他们没有事先调查委托人案件的法律依据就同意代理；他们甚至在电视和其他地方打广告，直接承诺只要是受了某类的伤，不管是谁他们都代理。然而，他们只对少数会带来丰厚回报的案子进行有效代理。对于其他案子，他们出力很少或根本不出力，即便这些案子如果仔细调查会发现是有法律依据的。

另一个常见的反对赔偿诉讼费的理由几乎相反，认为这会增加诉讼量，因为自信能胜诉的当事人会比现在更愿意提起诉讼。⁶⁵对这一论点的简短回答就是两者没有关系。如果诉讼是人们行使权利的唯一途径，更多人应该提起诉讼。如果减少诉讼量是我们的目的，那么降低或取消其他种类的损害赔偿同样能达到这个目的。如我们可以将机动车事故受害者获得的医疗费用的赔偿限制在 50%。

然而，此前的实证研究结果预示着赔偿诉讼费法规的变化对诉讼量的增减不会有太大的影响，尽管可能（也应当）对诉讼量的内容有些许影响。例如，我们可能想要减少所谓的和解诉讼（strike suits），即那些没有法律依据

----

① 共同责任（joint tiability），由两人或两人以上共同承担的责任，若其中一人被起诉，则其可要求其余人必须作为共同被告应诉；若其中一人死亡，则其责任由其余生存者承担。——译者注。《元照英美法词典》，第 741 页。

只为了逼迫被告进行和解的诉讼。乔治·L. 普里斯特（George L. Priest）研究了当法律大幅增加原告对某类侵权可以获得的损害赔偿时对诉讼量变化的影响。直接的影响是起诉量增加，但最终起诉量又降回了以前的情况。原因可能是潜在的原告和被告只有在他们对诉讼的可能结果预期相距甚远时才愿意起诉，而不是和解。如果他们的预期差距不大，他们可能会选择和解，因为和解避免了双方诉讼费的产生，既增加了原告获得的净赔偿，又减少了被告的净损失。[66]因此，当法律改变时，原告和被告的预期可能随之发生了变化，但最终又回到了大致上的共识。约翰·J. 多诺霍三世（John J. Donohue Ⅲ）得出了与普里斯特同样的结论，并且理由相似。[67]但是普里斯特和多诺霍的研究可能并不完全适用于诉讼费赔偿。至少在原则上，没有任何其他种类的赔偿对诉讼产生的影响与诉讼费赔偿一样，因为没有任何其他种类的赔偿会直接影响一个案子到底是要提起诉讼还是要和解。

有人建议只对原告不适用美国规则。理由是原告的诉讼费用之所以包含在赔偿原则中，是因为原告的诉讼费用是由于被告的不法行为造成的，而被告的诉讼费用则不能这样说。[68]然而，使原告得到完全补偿并不是废止美国规则的唯一理由，即使是，仅仅对原告不适用美国规则将走到相反的极端，会对被告造成普遍不公平的情况。此外，只对原告废止该规则肯定会增加诉讼量。它将增加原告可能赢的赔偿额，迫使被告更愿意和解，不会增加原告败诉的任何风险，也不会阻止和解诉讼。

1980 年佛罗里达医疗协会说服佛罗里达立法机关废止美国规则在医疗事故中的使用。该成文法将贫困的原告列为例外。佛罗里达州最高法院规定贫困原告的律师也应当获得豁免，尽管他们（当然）是基于胜诉分成协议为贫困原告代理的。该法院的决定影响力很大，因为许多医疗事故案件中的原告可以合理地声称自己贫困。该成文法没有说明签有胜诉分成协议的胜诉原告是否应该从被告那里收回建立在预付费基础上的胜诉分成或合理赔偿数额，有些法院判决他可以收回胜诉分成。这些裁决为原告律师带来了滚滚财源。他们从胜诉中的获利比以往更多，败诉后的损失却与立法者制定该法之前相同。1985年该立法机构废止了该成文法。这一经验除了证明将糟糕的想法付诸立法带来的危险之外，什么也没证明。[69]

关于这点争论的结果是在所有民事案件中废止美国规则。在合同案件中废止美国规则的主张更是令人信服，因为美国规则在合同案件中的运作十分不公。在实践中，它只对消费者不利，因为生产商通过标准合同就可以避开它带来的不利影响。基于这个原因，即使法院不在所有的民事案件中废止该规则，除非生产商能够证明消费者基本具有平等的议价能力，法院将有理由在合同案件中对消费者豁免使用美国规则。

立法者为该领域的全面司法行动创想了另一个理由。一项1984年的研究发现，有将近2000个律师费转移的州法规，[70]而且立法者还在制定它们。[71]一个名为"律师费转移法规（Attorney Fee Shifting Statutes）"的报告服务帮助律师跟踪从1977年到1990年这方面的立法。[72]这些法规的内容在适用的案件类型和律师费转移的条件和资格方面有很大的差异。它们的存在既证明了民众对美国规则的厌恶，也证明了立法者在解决这个问题方面的不称职。广泛的、原则性的对美国规则的限制将使这些立法变为不必要的存在。

美国联邦最高法院和美国第九巡回上诉法院已经认识到剥夺人们支付律师合理报酬的能力会导致违宪地剥夺他们在律师的帮助下可强制执行的财产权。在我看来，在美国规则使得请律师变得不划算进而有效地阻止了人们请律师的情况下，这些判决让美国规则具有违宪性。我将在最后一章对这些判决予以分析。

第六节　精神损害赔偿

如今，几乎在任何一个司法管辖区，如果被告恶意违约或实施了关系侵权行为，原告都可以因此得到精神损害赔偿。如果合同具有"人身性"或如果违约行为"包含"了传统侵权行为，传统法律已经使原告有权因普通违约得到这样的损害赔偿。自 20 世纪 70 年代起，即使被告只是普通违约，法院也越来越多地允许原告获得精神损害赔偿，条件是在订立合同时可以合理预见到违约会导致该当事人精神痛苦。截至 20 世纪 90 年代中期，有 18 个司法管辖区作出了这样的判决。[73]上述条件其实就是可预见性规则，该规则限制了合同原告对任何种类损害赔偿索赔的权利。因此，一直以来的趋势就是消除传统加于精神损害赔偿的特殊限制，将精神损害赔偿与其他任何种类的损害赔偿一样对待。[74]

然而，能按侵权法进行索赔的原告仍有一定优势。侵权法中的可预见性规则相当宽泛。比如，一个非常容易遭受精神痛苦的原告尽管在合同法中得不到赔偿，但可能在侵权法中获得。被告必须合理预见到痛苦的时间点向前推了。在合同法中，这个时间点是当事人订立合同时，而在侵权法中，这个时间点是被告实施不法行为时。[75]也许最重要的是，除非当事人具有同等的订约能力，获得赔偿的权利在侵权法中不能靠合同排除。比如，不难想象雇主和保险人可能一开始就在他们的合同中写入明确排除精神损害赔偿的条款。法院之后就不得不决定这样的条款是否违反了公共政策或合理期望、是否显失公平或是否因其他原因变得不可强制执行。

第七节　惩罚性赔偿

人们不应该只因违约就承担惩罚性赔偿责任。只要他们支付了足额补偿，就不算做错任何事。事实上，如果履行合同的成本比支付赔偿金还高的情况下人们还**不**违约，社会就遭受了损失。[76]有关恶意违约的法律与这些结论不存在任何冲突。恶意违约不仅仅是违约，它是一种侵权行为，其构成要件之一是侵权人试图逃避赔偿。以下分析假设被告实施了侵权行为，探讨在什么情形下他应当承担惩罚性赔偿责任以及法律该如何衡量它们。

目 的

惩罚性赔偿（punitive damages）的另一个名称为"惩戒性赔偿"（exemplary damages）。这两种叫法揭示了其惩罚和威慑两种目的。它们让被告罪有应得，并且杀鸡儆猴，阻止其他人实施类似的行为。[77]惩罚既具有公共意义又具有私人意义。惩罚性赔偿维护了被不法者侵犯的公共价值。它们还可以通过展示不法者已经受到了惩罚来减轻受害人的痛苦。对于这一目的它们特别有效，因为受害人知道在迫使不法者赔偿方面自己发挥了作用。然而，威慑目的仅仅具有公共意义。如果这项赔偿成功地阻止了他人实施类似的行为，受害人得到的利益不比受该威慑保护的同类案件其他受害者多。

惩罚性赔偿惩罚被告这一点不能将其与补偿性赔偿区分开来。被告被法院下令支付的任何赔偿或做的任何人们不会自愿去做的事都是一种惩罚。

惩罚性赔偿与补偿性赔偿之间的区别是，前者比补偿原告所需的数额要**多**，因此其作用**纯粹**是惩罚被告。所以，我有时会将它们的目的称之为提供"额外"的惩罚。

惩罚性赔偿还服务于奖励那些证明被告有罪的原告及他们的律师这一目的，虽然这一目的我还没有见人明确指出过。公共权力机构经常奖励对给罪犯定罪有直接贡献的信息的提供者。法律赋予原告惩罚性赔偿权利是出于相似的目的，即鼓励人们去识别和惩罚那些实施了民事不法行为的人。该目的对打击民事犯罪的执法比对打击刑事犯罪的执法更为重要，因为没有惩罚性赔偿提供给原告的奖励，那些实施了民事不法行为的人就不会频繁地受到惩罚，进而无法达到威慑和惩戒的目的。国家执法部门通常忙于严重的刑事案件，没有时间操心民事案件。

法律对那些识别和惩罚民事不法行为者的人还提供其他奖赏。例如，法院通常会奖励在集团诉讼中胜诉的律师，允许他们得到大笔的律师费赔偿。[78]联邦反垄断法赋予胜诉原告获得三倍于实际损失的赔偿再加上律师费赔偿的权利。[79]州高利贷法经常赋予揭发贷款人为高利贷者的债务人获得三倍赔偿或其他实质性利益的权利。[80]

这种奖励鼓励的私人执法比公共执法更有效，效率也更高。公共权力机构不需要寻找受害人，因为受害人自己会站出来。在起诉中受害人相互配合，因为正是受害人提起诉讼。受害人有动机将起诉费用控制在合理范围之内，因为如果他们输了便不得不承担这些费用。即使受害人赢了，法院也可以拒绝补偿受害人法院认为超出合理范围的费用。最后，惩罚性赔偿能够节省时间和金钱，因为补偿性赔偿和惩罚性赔偿可以在一个案子中都得到解决。即使被告也会从这种效率中受益，因为他们只需抗辩一次。

保险监管就是一个私人执法已经明显优于公共执法的实例。在美国，有权依法处置保险欺诈和保险人其他不法行为的公共权力机构已经存在了一个多世纪，但是直到法院开始在保险案件中判予惩罚性赔偿，那些实施了严重不法民事行为的保险人才开始面临被惩罚的重大风险。在私人诉讼中对保险人的惩罚远远超过了公共权力机构施加的惩罚。

数额

目前还没有确定惩罚性赔偿数额的规则。相反，法律允许法院或陪审团去权衡某些因素。主要的因素包括被告行为的情节严重性、[81]被告的净资产或总盈利能力[82]以及判给的补偿性赔偿数额。补偿性赔偿额越高，惩罚性赔偿额也会越高。[83]行为的情节严重性当然是相关因素，但却不是一个客观标准。此外，第二和第三个因素是不恰当的。第二个因素是对被告合法取得的财富或盈利能力进行惩罚。被告的净资产或利润中只有一小部分可能来源于他应承担责任的不法行为。[84]第三个因素没有依据地加重了惩罚，因为补偿性赔偿也惩罚了被告。

然而，第二个因素（被告的净资产或总盈利能力）被使用[85]得太普遍，需要针对它多说两句。其潜在的假设是惩罚一个更富有的被告需要用更大的责任。如果被告是自然人，也许是这样，但是惩罚性赔偿案件中的绝大多数被告是公司或其他法人。惩罚一个法人的想法是否真的有意义还是个问题，但法院针对一个法人判处惩罚性赔偿时，唯一直接受到惩罚的都是该法人的所有人（如公司的股东），他们在该法人中的股份价值会减少。该所有人可能会也可能不会去惩罚该法人中对不法行为负有责任的个人，即使惩罚了，也不能保证这一举措会对惩罚性赔偿额有任何合理的影响。而且，公司股东对负有责任的公司职员施加惩罚的可能性通常与该公司的净资产或总利润呈**反**比。这是因为公司越有钱或盈利能力越大，就越有可能被"公众持有"，也就是说，公司股东太多，分散太广，即使股东作为一个团体也无法对公司的经营管理人员行使有效的控制。因此，我们还是把惩罚富有公司股东或管理人员的任务交给刑事执法部门，专心研究如何威慑公司不要从事不法行为比较好。

无论被告是法人还是自然人，其财富或总盈利能力与某一数额的赔偿责任所起到的威慑效果是不相干的，至少对理性思考、理性行为的被告来说是这样。

一个理性人会权衡可能的收益和可能的损失，只有当前者大于后者时才会选择采取行动。在这方面，诚实和不诚实人之间的唯一的区别在于前者在计算中包含了道德考量，而后者只着眼于金钱量度。因此，要想连不诚实的人也能被阻止从事不法行为，我们必须使可能的损失大到超过可能的收益，一旦我们做到了，威慑将对任何人起到同样作用，无论其总盈利能力或财富的多寡。

如果我们试图阻止的行为属于一项持续政策的一部分，那么被告所期待的利润是他从实施这项政策中所得到或将得到的利润。如果我们要求被告吐出的只是从单次行为中获得的或将获得的利润，他仍会发现这项政策的实施是有利可图的。因此，在惩罚性赔偿诉讼中，被告应承担责任的**最低**数额是他从实施不法政策中累计获得的或将获得的利润。人们还可以从实施不法政策的人应比单次实施不法行为的人受到更重的惩罚这一角度来证明上述结论的正当性。这也是法律惩罚共谋犯罪[86]和有组织犯罪[87]要比惩罚个人犯罪更严厉背后的假设。这还是对累犯通常惩罚更重背后的假设。此外，至少在规则上，判予原告的惩罚性赔偿不应超过这个数额。惩罚性赔偿应该起到足够的威慑和惩罚作用，一旦这些目的实现了，任何额外的惩罚都没有合理理由。

因为几乎所有恶意违约案件中的被告都是商业机构，我这里也假设如此。我将把组织称之为"公司"。接下来的问题是不法行为是否是"公司政策"的一部分。如果雇员有权作出他/她当时的所作所为，如果雇员在他/她政策制定层面上的上司制定的政策范围内行事，或者如果这些上司对雇员的行为知晓并容忍它们，法律就应当将这些雇员的行为视为公司政策。实质上，这些条件重申了让被代理人对其代理人行为负刑事责任的法律。[83]

局外人通常会发现证明公司政策的存在是非常困难的。公司很少保存它们不法政策的公开记录，原因显而易见，那些能够证明这些政策存在的雇员通常迫于压力也不去这样做。因此，法律应当让公司承担举证和说服责任，让公司去证明其雇员的不法行为并非依据公司政策。一般而言，只有该公司才可以获得证明或反驳这样指控所需的证据。法律应该推定被告在所有同类事务中都实施了同样的不法行为，除非被告能证明情况相反。这种推定对公司所施加的压力会与公司所从事的这类交易的数额成正比，这是合适的。公司从事的这类交易越多，它的不法政策造成的损害就越大，也就越需要更多的赔偿责任去阻止公司实施政策。

公司可能采取多种方式来反驳这种推定。它可以表明，在得知雇员的行为后，它立即解雇或严惩了这些雇员。它可以证明该行为只是偶然的——比如，说它是一个错放的文件导致的。它可以表明公司其实有有效的机制来防止这样的行为，但这次出于似乎合理的原因没有起作用。一个不那么直接但很有用的方法是表明该公司没有从这样的政策可能产生的这类行为中获益。没有一个理性的企业会制定不法政策，除非期望从中获利。比如，在 *Fletcher* 案中，保险人可以证明其支付的超出承保范围的索赔率不低于残疾保险行业中信誉良好的保险公司，这应该足以证明本案中保险赔偿理算师基于似是而非的理由对原告索赔的拒绝并不是在实施公司政策。

如果一位原告将得到被告执行公司政策以来所获的所有利润作为惩罚性赔偿，后来的因被告执行同样政策而受害的原告（subsequent plaintiff）从逻辑上讲是得不到惩罚性赔偿的，尽管他仍能得到补偿性赔偿。虽然我还未发现这样的案例，但这种情况是有可能的，而且是不公平的。如果这样的巧合发生了，这两个或两个以上诉讼中的法官应该找出惩罚性赔偿在多个原告间公平分配的办法。

几乎所有报道出来的恶意违约案件好像都牵涉公司政策。Seaman's 案是一个例外，该案中被告石油公司对有约束力合同存在的恶意否认显然是投机取巧。世界范围内石油出人意料地短缺迫使它大量减少交货数量，它决定通过拒绝向原告交付任何石油来支持它的老顾客。被告本可以为它对原告的恶意违约并不是根据公司政策进行举证和说服。假设他这样做了，法院是否还会判处一些惩罚性赔偿？这个问题的答案不应由任何规则控制。我们应该将我所建议的用被告从执行不法政策中获取的利益来衡量惩罚性赔偿的方法作为一个指导，而不是将其作为法院在任何情形下应遵循的规则。

法官和陪审团的角色

为惩罚性赔偿确定一个合适的数额旨在使罪罚相当。在刑事案件中，法官履行这一职能；陪审团所做的只是决定被告是否有罪。在惩罚性赔偿中，我们也应如此。倘若陪审团裁定被告应该支付惩罚性赔偿，那么法官应该决定它的数额。然而，不像刑事案件中法官判处的罚金或刑罚，法官判予的惩罚性赔偿额应当可以上诉，并且上诉法院应该将其作为一个法律问题加以审查。截至1991年，有3个州的成文法规定惩罚性赔偿的数额由法官来定。[89]然而，对各州最高法院来说，没有必要等待立法。传统上，法院自己决定法官和陪审团之间的职能划分（当然，要受宪法的约束）。

这些变化只是使理论顺应了在一些地方已实施多年的实践。从1979年到1984年，在加利福尼亚州的旧金山县和伊利诺伊州的库克县，法官对陪审团裁定的10个超出500 000美元惩罚性赔偿中的9个在数额上予以减少。[90]因此，这 9 个案件中陪审团真正决定的事项只是被告实施了需要判处惩罚性赔偿的不法行为；初审法官或一些上诉法院的法官决定惩罚性赔偿的数额。即使在第 10 个案件中，实际上发生的也是同样的事情，因为初审法官要在陪审团裁决之上作出判决，得先批准陪审团裁决的惩罚性赔偿数额。然而，只有在陪审团试图裁定的惩罚性赔偿额太高的情况下才需要法官决定赔偿额，许多地方的陪审团一般不会试图判太多，至少现在还没有。

美国宪法第七修正案不会禁止这一变化。当然，各州宪法是否会禁止必须由各州自己决定。第七修正案要求将由陪审团审判的权利"在普通法"中加以保护。美国联邦最高法院对该标准下陪审团职能的变化态度宽容。除非某项变化与各州在 1789 年通过人权法案时存在的做法相抵触，否则该变化就不违反第七修正案。[91] 在 1789 年，还没有关于这个议题的相关实践，因为那个时候的陪审团裁决并没有区分补偿性赔偿和惩罚性赔偿。[92]

1988 年加利福尼亚州的 *Tan Jay International，Ltd. v. Canadian Indemnity Co.* 案虽然不典型，但它说明了在现行体制下惩罚会超出过错的实际严重性多远。一家加利福尼亚州制造公司的唯一股东是一位居住在加拿大的加拿大公民。他从印度洋比赛回来后，将游艇停靠在加利福尼亚州的一个港口，并让他的公司经理替他把游艇移进仓库里。在一个周六，经理找了一些刚在附近的公园里打完垒球赛的公司员工帮忙搬船。这些员工既没有游艇方面的经验，也没有在公路上用卡车搬运大物件的经验。搬运过程中，游艇的桅杆撞到了电线，对其中一名员工造成了严重伤害。该公司的责任保险人拒绝赔偿，理由是这些员工在搬运游艇时并不是在从事公司业务。陪审团判断该拒绝是恶意的，并裁决了 3500 万美元的惩罚性赔偿以及 100 万美元的补偿性赔偿。初审法官将惩罚性赔偿数额减少到 4 273 257 美元，将补偿性赔偿减少到 500 000 美元。涉案保险人的资产净值还不足 1000 万美元。[93]

该案中根本没有任何有关恶意的证据。法官应该判决保险人拒绝赔偿在法律上是合理的。即便该拒绝是恶意的，陪审团裁决的赔偿数额也很荒谬，法官对赔偿数额的减少也远远不够。法官不能从原则上解释其允许该惩罚性赔偿的理由，而且如果被告上诉，上诉法院即使没有完全撤销惩罚性赔偿，肯定会减少惩罚性赔偿额。

现行法律对被告和陪审员都是不公平的。当初审法官无视陪审员的决定并代之以他/她自己的决定时，陪审员在聆听和审议上花费的数天或数周的时间就被浪费了。这样的陪审员也肯定感到羞辱。法官对待他们的态度就好像他们的观点一文不值。被告被剥夺了从一个知情裁断（informed verdict）中或从一个折衷裁断（compromise verdict）中可能得到的利益。陪审员不了解法官允许的赔偿上限，就缺少了合理审议所需的重要信息。例如，那些根本不认为被告应受额外惩罚的陪审员可能会妥协地投票给他们认为的低额赔偿，后来才知道即使那个较低的数额也超出了法官的允许范围。如果他们事先知道法官的允许数额上限，他们可能会妥协地要求并得出一个比上限低的数额。

对原告的奖赏

在现行体制下，对被告的额外惩罚和对原告的奖赏总是一样的，因为原告有权得到惩罚性赔偿。我们应该切断这种联系。惩罚被告的数额和原告应得的奖励数额并不必然一样，而且事实上它们之间并没有必然的联系。奖励数额永远不能超出额外的惩罚数额，因为惩罚性赔偿是用来支付奖励的唯一来源，但是奖励可以少一些。法院应该有权力将奖励数额减少，并要求被告将差额交给州，就如同刑事被告交给州的罚金一样。

现行体制使奖励数额过高。这种超额奖励不仅仅是对本应作为公共基金的资源的浪费，它还鼓励原告和其律师去夸大事实或实施欺诈，导致被告有时受到不公的惩罚。虽然没有客观的标准去计算这类事件发生的频率，但只要是看过许多这样的诉讼或读过相关证词或报告的人都会感觉到欺诈和夸大事实是一个严重的问题。这些对惩罚性赔偿的滥用是压在诚实消费者身上的一种负担，最终从他们身上获取了不正当的利润，也抹黑了民事司法系统。截至 1991 年，有 8 个州的成文法要求把产品质量案件中判处的惩罚性赔偿的一部分交给州[94]，但我没有看到任何针对恶意违约案件的这样的成文法。

即使法官不决定惩罚性赔偿的数额，他/她也必须决定奖励数额的大小。要决定奖励数额的大小必须考虑到案件的难度、花费以及对公众的重要性，还有原告以及原告律师所冒的败诉风险。这些都需要决定人具有法律方面尤其是诉讼方面的知识和经验。法官具有这样的知识和经验，而陪审团成员没有。

陪审团继续决定惩罚性赔偿数额所必需的控制程序

如果我们继续允许陪审团来决定惩罚性赔偿的数额，我们应该至少提供给他们决定合理数额所需的信息，这样也可以防止初审法官完全不理会他们的努力。法律应当要求初审法官在陪审员退庭之前告诉他们他/她会批准的最高数额。同时，法官还应当说明这个数额只是最高数额，陪审员可以自由下调或者不授予惩罚性赔偿。1987 年，美国第一巡回上诉法院的一个三人合议庭（A three-judge panel）下令该地区法官如此行事，[95]尽管该判决出现在《联邦法院判例汇编》（Federal Reporter）之前这部分内容被撤下了。[96]组成合议庭的法官肯定是后来才意识到他们没有权力对该巡回区内所有地区法院的法官下达这样的命令。

指责和担忧

加利福尼亚州最高法院法官威廉·P. 克拉克（William P. Clark）和弗兰克·K. 理查德森（Frank K. Richardson）几年前表达了许多人对惩罚性赔偿的担忧，他们指责支付惩罚性赔偿金的企业通过收取更高价格的形式最终将其转嫁给消费者。[97]然而，这个指责只有在体系不能正确运转时才成立。在一个正确运转的体系中，支付惩罚性赔偿金的企业不能通过提高价格来转嫁它们，就像被定罪的小偷不能通过偷更多来转嫁上交的罚金一样。

处于竞争行业中的企业只在两种情况下可以通过提高价格的方式将额

外成本转嫁出去。情况之一是消费者愿意支付更高的价格，因为消费者认为较高质量的产品值这个价。企业不可能因这个理由将所支付的惩罚性赔偿金转嫁出去，因为支付惩罚性赔偿金并不能提高其产品的质量。另一种情况是该行业内所有企业的每件产品都产生了大约同样的额外成本。这时消费者除了支付更高的价格外别无选择，因为每一个企业都在收取更高的价格。这种情况对惩罚性赔偿来说也是不存在的，**除非**用来识别应当支付惩罚性赔偿企业的系统非常不精确，导致无辜的企业很可能要像有罪责的企业一样不得不支付惩罚性赔偿。这种情况下，所有的企业都可以将惩罚性赔偿的额外成本转嫁出去，因为这些成本对该行业的每家企业的每件产品来说基本相同。

一个相关的指责是消费者最终至少要为企业为了避免支付惩罚性赔偿而产生的成本买单，因为至少这些"规避成本"（avoidance costs）是以更高价格的形式转嫁了出去。[98]这个指责和前一个指责存在同样的逻辑错误，因为规避成本本身是可以避免的。如果识别应当支付惩罚性赔偿企业的系统不精确到导致无辜的企业很可能要像有罪责的企业一样不得不支付惩罚性赔偿，那么每一个企业将产生几乎同样的规避成本，这些成本确实会以更高价格的方式转嫁给消费者。

当然，对这两种指责的合理回应是维持系统的高精确度，或如果精确度已经很低就提高精确度。我所建议的改革应该能做到。然而，因为没有一个系统能够准确无误地区分有错企业和无辜企业，在受影响的行业中每个企业将不可避免地产生一些最低规避成本。如果最低规避成本低于允许有错企业错而不罚的成本，那么还是不废除惩罚性赔偿对消费者和社会整体来说比较好。[99]对想要用惩罚性赔偿进行惩罚的错误行为我们需要仔细权衡这些成本，但毋庸置疑，至少对恶意违约来说，企业错而不罚的成本大于最低规避成本。如果法律体系正常运转，避免实施恶意违约实际上是几乎没有成本的，因为所谓的"成本"只是诚实行事和尊重他人感情。比如，没有一个诚实正派的企业会像 *Fletcher* 案和 *Seaman's* 案中的被告那样行事。

第八节　恶意违约及救济改革在合同法改革中的作用

　　这些方面的新发展都源自对惩罚实施了对社会有害行为的生产商的渴望。恶意违约的概念定义了该行为。惩罚性赔偿是主要惩罚方式，律师费转移（fee-shifting）和精神损害赔偿作为补充。惩罚性赔偿权让不法行为的受害者更有动力去起诉侵权者，这也使过错更逃不开惩罚。律师费转移和精神损害也有助于补偿受害人。惩罚性赔偿甚至也有补偿作用，受害人惩罚了伤害他们的人从而得到了满足。但是，尽管这两方面的发展都是出于惩罚生产商——除了精神损害赔偿，法院想必不会判予商业组织——这两种制度对惩罚任何不法行为者都可以适用。事实上，律师费转移和惩罚性赔偿一个重要的潜在应用是惩罚提出不诚实索赔的原告和律师。

　　有关恶意违约的法律强加了公共责任：诚实履行合同的责任，即公平并适当地尊重其他当事人的权利和感情。恶意违约和新的损害赔偿权也有助于强制执行法院通过关系侵权法强加于生产商的公共责任。传统的损害赔偿权在大多数情形下不足以强制执行这些责任。这两方面的发展还增强了消费者的议价能力，尤其是消费者在"第二回合"的议价能力，它通常发生在产品卖出去以后出现了问题的情形下。第二回合议价能力本身很重要，它为消费者的第一回合议价能力提供了不可或缺的支持。除非消费者拥有足够的第二回合议价能力，能在生产商违约时强制执行合同，否则即便增强的第一回合议价能力为消费者争取到了更有利的合同，消费者也不能真正受益。

第六章

《统一商法典》第2章

我在导言中解释了《统一商法典》第 2 章（Article 2 of the UCC）与改革的相关性。该章的一些规定为这些改革做了准备，从而在态度上帮助了这些改革被接受；而且法院对某些条款的解释使之成为改革的一部分。另外，该章的其他一些规定要求法院采取与改革相悖的做法，许多规定是坏法，还有许多规定无故与普通合同法不一致，没必要地复杂化了合同法。第 2 章的由来也很相关，因为它体现了在合同法的制定上立法相较于司法的优缺点。

第一节　创立第 2 章的理由

第 2 章产生于修改买卖法的运动。该运动始于 1922 年向美国律师协会提交的一份修改和增补《统一买卖法案》的建议草案，该法当时在大约一半的州内有效。[1]到了 20 世纪 30 年代中期，运动目标变为制定《联邦买卖法案》（Federal Sales Act）。该法案只适用于州际买卖，但是可以作为州立法的范本使用。那时的哥伦比亚大学的法律教授卡尔·N. 卢埃林（Karl N. Llewellyn）成为 20 世纪 30 年代该运动的领军人物，并一直领导运动至 1962 年去世。1940 年，他再次改变了运动的目标，这一次是创建一个新的统一州法，这就是该章（连同法典的其他部分）的由来。[2]

第 2 章之前的买卖法基本上只是关于转移个人财产所有权的法律。正如卢埃林所说的那样，当时的核心概念是即时买卖（present sale of present goods），卖方对买卖没有允诺。[3]卢埃林为该法典定的目标是改进买卖法，将其与合同法整合，以能够将允诺有效地考虑进去，[4]并使其在各州统一起来。[5]

然而，随着时间的推移，该项目的目的变得越来越多。等到统一州法委员会提出该法典的立法预案时，它已经包括九章，只有第 2 章涉及买卖。主要是这一章与我们有关，因为除了一些不重要的例外，只有这一章对合同法有影响。然而，同《统一商法典》中的所有其他各章一样，第 2 章受第 1 章的影响，第 1 章中包含了适用于整个法典的规定。因此我会时不时地提到第 1 章。不过为了方便起见，我通常只说《统一商法典》，不再赘述具体是哪一章了。

卢埃林也希望改进合同法，尽管他没有将其列为目标之一。这是对第 1 章和第 2 章中包含许多既不特别针对货物合同也不特别针对其他任何种类合同的唯一合理解释。仅举几例，比如关于合同变更、口头证据规则、弃权、要约和承诺、期待损害赔偿金、违约赔偿金以及对不能履行的抗辩等的规定。然而，除了个别例外，《统一商法典》的正式评述没有解释有些规定与普通合同法（common laws of contract）不同的理由。因此，我们不知道为什么起草者认为这些不同是改进，甚至不知道这些不同究竟是他们本意为之还是错误而为。

《统一商法典》可以通过三种方式改变普通合同法。第一种也是最直接的方式是，在涉及"货物交易"的情况下，它可以取代普通合同法。第二种方式是，如果法官认为普通法不明确或应该进行改变，《统一商法典》就可以作为法官遵循的示范法来影响普通法。第三种方式是，它可以作为《合同法重述》未来版本的范本，这些版本反过来可以作为法官遵循的示范法来影响普通法。

结果，《统一商法典》对 1981 年美国法律学会发布的《合同法重述（第二次）》施加了直接的个人影响。1960 年，美国法律学会指派当时是哈佛大学法学院教授的罗伯特·布劳克（Robert Braucher）作为重述的报告人。布劳克曾经是帮助卢埃林编写《统一商法典》的两位编辑协调人之一。在担任报告人一职之前，他自 1950 年起就没有讲授过合同法。他一生当中的出版物中根本没有关于合同法的。美国法律学会指派他做报告人唯一可能的理由是想让《统一商法典》的影响力作用于重述。布劳克担任报告人至 1971 年，之后辞职成了马萨诸塞州最高法院的一名法官。哥伦比亚大学法律学院教授 E. 艾伦·法恩斯沃思（E. Allan Farnsworth）接替他成为报告人。《合同法重述（二）》肯定了布劳克和法恩斯沃思所做的工作。[6] 很多布劳克编写的部分几乎照搬了《统一商法典》的规定，[7] 整个《合同法的重述（第二次）》中用"变更"（modification）来表述"修正"（amendment）[8]，并且用了很多迂回的说法来表述"单方合同"或"双方合同"。[9] 卢埃林在《统一商法典》中也使用了同样的术语和迂回的说法，希望这些用法能促成他想看到的合同法中的某些实质性改变。

虽然第 2 章达到了卢埃林所说的目标，但它并没能改变合同法。本来第 2 章要想改变合同法的唯一方法就是说服法官，让他们相信第 2 章中的规定优于普通法，但是法官并没有被说服。除了有关显失公平的规定外，第 2 章中没有一条规定为任何一个州的普通合同法所采纳，更不用说声称该规定已经成为普通合同法一部分所需的足够多的州了。[10] 即使是显失公平这个例外也只是表面上的。尽管《统一商法典》提出了显失公平的概念，但它没有对其定义。第 2－302 条只说了如果法院发现合同或合同条款显失公平，法院可以拒绝强制执行。即使法院在《统一商法典》下使用显失公平，法院还得自己制定显失公平法。因此，当法院将显失公平纳入普通法时，他们并不是照着第 2 章改了普通法——他们是在同时制定普通法和第 2 章。

第二节　为避免修改第 2 章所做的努力

尽管第 2 章在大多数州已经存在了 25 年多，它还从来没被重大地修改过。卢埃林预料到了这一点，并称之为"半永久性法典的问题"。[11] 他认识到，除非每一个州的立法者制定同样的修正案，否则对该章进行修改将破坏它在各州的统一性[12]，而统一性正是他创立该章的主要理由之一，但要使每个州的立法者同意同一修正案是很困难的。卢埃林对这个问题的解决办法是利用《统一商法典》本身，尤其是第 1 章和第 2 章，去恢复他所说的"大格调裁判"（grand-style judging），他希望借此能避开修改第 2 章，或至少不需要那么频繁地修改。

卢埃林将大格调裁判定义为：为所需目的创立新的规则，而不是遵循现有的旧规则至其不能服务于原目的。他将大格调裁判与"形式主义"相对照，形式主义是不顾结果地遵循现有规则，至少表面上是这样。形式主义法官不一定对正义的需求视而不见，但是他们的原则要求他们暗中为那些需求服务。他们曲解法律、歪曲事实或扭曲逻辑，以便在假装遵循现有规则下达到公平的结果。这种歪曲和扭曲有两个消极后果。一是公平不常实现，因为只有在极其恶劣的案件里，形式主义法官才会认为在原则上的让步有正当性。二是歪曲和扭曲产生令人困惑和相互矛盾的法律，这些法律对未来的案件不能提供任何可预见性。尽管卢埃林认为生活太复杂，法律向来不可能提供完美的可预见性，但他相信大格调裁判可以使未来案件的结果至少是"可估计的"。然而，他认为除了少数几个例外（他钦佩的本杰明·卡多佐和勒恩德·汉德），大格调裁判大约在内战时就结束了。[13]

至少一般来说，除非制定的是普通法或宪法，法官不能采取大格调裁判。他们不能在制定法下采取这种裁判风格，至少在律师起草制定法的卢埃林时代不能。除非执行该制定法的是行政机构，否则起草制定法的目的就是给法院提供明确且全面的指导，尽可能不把悬而未决的问题留给法院。[14]卢埃林决定以不同的方式建构《统一商法典》，让它鼓励或甚至要求法官采取大格调裁决。他用了四个策略来试图达到这个目的。

策略之一是使用非常模糊的措辞，这样法院在判决需要适用这些条款的案子时不得不发挥创造力。第 2 - 718（1）条就是这项策略的例子，其内容是：

任何一方的违约金可在协议中约定，但仅限于根据违约造成预期损失或实际损失、证明损失的难度以及以其他方式获得充分补偿的不便或不可行进行考量的合理数额。不合理的过高约定违约金条款是一种惩罚无效。

任何一个不熟悉普通法中有关违约金的人都会对这一段话的意思迷惑不解。其明显用意并不是陈述有关违约金的法律内容，而是在援引它。实际上，它想要告诉读者的是对待《统一商法典》中的合同违约金条款要像对待普通法中的一样，《统一商法典》中的条款也会像普通法那样不断变化和发展。

策略之二是经常参照贸易惯例。这让每种贸易（今天我们更可能说"每一个行业"）在不受立法或司法干预的情况下通过选择行业惯例来制定自己的规则。这个策略与第一个策略密切相关，因为在《统一商法典》使用宽泛语言的情形下，法院会经常依赖贸易惯例来裁判案件，即使《统一商法典》没有明确提到贸易惯例。

第三种策略是提供具体的解决办法，但前提是法院没理由得出不同的结论。比如，《统一商法典》的一些条款规定了应遵循的结果，除非合同或具体情况另有规定。[15]另一些条款用非常原则性的措辞指示法院当合同就某议题规定不明确时如何去决定合同的意思。[16]还有一些条款规定了法院应遵循的规则，除非法院认为不同的规则会更好。[17]通常法院根据诸如此类规定得出的结论与根据普通法可能合理得出的结论一样，因为这些条款允许法院将其结论建立在与普通法裁决同样的考量上。

这些策略没有引起人们的诧异，即便是卢埃林对付的那些最保守的人，但他的第四个策略却引起了人们的诧异。显然，为了尽可能地使他这个最后的策略清楚些，他在1940年和1941年的两个草稿中都分别于三个地方对其进行了阐述：在附带有立法建议的报告中、在法案本身中以及在意图成为立法一部分的正式评论中。（下面的引文来自于1941年草稿。）首先，《统一商法典》会包括有关它的基本原则和政策的陈述。其次，《统一商法典》的条款会使其中一些特有基本原则和政策彰显。再次，《统一商法典》会包含一个所有条款都必须遵循这些基本原则和政策的声明。最后，也是最激进的，

《统一商法典》会"避免……它本身错误造成的损失……在具体使用中，若法院明显并持续地感到《统一商法典》中的（原则或）政策过时的情形下，法院可以自由地采用普通法的方式来矫正。"[18] 换句话说，《统一商法典》指示法院把它当作普通法来对待它。如果《统一商法典》变得过时，法院可以"推翻"其中的一部分，就好像《统一商法典》是司法判决的组成部分，而不是一部制定法。

在我看来，授权法院将《统一商法典》看作司法判决的组成部分是一个绝妙的主意，但它的激进程度超出了统一州法委员会所能接受的范围。卢埃林对此再也没有提议过。他也最终放弃了将正式评论纳入立法的提议。然而，统一州法委员会发表了正式评论，每一个立法授权颁布的《统一商法典》都包括它们，并且法院常常参考它们。此外，该委员会最后版本的《统一商法典》提案中，有一部分内容是敦促和授权法院对法典的其他宽泛条款进行解释以施行其基本目标和政策，这些目标和政策制定得如此宽泛，法院几乎可以不受限制地解释它们。[19]

尽管卢埃林放弃该提议可能是因为他认为自己不得不放弃，但这一放弃导致了他所有为了使《统一商法典》被普遍接受的其他策略都不起作用。缺少这一授权的大格局裁判将不能使《统一商法典》紧跟时代，原因有几个。首先也是最重要的是，大格局裁判与制定《统一商法典》的理由之间存在内在冲突。《统一商法典》的制定是为了促进买卖法，将其与合同法相整合并将整合的法律在各州之间统一起来。如果不对法院提供应该如何判案的明确的法定指令，这些目标便无法完成，但是明确的法定指令会妨碍大格局裁判，大格局裁判要求法院自由地根据**法院**制定的法律判案。

此外，即使在法定指令不明确的情形下，法院通常也不进行大格局裁判，而是尝试着去解释《统一商法典》。解释不是大格局裁判，因为大格局裁判是**制定**法律。法院也往往出于对它们州立法者的尊重不进行大格局裁判，尽管在这种情况下该尊重是不应有的。在普通制定法方面的惯例是，如果一个司法管辖区内的最高法院对其进行了解释，之后没有法院会重新考虑该解释。

立法者如果不同意该解释，可能会对该制定法进行修改。因此，如果立法者没有修改制定法，那可能就是同意该解释，并且法院只有在立法者允许该解释成立的情形下才会服从立法者。法院不应该在《统一商法典》上遵循这个惯例，因为州立法者只是在技术层面上制定了《统一商法典》；立法者的成员没有起草它，并且几乎不懂或甚至不关心它所包含的内容。州立法者也不太可能会为了改变对《统一商法典》的解释而去修改《统一商法典》。相反，为了维护《统一商法典》在各州的统一，没有统一州法委员会的建议和同意，立法者不会因任何理由去修改《统一商法典》。尽管如此，在《统一商法典》规定不明确的情形下，法院往往尝试着去解释它，而不是为它制定法律，并且一个司法管辖区的最高法院通常拒绝重新考虑其对《统一商法典》的解释。在很多情形下，这两个对大格局裁判的障碍都已显现出来，我将只描述其中的一个例子。

债务人或对欠债数额（或无论他们欠任何东西）有争议的所谓债务人有时候试图通过向债权人交付"全额支付支票"来和解该争议。这是一张支票，在这张支票上债务人写了些话，表明他已全额支付，如果债权人将其兑现，债权人就是把它当作全额支付来接受并会因此丧失其他任何权利。债权人在兑现该支票时有时会试图避免丧失他们的权利，方法是在支票上写上他们保留债权人的权利或在兑现支票之前将相同的意思通知债务人。普通法规则是债务人胜诉；债权人如果兑现这样的支票，无论他们是否以某种方式试图保留他们的权利，债权人都败诉。[20]然而，《统一商法典》第 1 – 207 条规定一个人可以通过说他保留他的权利就可以保留他的权利，如果他接下来开始行使他的合同权利或履行他的合同义务，他不会失去之前所保留的权利。因此，问题就是第 1 – 207 条是否改变了普通法规则。在已经回答了这个问题的司法管辖区最高法院中，大多数最高法院的回答是否定的。法院作出的判决中没有一个采取的是大格调裁判；他们只是试图去理解《统一商法典》起草人或他们州的立法者的意图，或该条措辞的含义。还没有一个案件中的最高法院问过自己是否应该推翻它的第一个解释。[21]

第三节　起草及制定《统一商法典》的过程

尽管《统一商法典》属于立法，但它并不具备一般会决定解释者对其态度的任何立法特征。立法机关之所以通过它也不是出于任何通常与立法相关的理由。那些通常对立法选边站的政治利益集团对其也置之不理。即使是州律师协会也往往是在卢埃林或他的同伴的劝说下才对它感点兴趣。卢埃林的主要合作者卓亚·曼斯契科夫（Soia Mentschikoff）在我曾参加的第一次州律师大会上发言。她敦促我们将《统一商法典》推荐给州立法机关，我们也这样做了。一年多之后，科罗拉多州立法机关通过了它，如果我没记错的话，对它的意见甚至比我们还少。在通过《统一商法典》之前唯一一个对其进行严格审查的州是纽约州，但即使在那儿，审查者主要是律师协会成员而不是立法机关。他们也主要是想能通过该法来澄清不确定性和克服各种技术问题。[22]该法典的真正作者是卡尔 N. 卢埃林、一个一般六人顾问组以及对应法典九章内容的九个六人顾问组。这些人中有学者、实际工作者、法官以及统一州法委员会的成员。没有一个是立法人员。[23]

这个过程产生的另一个结果是，《统一商法典》缺少可能对解释其规定有帮助的立法记录。《统一商法典》的大部分内容没有立法记录，因为并未经过有意义的立法程序。大多数立法机关只是对着装有提案的厚纸袋说"赞成"。每一个立法机关通过了几乎一模一样的《统一商法典》的事实也使立法记录变得毫无意义。无论立法者有何想法，他/她的想法对《统一商法典》的语言没有产生什么影响，因为《统一商法典》在通过过程中几乎没被改变。[24]

即使起草某章的六人小组有意让一个规定具有特殊含义，也没有理由去强调该意图。在该小组向州立法机关提出立法草案、正式评论以及任何进一步的报告或评论时，它就用尽了它的权力。那些没有在这些文件中表达出来的任何可能意图，可能对我们产生的影响不会比对通过它的立法机关产生的影响大。当然，任何没有在这些文件中表达出来的意图也不可能对这些立法机关产生任何影响。

每一条所附的正式评述有时是有用的，尤其在该条的主题是买卖法的情形下，但是很难确定人们应该给予它们多大的重视，因为它们缺少任何常见的权威来源。它们不属于立法部分，因为州立法机构没有制定它们。基于已经给出的理由，它们也不属于立法史。尽管它们可能表达出起草该章的六人小组的意图，但立法机关在通过该立法时并没有通过正式评述，该意图可能拥有的唯一权威也没有实现。如果某条合同法规定不打算改变普通法，那么该条的正式评述基本没有用处，因为熟悉合同法的人都知道该条的目的。如果某条意图改变普通法，尽管该条的正式评述在他们提供改变理由的情形下兴许有用，但他们很少这样做。例如，第 2 – 209（1）条规定"该章中变更合同的协议不需要对价就具有约束力，"该条的正式评述说，"第（1）款规定买卖合同的变更协议不需要对价就具有约束力。"尽管该评述还继续说了很多，但它并没增加与普通法规定不同的部分。

第四节　显失公平

显失公平部分充分体现了卢埃林决意要使用大格局裁判时，故意采用模糊立法来鼓励大格局裁判的有效性。第 2 – 302 条没有定义该原则。[25] 正式评述 1 只补充到，"这个原则是一个为了阻止强迫和不公平意外（unfair suprise）的原则。……并不是为了解决因议价能力优势而造成的风险分配失衡。"最初，学者们对这样的含糊不清感到吃惊并予以嘲笑，预言它将使该原则徒劳无益，[26] 但是法院很快就证明了卢埃林是正确的。1965 年，美国哥伦比亚特区巡回上诉法院在由 J. 斯凯利·赖特（J. Skelly Wright）法官执笔的一个判决中对这个原则作了简要陈述，至今在很大程度上还有生命力。这也是第一个明确宣布显失公平是普通合同法的一部分的判决，并且几乎所有的司法管辖区在这方面仍遵循它。[27]

这个案件就是 *Williams v. Walker-Thomas Furniture Co* 案。[28] Williams 在 1962 年 4 月从 Walker-Thomas Furniture Company 购买了一套立体声套装，自 1957 年 12 月起，他还在这家店买了其他各种各样的东西。购买所有这些东西用的都是信用卡。Walker-Thomas 公司标准信用合同中的担保条款规定，如果顾客对购买的任何东西没能按期还款，Walker-Thomas 公司可以收回所有用信用卡购买的东西。Williams 错过了一期还款，Walker-Thomas 公司便开始收回商品。Williams 拒绝归还商品，理由是收回条款是显失公平的。下级法院判 Walker-Thomas 胜诉时没有考虑《统一商法典》，因为当时《统一商法典》在哥伦比亚特区还没有生效。上诉法院推翻了该判决并发回重审，理由是显失公平原则是哥伦比亚特区普通法的一部分。

法院说，"显失公平……是指一方当事人缺少有意义的选择以及合同条款对另一方当事人不合理得有利。"如果处于弱势的当事人因为没有合理的选择余地、没有得到关于这些条款的提示或者不能理解这些条款或它们对他的重要性[29]而接受这些条款，就属于"缺少有意义的选择"。尽管这个简要陈述至今很难在实质上被改变，法院和学者之后对此作了一些称呼上的变更。现在不说"缺少有意义的选择"，而说"程序上的不公平"，不说"对另一方不合理得有利"，而说"实质性不公平"。学者们和法官选择这些新术语是因为他们将缺少有意义的选择这个因素当作当事人订立合同时程序上的特征，并且他们将合同内容的偏颇视为内容实质上的属性。因此，*Walker-Thomas* 案套用了这些新名字，判定一个合同或合同条款在程序上和实质上都是显失公平的，那么这个合同或合同条款就是显失公平的。

赖特法官在某种程度上遵循了正式评述。实质上的显失公平似乎源于"强制"，程序上的显失公平源于"不公平的意外"。然而，他忽略了该评述中否认该原则并不是为了解决因为议价能力优势而造成的风险分配失衡的声明。正如 Williams 所声称的，*Walker-Thomas* 公司的案件事实表明了议价能力差异的存在以及所造成的对购买者来说偏颇的未还款的风险分配。如果法院没允许显失公平原则去"干扰"这样的分配，法院就不能保护 Williams 对抗收回条款的适用。该法院肯定认识到了如果不"干扰"因议价能力导致的风险分配失衡，该原则根本无法提供任何保护。该法院因此采用卢埃林打算让法院去使用它的方式，利用卢埃林在显失公平概念上留下的含糊之处，将法院理解的该条所依据的原则和政策赋予效力。尽管正式评述如此声明，法院认为评述应包括针对滥用优势议价能力而提供的保护。

显失公平是卢埃林对标准合同中接受方缺少同意这一问题提出的解决方案。虽然第 2-302 条、正式评述或赖特法官的简要陈述都没有特别将该原则的适用限于标准合同，程序上的显失公平这个要素几乎肯定在任何其他情形下都缺少。自从《统一商法典》通过以后，在法院已处理的有关显失公平的数千个判决中，没有一个被认定为显失公平的条款不是标准条款。卢埃林在1939年首次指出了标准合同的这个问题。[30] 发表于 1960 年的《普通法传统：决定上诉》表达了他的最终观点。该文中，在他作出问题在于接受者没有对标准合同给出他的完全同意这一结论之后，卢埃林说：

我建议的解决办法是这样的：不用去考虑对标准化条款的"同意"，就具体问题而言，我们可以确认这里根本没有同意。事实上同意的只是那些少数经过讨价还价的条款以及交易的大概类型，以及另一件事。这另一件事就是对卖方格式条款中的任何非不合理或不妥条款的概括同意（而非特定同意），这些条款没有改变或破坏经讨价还价达成的条款的合理含义。[31]

卢埃林这里所谓的"概括同意（而非特定同意）"法院现在称之为"程序上的显失公平"。这里被卢埃林描述成"不合理或不妥"或"改变或破坏经讨价还价后达成的条款的合理含义"，法院现在将其说成是"实质上的显失公平"。

自 Walker-Thomas 案以来，法院在该原则上作出的实质性改变只是强化了它。Walker-Thomas 案那时为了删除某个合同条款，要求该合同条款在程序上和实质上都是显失公平的，而法院现在使用所谓的浮动折算制（sliding scale)。现今，如果将这两方面的显失公平合并考量具有"足够分量"，那么该条款就会被删除。因此，从原则上讲，如今程序上的显失公平或实质上的显失公平单个具有足够"分量"就行了。[32]赖特法官在他的简要陈述中甚至可能已经预见到了这样的一个变化。他在 *Walker-Thomas* 案的补充说明中建议，实质上高度显失公平的条款可以作为程序上显失公平的证据。如果消费者在接受时已经注意到一个非常不公平的条款、理解了它并且可以自由选择的话，消费者想必不会对其表示同意。[33]如果它们实质上高度显失公平，遵循这个建议的逻辑结果就是删除这些条款，不需要它们在程序上也是显失公平的独立证据，因为它们程序上的显失公平可以是推定的。赖特法官没能成功，但是还有一种论点认为，程序上高度显失公平应该是删除某条款的充分理由，因为程序上的高度显失公平等同于欺诈。欺诈是一个不需要考虑损害严重性的对强制执行合同的抗辩。

法院现在对商业消费者和个体消费者不加区别地适用显失公平抗辩。法院认为尽管声称是显失公平受害者的商业企业面临更重的说服责任，但它可以提出该抗辩，这是偏离该学说只保护个体消费者的原始设定的第一步。到目前为止，几乎没有报道出来的判决提到主张该抗辩的当事人的身份，并且在结果上也没有明显的差异。自 1990 年以来，在已经报道出来的案件中，至少 40% 的寻求显失公平保护的当事人是商业消费者。[34]

从它被经常使用的频率判断，显失公平已是一个对抗过分不公平的一个有价值的抗辩，但是它对商业行为还没有明显的影响效果。从结果上看，没有证据表明遭到显失公平抗辩成功对抗的生产商已将这些违法条款从他们的合同中删除。原因可能是在合同中包含可能导致不公平的条款是一个稳赚不赔的赌博。如果消费者没有对这些条款提出质疑，或消费者提出了质疑但法院不同意，抑或消费者提出质疑法院也同意了，但生产商并没有因此获利减少，生产商就从这些条款中获得了利益。识别显失公平并说服法院是消费者的责任，生产商一开始就力图强制执行这些条款并不会有任何损失。

显失公平类似于合理期望。程序上的显失公平有两个要素——消费者没有合理的机会去阅读这些条款或不能合理地期望消费者理解这些条款——这其实与发现这些条款与消费者的合理期望不一致是一回事。然而，显失公平与合理期望有三个方面的不同。第一，合理期望不包括任何与程序上显失公平第三个要素相似的要素，即消费者在接受这些条款时没有合理的选择。第二，合理期望可以推翻与之相冲突的标准条款，即使它们并非实质上的显失公平。第三，合理期望将它推翻的任何条款代之以当事人的合理期望，而如果某些条款因显失公平而导致它们不能被强制执行，法院应如何确定以什么取代它们一直不清楚。然而，大多数法院已允许用合理期望去取代它们，可能是因为这是一个填补明示合同中"空白"的规则，即便根据的是古典合同法。

第一个区别中提到的情形很少发生，第三个区别也可能消失，因为法院认为当事人的合理期望应当"填补"适用显失公平而造成的任何"空白"。因此，唯一一个重要区别是第二个区别，即当事人的合理期望凌驾于与之相冲突的标准条款之上，即使该条款非实质上的显失公平。人们可能从中得出显失公平最终会消失的结论，因为合理期望将使它成为不必要的存在。每当显失公平可以推翻合同条款时，合理期待也可以这样做，并且合理期待在有些情形下可以推翻显失公平不能够推翻的合同条款。

这两个法律概念架构之间的区别指向了同一个结论。合理期望的理论基础简单且直截了当。它们将该法律建立在合同法最基本的原则之上。另外，显失公平的理论基础并不简单，并且在一定程度上它们自相矛盾。它们要求人们接受一方当事人没有给出有意义同意的合同的合法性，但当它们不公平运作时在某种程度上又否定它们的合法性。所以，人们可能预料，尽管法官在接受合理期望上兴许有很多困难，因为它与之前的法律相比有较大改变，但一旦法官熟悉了它，他们可能在情况允许时会优先于显失公平适用它。已报道的判决支持这一预测。在一个司法管辖区，第一个或最初几个根据合理期望作出的判决可能还依据了显失公平，而后来根据合理期望作出的判决很可能只依据合理期望。[35]

不过，我不认为显失公平会消失。我们更有可能看到它变化为去做合理期望做不到的那些事情。依据显失公平作出的判决会不断强调实质上的显失公平，这样下去该原则将最终只关注这个要素。合同将始终由当事人的合理期望组成，但是显失公平会授权法院撤销那些出乎意外不能公正运作的合理期望的任何方面。上诉法院将继续制定大多数合理期望方面的法律，而初审法院将根据案件的特殊事实作出大多数显失公平的判决。

第五节 "格式合同之争"中合同的订立

第2-207条在"格式合同之争"（battle of the forms）中规范合同的订立。人们可以将第2-207条和第2-302条说成是第2章中的两个极端情况。第2-302条可能是该章中最好和最成功的一条，而第2-207条肯定是最糟糕的一条。

如果双方当事人都使用格式合同，合同法的老师们所说的"格式合同之争"就会发生。一些经常购买大量商品的企业值得花时间制作他们自己的标准购买合同。购买合同不是只针对特定产品；相反，那些使用标准购买合同的企业在起草它们时会尽可能地涵盖所有他们要购买的东西。该"争斗"由买方和卖方企业相互发送他们的格式合同组成，每一方都试图使自己的格式合同成为他们最终订立的合同。这场"争斗"的赢家就是成功实现该意图的一方。

古典合同法通过"最后一枪规则"（last-shot rule）来决定赢家，该规则是从"镜像规则"（mirror image rule）中推导出来的。根据古典合同法逻辑，不是要约"镜像"的意图承诺（purported acceptance）不能成立合同，因为当事双方显然没有对不同条款达成协议。[36]所以，不是要约镜像的意图承诺是一个反要约，该反要约终止了之前的要约，只有另一方当事人在其失效之前以镜像承诺的方式对其予以接受，它才变成一个合同。[37]因此，当两个企业进行格式合同争斗时，他们之间合同的交换只产生更多的要约。各方发送的每一份合同起到的效果是拒绝了之前另一方发送的合同所构成的要约，并且使其本身成为唯一的等待承诺的要约。当两种情形之一发生时该"争斗"结束：当卖方的合同成为等待承诺的要约，买方接受货物时；或者当买方的合同成为等待承诺的要约，卖方交付货物时。法律视该接受或交付货物为对那时依然等待承诺的要约的承诺。因此最后一个要约的条款成为合同条款；该"最后一枪"方胜出。该结果是武断的，因为当事人的合同意图与谁开了"最后一枪"没有必然联系。

第 2-207 条撤换了第 2 章所涵盖的合同的"最后一枪规则"。[38]不熟悉该条的读者应该读一下，这样就足以领会达到它所要求的理解的困难度。经验表明，该条不仅理解起来困难，而且即使理解了它，也不能解决它的问题，因为它规定的只是一些悬而未决的替代方案。[39]例如，尽管第（2）款规定了在当事人都是商人时，承诺中或确认书中包含了对要约添加的条款该如何处理，但它对在一方当事人不是商人或如果承诺中或确认书中包含与要约中的条款不同的条款时该如何处理却一点都没有规定。最糟糕的是，即使人们可以克服解释中的任何困难，该条对普通法也没有任何改进。它导致的结果与"最后一枪原则"导致的结果一样具有武断性，因为它们都与当事人的合同意图无关。

尽管这一条的存在难以理解，因为它的复杂性违反了卢埃林为自己设定的鼓励大格局裁判的准则，但是这里有一串依据该条想方设法作出大格调裁判的判决。为首的案件是 *Daitom，Inc. v. Pennwalt Corp.*，该案由美国第十巡回上诉法院于 1984 年判决。[40]威廉·E. 多伊尔（William E. Doyle）法官写的法院判决意见。卖方 Pennwalt 发了一份格式合同，其中包含将担保限为一年的条款。Daitom 公司用一份格式合同承诺了 Pennwalt 公司的要约，表格中包含用说明的方式规定的担保条款，不受一年限制。直到购买一年多后 Daitom 公司才提出违反担保的索赔。法院判 Daitom 公司胜诉，理由是包含在一方合同中但不包含在另一方合同中的条款应被"剔除"，因此产生了"漏洞"，这个"漏洞"由法院根据第（3）款中的最后一句规定来"填充"。几乎没有例外，这句所指的《统一商法典》中"纳入其他规定……之下……的补充条款"只是简单地指导法院用当事人的合理期望去填充这个"漏洞"，所以 *Daitom* 案的最终结果是用合理期望来取代该条。该法院为它的解决方案向杰姆斯 J. 怀特（James J. White）表示深深的感谢。怀特在他与罗伯特 S. 萨摩（Robert S. Summers）合著的一篇论文里提出了它。

尽管 *Daitom* 案的双方当事人都是《统一商法典》所定义的"商人"，该法院视这些争议条款是"增加的"而不是"不同的"条款，但是该判决合乎逻辑地适用于当事人通过交换不相同的格式合同来订立合同的任何情形。如果其中一方当事人不是"商人"，承诺中的不相同条款大概不能成为合同的一部分除非另一方当事人接受它们，因此它们被"剔除出去"，这样就留下了"漏洞"，正如 *Daitom* 案裁决的那样。同样，如果不相同的条款是"不同的"而非"增加的"，*Daitom* 案的逻辑将表明**两份**合同中"不同的"条款都被"剔除出去"，正如 *Daitom* 案所说的那样，又留下了漏洞有待"填充"。

然而，*Daitom* 案在一个细节中缺少合理期望。有时候当事人在他们对最终协议本身的所有条款达成协议之前，会同意为达成最终协议相互磋商。他们还可以进一步商定如果他们为达成最终协议进行的磋商失败了将会怎么样。他们可以商定要么不交易，要么授权一些第三方（通常为仲裁人或法院）来为他们完成合同。*Daitom* 案没有选择第一个方案。在尊重他们达成的如果磋商失败时该交易终止的协议同时，它没有规定任何强制执行当事人为达成最终协议进行磋商的协议的办法。查尔斯·L. 纳普（Charles L. Knapp）在 1969 年发表了题为"强制执行预约合同"的论文，[41] 在该论文中他得出结论，认为法律应当将这类协议作为"诚信……交易"的合同。[42] 并不是所有的法院都采纳了纳普的建议，但大多数法院采纳了，它的合理性会确保所有的法院最终接受它。[43] 法院还可以根据《统一商法典》第 1－103 条的授权采纳纳普的建议，第 1－103 条规定，在普通法没有为《统一商法典》中的"特别规定所取代"的任何时候都应当适用普通法。

1990 年《统一商法典》常设编辑委员会发布了对第 2－207 条的建议修

正案。[44]该建议是一个进步，但为了允许法院如同依据普通法那样大大方方地依据《统一商法典》适用合理期望，可能更好且简单的做法是废除该条。尽管 *Daitom* 案已经这么做了，除了上面提到的例外情形，它是不顾该条规定强行这么做的，当然，有些司法管辖区可能不会仿效 *Daitom* 案。

第六节　担保和救济

在一个"纯粹"的买卖中没有合同。卖方将货物的所有权交给买方，买方为此付款。任何一方都没有作出任何允诺。因为没有合同，就不存在违约救济。一旦当事人完成了买卖，他们彼此之间互不负有义务。当卖方确实对买方说了一些有关商品的事，他往往将其作为一个事实来说它——比如，"这匹马三岁了"。这种情形下对事实的陈述至少包含三个意思。它可以是一个条件，如果这个条件不能满足，买方有权利退回商品并把他的钱要回来。它可以是一个允诺，如果被违反了买方有权得到赔偿。或者它可以是这两者。将这种陈述称之为担保的实践几个世纪前就出现了，可能是为了涵盖所有它们可能有的这三个含义而无需具体到哪一个。比如，如果卖方说"我保证这匹马不超过三岁"，卖方就必须保证这匹马不超过三岁，无论他是否相信这是事实。既然有担保，就会有违反担保的救济。

法律对默示担保和明示担保作了区分。除非卖方排除默示担保，默示担保就存在。明示担保是卖方明确表示出来的担保。默示担保涵盖了通常被理解的买卖各方面。比如，对所有权的默示担保是卖方对他所售商品拥有所有权。《统一商法典》通过规定各种默示担保继承了这些传统概念，但其中只有两个在这里是相关的。第 2－314 条规定了所谓的隐含在每一个买卖中的适销性担保，它们关乎商品的质量。第 2－315 条规定了所谓的适用性担保。这些担保只有在卖方已告知买方该商品适合特定目的——比如卖方的电脑有能力做买方需要的工作——时才适用。

第 2 – 316 条授权卖方可以声明排除任一或所有默示担保，第 2 – 719 条授权卖方在其违反没有声明排除的默示担保时限制买方的救济，尽管该权利在任何一种情形下都不是绝对的。排除担保声明要发生效力，其必须是明确和醒目的，[45]救济限制如果造成显失公平或使救济的根本目的落空，救济限制则无效。[46]拒绝担保声明的生效条件与程序上的显失公平以及旨在规定确保买方接到警示和理解的合理期望具有相似性。此外，救济限制的生效条件与实质上的显失公平和关系侵权法类似，都是针对不公平提供的一些保护，并且要求对救济的限制不能导致它终止提供它应当提供的保护。然而，相似之处仅此而已。除了少数几个例外，依据第 2 – 316 条作出的判决并没有将其解读为要求具备如合理期望法所要求的知情同意[47]，依据第 2 – 719 条作出的判决也没有将其解读为要求具备如关系侵权法所要求的诸如具体且明确等要素。[48]

然而，这两条最大的缺陷在于广为流传的假设，即排除担保声明和救济限制互相排斥。一个合同条款应该要么排除担保，要么限制救济，但肯定不能两者兼具。结果是，卖方可以选择满足哪个条件，他不需要两个都满足。如果卖方选择将其作为一个排除担保声明来起草，尽管该条款必须明确和醒目，但它有可能如卖方期望的那样不公平并损害买方的权利。此外，如果卖方选择将其作为救济限制来起草，尽管该条款必须相当公平并给买方留有足够的救济权利以提供一些有用的保护，但卖方没有义务警示买方或使买方理解。[49]

大多数情况下，生产商可以通过任一路径取得同样的结果。比如，假设一个生产商想明确表示消费者购买产品一年后不承担产品瑕疵责任。实现这一愿望的途径之一是要求所有有关违反担保的索赔请求应在购买一年内提出。法院可能将这一合同措辞视为对救济的限制并因此依第 2 – 719 条来处理。达到同样结果的另一途径是拒绝所有的默示担保并代之以仅一年期的明示担保。法院可能将这一合同措辞视为排除担保声明并因此依第 2 – 316 条来处理。在第一种情形下，即使瑕疵一年后才出现，生产商也违反了它的担保，但是消费者对此违约将得不到任何救济。在第二种情形下，如果瑕疵一年后出现，生产商就没有违反它的担保，在这种情形下，消费者当然也得不到任何救济。如果生产商能够通过任一途径得到同样的结果，它当然会选择它认为实施起来比较容易的路径。这个路径通常是排除担保声明，因为第 2－316 条只要求该声明是明确和醒目的，并且消费者总是很少注意到合同内容。如果生产商选择了救济限制的路径，生产商就因此规避了第 2－719 节对消费者提供的所有实质性保护。

《统一商法典》有关担保、拒绝担保声明和救济限制的条款不仅没能提供充分的保护，它们还阻止法院运用普通法改革导致了额外的损害。导致排除担保声明中的明确和醒目要求对消费者的保护小于合理期望法所提供的保护的原因有多个，最重要的原因是前者没有要求生产商说清楚该声明的重要性。因此，如果法院因为排除担保声明满足了明确和醒目要求而赋予其效力，没有检验由此成立的合同是否符合消费者的合理期望，《统一商法典》就阻碍了合理期望的适用。很多法院已经这样做了。[50]

同样，如果法院拒绝创设关系侵权法是因为关系侵权法可能对生产商强加了《统一商法典》允许生产商拒绝的义务或者因为它赋予了消费者《统一商法典》允许生产商去限制的救济权，那么《统一商法典》就阻碍了关系侵权法的创设。1987 年，得克萨斯州最高法院针对服务创设了不可排除的良好和熟练的质量担保[51]，但在 1991 年拒绝将其延伸到货物销售合同，因为《统一商法典》允许卖方排除担保。[52]这些判例认为提供专家建议的卖方对渎职或等同于渎职的行为承担责任，[53]但是如果卖方还销售与其服务相关的货物，《统一商法典》允许卖方排除他们的责任。这样的判决也很多。[54]这就好像我们允许医生在他们销售自己的药品时可以拒绝承担他们的专业责任。在最后一章，我将对改革与《统一商法典》之间的这些以及其他冲突作进一步的讨论。

第七章

选择和禁止

前几章分别对改革进行了探讨。这章将它们彼此之间、它们与《统一商法典》第 2 章、它们与整个合同法以及与宪法联系起来讨论。这些关系引起了不可避免的选择和禁止。法院有时可能使用一个以上的改革来达到同样的结果，有时第 2 章禁止或可能禁止其中一个改革可能达到的结果。第二组选择由我们可以用来弥补第 2 章造成的合同法裂痕的方法组成，这个裂痕我在导言中描述过。美国联邦最高法院作出的判决中通过两种方式对合同法以及任何私人诉讼中合同法提供的救济强加了某些宪法性的禁止。我认为一种方式是在某些情形下使美国规则（American Rule）无效。另一种方式需要合理的惩罚性赔偿标准。最后，我将描述一些滥用这些改革措施的情形并且提出我们该如何预防的建议。

第一节　合理期望与关系侵权法之间的选择

在可以使用任一方式得到同样结果的情形下应该选择使用何种方式这一问题还没有法院去解决，可能是因为还没有法院意识到它有选择余地。

C & J Fertilizer，*Inc. v. Allied Mutual Insurance Co.* 案[1]就是一个例子。这是一个 1975 年的判决，该案中爱荷华州最高法院拒绝对一个保险单中关于入室盗窃的定义强制执行，这个定义将该术语限制在留有明显非法进入痕迹的入

室盗窃。爱荷华州法院使用了合理期望，但是一个一直追随关系侵权法发展的司法管辖区的法院可能会适用诚实信用和公平交易义务。它有可能认为该义务要求出卖"入室盗窃险"的保险人对通常意义上的入室盗窃作出赔偿。如果保险人基于隐藏的和预想不到的保险单定义来否认承保范围，它就是没有依诚实信用和公平交易等原则行事。

1958 年开创了加利福尼亚州关系侵权法改革先河的 *Comunale v. Traders and General Insurance Co.* 案的判决[2]就是一个相反的例子。

加利福尼亚州最高法院适用诚实信用和公平交易义务要求责任保险人接受责任索赔方提出的合理和解要约。基于同样事实，爱荷华州法院也可能适用合理期望；也就是说，它可能认为由于缺少对相对方的明确警示，购买了责任保险的某个人会合理期望保险人负有接受责任索赔人提出的合理和解要约的义务。

如果某义务满足下列两个条件中的任一条件，法院应该使用关系侵权法而不是合理期望去创设该义务：它服务于公共政策，或典型消费者可能因为无法理解该标的而缺少议价能力。在所有其他情形下，法院应当适用合理期望去强加义务。区别在于生产商在未来逃避该义务的能力。法律通常允许一方当事人在合同中排除承担他本应该对另一方承担的侵权义务，如果该义务同时满足两个条件：不承担该义务不会违反公共政策，并且合同当事人对该标的具有大约平等的议价能力。[3]这两个同时必备的条件实际上与我刚才建议的决定法院应当使用关系侵权法还是合理期望去创设一项义务应具备的两个选择性条件正相反——但有一个例外。这个例外就是第二个选择性条件是**典型**消费者缺少对该标的的议价能力，而第二个须同时具备的条件是**合同当事**人对该标的具有大约平等的交易能力。

因此，如果法院创设的是一项关系侵权法上的义务，通常法律会将生产商协议排除未来承担该义务的能力限制在公共政策不会被违反以及生产商和相关特定的消费者对该标的具有大约相同的议价能力的情形下。另外，如果法院使用合理期望创设该义务，法律将允许生产商通过合同排除对所有消费者将来承担该义务，方式是通过改变他们的合同习惯来改变消费者在该标的上的合理预期。使用合理期望保存了所有情形下的合同自由；使用关系侵权法将合同自由限制于特定情形。

以每一个人对其他所有人都负有不可过失地损害他们人身或财产利益的义务为例。法律应该会允许建筑公司通过合同排除其对与某制造商在建工程相关的雇员及财产的该项义务。制造商可能对建筑施工有充分的了解，明白所涉风险，而且保护人们免受过失所致人身伤害的公共政策也不会被违反，因为制造商可能已经依据雇工赔偿法保护了它的雇员。另外，法律应该不会允许建筑公司在合同中排除它正在施工的私人住宅工程中的这项义务。该住宅的所有人和使用人可能受不到雇工赔偿法的保护，他们对建筑施工也没有充分的了解，不明白其中的风险。

我所建议的决定是否创设关系侵权法而不使用合理期望的选择性条件也与法院过去对创设关系侵权法给出的理由一致。创设关系侵权法的法院通常将它们的合理性建立在这种关系具有"公共利益""附从性"或"信托责任"特征的基础上。此处的"公共利益"指的是生产商的行为要服务于公共政策，"附从性"指的是交易能力的不平等，"信托责任"只表达了对关系侵权法的需求，其实前两点就已经证明了这种需求，正如我在第四章中所讲的。[4]

将我所建议的标准应用到 *C & J* 案和 *Comunale* 案的案件事实会得出这样的结论，即今天法院应当在这两个案件中都使用关系侵权法而不是合理期望。*C & J* 案中保险人对入室盗窃作出的令人预想不到的定义满足了这两个标准。在这种情形下，该定义是一种欺诈，当然存在反欺诈的公共政策。保险人自己很清楚他所提供的入室盗窃险中没有涵盖消费者期望它涵盖的某些常见情况。*C & J* 案中保险人提出的理由是该定义允许它对"内部盗窃"（inside jobs）不承担责任。所谓"内部盗窃"包括雇员侵吞或被保险人企图通过伪造入室盗窃损失欺诈保险人的情况。然而，这个定义没有有效地满足这两个目的中的任何一个。企图通过伪造入室盗窃损失欺诈保险人的被保险人也可能伪造非法入侵的明显痕迹。而且这个定义对排除侵吞责任是不必要的，因为根据入室盗窃保险单，保险人本来就不对侵吞承担责任。这个意想不到的定义也满足了测试的第二个标准，因为即使保险人试图对它们作出解释，消费者也通常没有能力准确预估这个定义所包含的实际风险。

Comunale 案的事实也满足了这两个标准。责任保险至少服务于两个公共目的，并且法院强加的义务至少服务于其中一个目的。责任保险为被保险人提供了对抗潜在毁灭性经济损失的保障，它为事故受害人提供经济来源去支付医疗费用以及赔偿他们的收入损失和谋生能力损失。

如果保险人不支付受害人合理的和解要约，至少它服务第二个目的的能力会受到削弱。人们不能合理期望在解决责任索赔保险中对典型的消费者进行充分教育，使其能够明智地自我决定是否接受包含保险人排除接受合理和解要约义务的保险合同。

此外，*Farm Bureau Mutual Insurance Co. v. Sandbulte* 案[5]却是法院应当使用合理期望的一个例子。被保险人声称他的"仅农场范围内"的机动车责任保险单涵盖了他的其中一辆卡车从农场一处到另一处所途径的 8 英里公共高速公路路途中发生的事故。爱荷华州最高法院维持了初审法院对该索赔的否决，理由是这样的期望是不合理的。人们可以很容易想到农场主们兴许愿意支付更高保费购买覆盖农场场所之外的这样延伸路段的保险。如果有这样的农场主，可能就有想卖这样保险给他们的保险人。很显然，没有公共政策上的考量会反对这样的保险，这一点对普通消费者来说并不难理解。

第二节 《统一商法典》下的合理期望

合理期望是确定合同内容的方法。因此，《统一商法典》并没有禁止使用合理期望，除非它会导致合同内容出现不同。只有第 2 – 207 条和第 2 – 316 条有可能会导致这样的结果。第 2 – 316 条规定了卖方排除担保必须具备的条件。如果我们将这些条件解释为既可以是必要条件也可以是充分条件的话，在一些情况下该条确定的合同内容会与买方合理期望的内容不同。那么，具备这些条件的卖方就有可能成功地排除相关的担保，即使买方并没有合理预见到。要避免这种结果，显而易见的方法是将这些条件解释为必要条件而不是充分条件。为了使这些担保被排除，卖方必须具备这些条件**并**安排交易使得买方合理预见这些排除担保的免责声明。以这种方式对该节进行解释不应该有问题，因为它的主要目的在于保护买方。

第 2 - 207 条规定要约和承诺，如果人们对其进行字面理解的话就会出现一个主要问题。它执行起来很武断；它规定的用以确定合同内容的详细方案只会偶然产生当事人合理期望的合同。然而，正如我在第六章阐释的那样，以 *Daitom*，*Inc. v. Pennwalt Corp.* 案[6]为首的一系列判决有效地重构了该条，使其与合理期望保持一致。因此，**如果**法院在解释第 2 - 207 条时遵循 *Daitom* 案确定的规则，那么根据《统一商法典》规定使用合理期望就不存在障碍。

第三节　《统一商法典》下的关系侵权法

《统一商法典》是一部制定法，关系侵权法属于判例法。因此，《统一商法典》凌驾于任何与之相冲突的关系侵权法，并且如果法院认定某种情形属于该法典管辖范畴，那么宪法禁止创设与该法典相冲突的关系侵权法。因此，法院是否可以为该法典管辖下的合同合法创设关系侵权法的问题可以归纳为该关系侵权法是否与该法典相冲突的问题。第 1 - 103 条表明了法院不会轻率地裁定这种冲突的政策。该节规定：

第 1 - 103 条　法律适用一般原则的补充

除非为本法案的具体规定所排除，普通法和衡平法的各项原则，包括商人法以及与合同订约能力、被代理人和代理人、禁反言、欺诈、错误陈述、胁迫、强制、错误、破产，或其他使合同生效或失效的原因有关的法律，应当作为本法规定的补充。

该条所提到的法律仅指其他合同法或其他明确确定合同有效或无效的法律。关于被代理人和代理人的法律确定一个人以另一个人的名义订立的合同有效或无效。破产法确定破产人订立的合同有效或无效。所提及的其他法律是合同法的组成部分（尽管它们也在其他地方起作用，比如禁反言）。尤其是，无论总体上还是特定部分上，这里都没有提到侵权法。

起草人之所以不提想必是因为他们认为没有任何其他类型的法律会与合同法相冲突。这种假设在任何情况下都是正确的。唯一其他种类法律的"冲突"是在世纪之交以合同自由的名义发生的冲突：如果一项法律规定人们本可以通过合同约定的权利或义务，该法律有可能与合同法相冲突。比如，美国联邦最高法院在 Lochner v. New York 案中认为，纽约州将面包店雇工的工作时间限制在每天 10 小时和每周 60 小时的立法是违宪的，因为它"干涉了雇主和雇员之间的有关雇员可以在雇主的面包店做工时数的合同权利。"[7]第 1 - 103 条中没有提到要参考任何此类法规、侵权法或到其他规定人们本可以通过合同约定的权利义务的法律，这表明《统一商法典》起草人没有打算恢复旧的合同自由法。我们应当认为对《统一商法典》来说，旧的合同自由法已经死了，正如对普通法来说它已经死了一样。

法院对产品责任法的态度对这一观点做了很好的阐释。产品责任属于侵权法。它适用于制成品，法典将制成品定义为"货物"。《统一商法典》第 2 -314 条和第 2 -315 条对卖方强加的义务与产品责任法强加于卖方的义务相同，但是《统一商法典》允许卖方拒绝这些义务以及限制买方对卖方违反这些义务时享有的救济，而产品责任法通常禁止这样的免责声明或救济限制。因此，从旧的合同自由法对这种冲突设计的意义上来说，产品责任法与《统一商法典》是冲突的。不过，每个州既有《统一商法典》，又有产品责任法，而且没有任何一个州的法院认为《统一商法典》允许卖方限制或拒绝承担他们依据产品责任法本该承担的责任。

　　然而，得克萨斯州最高法院在 1990 年的 *Cate v. Dover Corp.* 案中[8]对关系侵权法得出了不同的结论。该法院曾在 1987 年的 *Melody Home Manufacturing* 案[9]中认为卖给消费者的服务包含着要以"良好和专业的方式"这样一个不可声明排除的担保，但是它决定不把这种担保扩展到 *Cate* 案中的制成品上，因为《统一商法典》不允许这样做。在 *Cate* 案中，关系侵权法会与《统一商法典》允许卖方排除担保的规定发生冲突。尽管它没有这么做，该法院本可以使用基本上与美国联邦最高法院在 *Lochner* 案中一样的说辞来说明它的理由——即就卖方向买方出售货物相伴随的担保而言，关系侵权法会"干涉卖方和买方之间的合同权利"。对《统一商法典》涵盖的合同来说，*Cate* 案实际上使 *Lochner* 案再生活力。该判决是令人遗憾的，因为它进行了一个毫无原则的区分。指导得克萨斯州最高法院得出卖给消费者的服务包含着不可声明排除的担保这一结论的理由应该同样适用于向消费者出售货物的情形。

　　在 *Melody Home* 案中，当该法院把交付良好和专业质量服务的义务称之为"默示担保"时，该法院将自己置于更加困难的境地。当卖方"担保"某事时，他明示或默示地表明情况如其所述。除非借助于该词在合同法语义上的类推，关系侵权法不可能隐含担保。通过对服务使用此类推，该法院似乎认为如果它将关系侵权法扩展到货物，它就会制定出与《统一商法典》相冲突的法律。几十年前，法院在产品责任法的发展进程中犯了同样的错误。它们中的许多法院最初也将其称之为"默示担保"。[10]如果我们将"担保"限制在合同法领域，并将侵权叫作"侵权"，可能就会少些困惑。

　　关系侵权法与《统一商法典》之间的另一个可能的冲突涉及出售专家建议的人对所提供的建议负有专业水准和充分谨慎的义务。如果我们将个人的职业界定为专业，我们通常将对其义务的违反称为渎职，但是无论我们是否这样界定职业，如果法律强加了该义务，它应当属于侵权法。可能的冲突是与该法典第 2 - 316 条的冲突，如果卖方具备第 2 - 316 条对免责声明规定的条件，该条允许卖方排除任一或所有其他各条规定的担保。这种情形下相关的担保是指第 2 - 315 条规定的"适合特定目的"的那些担保。

除了销售货物，如果卖方还对什么样或什么种类的货物能最好地服务于买家特殊目的提供专家建议，第 2 - 315 条实际上规定他为所提的建议担保是正确的。然而，第 2 - 316 条允许卖方排除这一担保。另外，如果普通法对有关职业的人强加了属于侵权法的应当提供专业水准建议和充分谨慎的义务，第 2 - 316 条不允许它排除该义务。比如，律师和医生不能免除他们专业职责的责任。在这种情形下，如果我们允许第 2 - 316 条凌驾于侵权法之上，我们就是创设一个武断的区分。那些提供专业建议和出售与建议有关货物的人可以对不好的建议声明排除他们的责任，而那些提供建议但不销售货物的人不能声明排除他们的责任。正如我在第六章提到的，这一系列推理导致了这样的结论，即医生如果也卖自己的药，他们可以在合同中排除他们的专业责任。

我们不应该作出这样的区分，如果我们正确地对待《统一商法典》与普通法的冲突，第 2 - 316 条并没有要求我们作出这样的区分。我们永远不能认为《统一商法典》与侵权法是相冲突的，因为《统一商法典》建立在它所处理的权利义务具有契约性这个前提上。因此，如果侵权法对那些提供某种建议的人强加了提供专业水准建议和充分谨慎的义务，他们销售与建议有关的货物这一事实并不应该允许他们排除该义务。总之，在阻止法院创设侵权关系法方面，我们不能认为《统一商法典》中的合同法的作用大于普通合同法。

第四节 《统一商法典》下的恶意违约

刚才有关关系侵权法的结论也适用于恶意违约，因为恶意违约也是一种侵权。人们可能使用像导致德克萨斯州最高法院拒绝为《统一商法典》规范的合同创设关系侵权法一样的错误推理拒绝将恶意违约适用于《统一商法典》规范的合同。恶意违约因提供《统一商法典》不提供的救济种类而与《统一商法典》相"冲突"。

然而，在这种情形下《统一商法典》并没有构成妨碍。法院在使用恶意违约时甚至没有提到《统一商法典》是否规范该合同。例如，加利福尼亚州最高法院 *Seaman's Direct Buying Service，Inc. v. Standard Oil Co.*[11]案的判决，该判决首次阐释了恶意违约的构成要件，其中涉及的是出售船用燃油的合同。再如印第安纳州最高法院 *Hibschman Pontiac，Inc. v. Batchelor*[12]案的判决，该判决首次规定了违约可以适用惩罚性赔偿责任的情形，其中涉及的是出售汽车的合同。《统一商法典》规范这两个案件中的合同，因为船用燃油和汽车两者都是"货物"。

第五节　为第2章在立法与司法造法之间作选择

第2章阻碍了一些改革。第2 - 207 条阻碍了法院在"格式合同之争"中使用合理期望，有关担保、免责声明和救济限制的条款阻碍了法院创设某些关系侵权法。尽管我在第六章说明了 *Daitom* 案系列判决如何克服第一个障碍，我在上面解释了法院如何克服第二个障碍，但当然不能保证其他法院会追随 *Daitom* 案或任何法院会接受我的解释。第2章也是一个问题，因为它规定的合同法与普通合同法在诸多方面有差异，这些差异没有明显的正当性。此外，当它与普通法有差异时，第2章的合同法通常低于普通法，或至少那些还没有将该章任何一条纳入普通法的法院肯定是这样认为的，尽管《统一商法典》的正式评述鼓励他们这么做。[13]

我建议的解决办法是修订该章，授权法院将其当作普通法来对待。卢埃林最初提出了这个建议，尽管他的建议与我的略有不同。如此修订会带来以下好处。

更多现行法

修订第2章是困难的，因为修订它会破坏它在各州之间的统一性，除非每一州的立法机关制定同样的修正案，并且此章的州际统一性是其主要价值。尽管它的起草工作在 1960 年就完成了，而且大多数州立法机关在 1970 年之前通过了它，但此章还从来没有重大修订过。唯一一个正式提议的重要修订是针对第 2－207 条的修订，就是我在第六章提到的"格式合同之争"那部分。尽管《统一商法典》常设编辑委员会在 1990 年就提议修订了，但统一国家法律委员会至今还没有决定是否提议。此外，第 2 章需要全面改革。像第 2－207 条那样的零碎改革永远不够。虽然对第 2 章全面改革的需求已显现已久，但还从来没有人开始讨论全面改革。

此外，法院在同一时期取得的成就是巨大的。大约自 1960 年以来，法院在合同法方面进行了四项重大改革。他们对第 2 章予以广义解释，力求使之成为良法；但就这些努力而言，此章最迫切需要的是进行修订。尽管自 20 世纪 80 年代中期，一些改革步伐慢了下来，我们可以将大部分减速归因于改革的基本完成。此外，改革放缓只是相对 20 世纪 60 年代和 70 年代的改革极速发展而言的。要说美国司法机构将倒退到 19 世纪末和 20 世纪初被卢埃林贬损为僵化的形式主义时代，这是很难想象的。这种想法是建立与现代气息格格不入的对普通法的迷信的基础上的。我怀疑即使是如今最保守的法官是否还认为普通法是"无所不在"的，就像小奥利弗·温德尔·霍姆斯（Oliver Wendell Holmes, Jr.）20 世纪早期指责法官那样认为的一样。[14]

这种反差是接受我的建议的充足理由。我们不能期望通过一般意义上的修订使第 2 章继续被普遍接受。同时，如果我们授权法院这么做，我们有充分的理由相信法院将迅速将其提上日程并使其被普遍接受。此外，制定该修正案会是一个无风险的尝试。立法机关只要愿意，可以随时收回该修正案授予的权力，并且他们可以根据该修正案授予的权力随时改变法院制定的任何法律。制定修正案甚至不会伤害到那些相信在合同法领域立法高于司法造法的任何人。这些人可以继续努力起草修正案，在他们提交用于立法的建议修正案过渡期，法学界可以在其努力的结果和法院已取得的成果之间进行选择。

更加统一的法律

尽管卢埃林达到了他在各州之间统一买卖法的目标，但他为合同法所做的一切制造了更多的分歧。法院没有将第 2 章中的任何合同法规则接纳为普通法，并且第 2 章中的合同法和普通法中的合同法在诸多地方不同。只有三种方法可以让我们消除这些不同。我们可以将第 2 章扩展到整个合同法，从而完全消除普通合同法；我们可以修订该章，使其与普通法相一致；或者我们可以接受我提出的建议，授权法院去消除其认为不具有正当性的区别。鉴于第 2 章的不尽人意，第一种可能性是不值得考虑的；如果将这一章作为适用于所有合同案件的法律，那将是一场灾难。我们也应该拒绝第二种可能性。无论该修正案是什么，它不可能在任何一州与普通合同法相一致，因为每一州有他们自己的普通合同法，并且尽管它们之间的差异几乎不重要，但它们仍然是不同的。更重要的是，通过修订消除不同只是暂时的解决办法，因为一旦法院改变普通法或承认新的区别或对其进行改进，这些不同还会重新出现。因此，接受我的建议将是实现统一的最佳途径。

即使最初为达此目的统一立法具有优越性，但要达到长期统一，司法造法优于立法的结论还是有道理的。将杰姆斯 J. 怀特（James J. White）和罗伯特·S. 萨默斯（Robert S. Summers）关于第 2 章的论文与 E. 艾伦·法恩斯沃思（E. Allen Farnsworth）关于普通合同法的论文——它们的页数几乎一样多——做比较，给人的明确印象是有关第 2 章的分歧多于对普通合同法的分歧。尽管有两个事实可能导致人们产生相反的期望，但情况确实如此。普通合同法涵盖的法律比此章要多很多，并且关于此章的分歧只有大约 25 年的累积，而现代普通合同法已存在了大约一个世纪。

立法想要达成的统一是虚幻的，因为法院必须对它作出解释。对第 2 章的司法解释对统一尤其具有破坏性，因为不存在拥有权力的州最高法院去解决相冲突的解释。美国宪法要求联邦法院遵守联邦法院所在州的法院判决，[15]并且每个州的法院独立于其他各州的法院。尽管所有这些对州普通法和州立法都是如此，但是在没有一个州最高法院去解决它们之间的差异时，对立法的司法解释往往比普通法的制定会产生更多的多样性，因为法院解释立法时，不能自由地将它们的判决建立在原则之上。至少在一定程度上，他们总是受到立法用语的制约。普通合同法的原则相对较少，并且确立得很牢固，而第 2 章的措辞像任何制定法的措辞一样，几乎可以无限多样地予以解释。对第 2 章的解释尤其困难，因为对其中的大部分内容来说，正如我在第六章解释的那样，既不存在任何有意义的立法史，也没有任何其他关于起草人意图的可依赖的信息源。

更好的法律

应由立法机关而不是法院制定某种法律的理由对合同法不适用，应由法院而不是由立法机关制定某种法律的理由一定可以适用于合同法。如果我们要创设或变更一个政府机构（比如警察或社会保障体系）或去筹集资金或支出款项，我们不得不使用立法而不是司法造法，但是合同法没有这方面的需求。如果法律提出的重要问题需要通过民主治理的程序来回答，我们也要使用立法而不是司法造法，但是合同法没有提出这样的问题。《统一商法典》的制定已证明了这一点。立法者只是正式地参与制定它，而且出于同样的原因，他们只是正式地参与对其进行的任何修订。它并没有提出政治上的重大问题，并且对理解它所需具有的专业知识，任何明智的立法者都会认为不值得专门为此努力学习。像普通法中的任何主要部分一样，合同法和买卖法的主要目的是解决纠纷，具体是指合同当事人或买卖当事人之间的纠纷。任何此类法律应当由法官制定，因为解决这些纠纷的法官有能力制定出公正有效解决这些纠纷的法律。他们是专家，他们拥有听取对立双方论点的有利条件，他们比立法者更少受到政治压力的影响，并且一旦那些呈现出改变需求的案子送到他们那里要求判决，他们可以毫无拖延地着手去做。

事实上，买卖法和合同法远不在立法者惯常关注范围之内，我们可以大胆预测，即使我们打算修订第 2 章，立法者也不会真正为修订它进行立法。

学者们应该起草此修正案，正如他们最初起草了此章一样。因此，我们唯一真正的选择是司法造法和学者立法之间的选择，这个选择很容易。我们的司法造法机构大大优于学者立法机构。学者立法通常从美国法学院协会（American Association of Law School）、美国法律研究所（American Law Institution）或统一州法委员会开始。这些组织中的一个或多个赞助一个委员会，该委员会提出一项修正案，这些组织批准它或将其退回再议，最后这些组织向州立法机构提出一个最终方案用以立法。

学者们通常在空暇时间和专业知识方面比法官有优势。他们没有繁重待决案件需要他们快速作出决定的压力。选择学者进入起草委员会的这些组织是根据各位学者在该委员会将要起草的立法方面已被证明的专长而挑选了他们。所有这些都是重要的有利条件，但是如果我们选择让法官制定第 2 章的法律，我们也不会失去这些有利条件。事实上，我们还会增强它们。学者们可以继续在文章和著作中提出他们的观点和建议。这种方式将优于由几个学者组成起草委员会，理由有多个。第一，能在一个主题上写文章或著书的学者数量不受限制。第二，不需要为了挑选委员会成员而事先评判学者的资格，这样法官和其他学者可以根据品质评估每一个学者的贡献。我们将避免委员会中不可避免的政治游说空间，以及它对结果的扭曲影响。第三，没有必要为了构成多数而对任何人的论点进行弱化或扭曲；每个人都可以尽力充分地自由表达他/她的观点。

上诉法院至少有三个法官出庭审理，在这个意义上，尽管人们可以将上诉法院定性为委员会，但与起草委员会比起来，他们几乎不会有委员会的不良习性，因为我们的司法体系已逐渐总结出了避免这些习性的方法。我们不是根据人们在某个特殊领域已被证明的专长任命他们担任上诉法官，因此寻求上诉法官任命的人不需要据此进行游说。结果是，法官通常在他们对某个议题作出决定之前，不会对其有偏见。起草委员会的成员如果他们打算构成多数，就必须调和他们的法律观点，而在某个结果上构成多数的法官通常不会事先对能够使他们达到此目的的法律作出表态。（我不会忽略那些任命法官的人经常密切关注未来任命候选人对一些政治议题的观点这一明显事实，但是作为一个规则，我说的仍然是对的。法官在他们的职业生涯中，通常会在极其广泛的多种议题上判决数以千计的案件。那些任命他们的人不可能根据他们对这些判决中一小部分的偏见选择他们。）

另外，法官不是有学术观点要推广的专家，因此法官在推行自己的观点时，较少具有个人利害。争执双方的律师在案件的上诉辩论中对法官进行教育。他们尽力指出自己观点的长处和对手的弱点。在起草委员会中，不仅不能保证有这样的争论，而且对委员会成员的选择几乎可以肯定旨在极力避免这种争论。委员会通过多数票得出它们的决定。如果委员会中有一个持截然相反观点的被任命人，人们不能期望起草委员会得出合理的结论；事实上，起草委员会通常由那些在议题上观点一致远远超过观点分歧的人组成。但最重要的是，法官必须裁决他们面前的案件。他们制定的法律必须考量每一个相关事实，无论多么麻烦。他们不能完全从理论中来制定法律，并弄一些关于"A"和"B"的小故事来证明它的合理性，正如我们的法律重述委员会热衷的那样。

最后，普通法优于学者们起草的立法，因为学者们对其有追溯影响力。尽管从原则上讲，只有法官可以制定普通法，但在实践中，学者们在法官制定出普通法后通过对待这些判决的态度来施加主要影响。学者们围绕一些判决进行写作，并忽视另一些判决。他们将判决界定为好的推理或拙劣的推理。最重要的是，他们借由表达的方式影响这些判决体现出来的法律。美国普通法实际上是 51 个司法管辖区的普通法这一事实极大地增加了学者们的该影响力。学者们在表达关于一个议题的"该"法律时，难免要进行归纳。进行归纳增加了他们在如何表述方面的自由，因为他们选择的任何表述方式对不同判决的影响作用是不同的。专著作者的影响力最大，因为几乎每个人的研究都是以专著开始的，并且常常以专著结束，或许还伴有他/她感兴趣的司法管辖区的一两个判决，除非作者是一个学者。但是只写文章的学者也有影响力，因为专著作者阅读他们的文章，参加诉讼的执业律师有时也会读它们。

　　如果学者组成的委员会是劣等的立法者，我们应当可以在第 2 章中看到有关该事实的一些证据，因为委员会中的学者或为委员会工作的学者是它的主要起草人。这样的证据不胜枚举。我已经注意到一些，这些证据都是在这两个法律不同的情形下法院试图将第 2 章的合同法纳入普通法但却几乎统统失败的证据。这种失败特别具有说服力，因为它从 19 世纪初以来美国普通法经历的最具创造力的时期就已经发生了。法院不会因其根本不愿改变普通法而不接受第 2 章中的法律；他们只会因相信它是有瑕疵的而不接受它。

　　我还注意到此章中瑕疵法律的一个例子，即第 2 - 207 条，关于"格式合同之争"中合同成立的规定。我将再举一个例子，其实空间允许的话我可以举出几十个，因为第 2 - 207 条并非特例。它试图去做当时几乎是全新的事情，对此人们可能认为应当原谅它的许多失败。一个显著的例子是第 2 - 202 条，《统一商法典》中的口头证据规则。普通合同法包含口头证据规则已有一个多世纪。如果第 2 - 202 条的起草人制定出来的东西比普通法版本差，那也只能怪他们自己。该条规定：

　　第 2 - 202 条　最终书面表达：口头证据或外来证据（Extrinsic Evidence）。

　　当事人之间的确认书所确认的条款或者当事人在书面文件中提出的旨在作为其协议的最终表达的条款，不得以任何先前的协议或现时达成的口头协议作为证据予以否认，但此条款可以由下列事项予以说明或者补充：

　　（a）交易过程或贸易惯例（第 1 - 205 条）或履约过程（第 2 - 208 条）；以及

　　（b）与其一致的附加条款的证据，但法院认为该书面材料同时还作为协议条款完整和唯一表达的除外。

　　当然，普通法中的口头证据规则没有示范文本，但下面的内容抓住了其精髓：

　　如果它是合同的完整文本（integration），当事人之前或同期的口头协议或他们之前的书面协议的证据不允许用来补充或改变书面文件的条款。合同的完整文本（integration）是当事人打算作为他们关于该项目协议的最终和完整表达的合同。

第 2-202 条的混乱始于它的标题。口头证据规则与外来证据无关，除非它是当事人之前或同期协议的证据。有许多其他规则用以确定其他种类的外来证据是否被采信。该条对履约过程的参考尤其令人困惑。合同含义的"履约过程"证据是指人们可以从当事人履行合同中推断出来的证据；因此，它永远不会包括他们事先达成或合同订立时同时达成的协议，从而它与口头证据规则无关。此外，对交易过程、贸易惯例和履约过程的参考使其看起来像这些仅仅是可以被接受用来"解释或补充"书面协议的外来证据；但是如果法院当时打算赋予该条这样的效力，他们就会经常得出不正确的结论。有许多其他种类的外来证据人们可以合法地予以考虑来解释书面合同的目的。

更让人困惑的是该条将合同的完整文本割裂为两部分，并赋予两部分不同的后果。普通法将合同的完整文本定义为当事人对他们之间协议的最终**和**完整的表达，而第 2-202 条将该规则的执行完全依赖于当事人使书面合同成为他们最终协议表达的意图。这样一来，在当且仅当当事人也打算使该书面合同成为他们协议的"完整和唯一"表述的情形下，该条（b）款才禁止与协议一致的附加条款作为证据。[16]正式评述或其他地方对为什么起草人以这种方式对完整概念进行割裂都没给出任何提示。一个后果就是几乎无限制地扩张了该规则的适用。此规则的（a）款适用于当事人打算作为最终版本的任何书面协议或确认书，无论多么不完整。由于在意见产生分歧之前，人们通常打算将他们订立的几乎任何协议作为最终协议，结果就是在实践中该规则适用于**任何**书面协议或确认书。

这样的割裂也使《统一商法典》中的规则比普通法的规则严格得多。如果当事人的意图是让书面协议成为既是完整的又是最终的，那么（b）款禁止附加条款作为证据即使他们与书面协议一致，而普通法在多种例外情形下——主要是所谓的从协议例外——依然允许这样的证据。最后，该条在意图区分补充书面协议和对其进行增加方面令人困惑。"补充"的**意思就是**增加。

如果第 2 章的起草人有意提出这些区分，他们想必会对这些不同给出理由，但是有关该章的正式评述对此只字不提。我们只能断定这些不同是无意的，也就是说，他们误解了普通法中的口头证据规则或起草时弄错了。据正式评述，他们意图做的唯一改变是只有当法官得出结论说当事人既然已经就（b）款所指的有关附加条款达成协议，他们**肯定**会将它们包含在书面协议中，只有在这种情形下，法官才不允许陪审团听审（b）款所指的有关附加条款证据。这个是与普通法不同的一个变化，因为普通法并没有对排除这样的证据强加如此严格的标准。然而，该条本身对正式评述中所说的这个标准应该是什么只字未提。总之，该条读起来就像卢埃林将起草它的任务分配给了不懂口头证据规则的人，只是当发现他们所做的工作很糟糕时为时已晚，不能改变了，因此他就通过在正式评论中将其包含进来试图挽救至少这一个变化。

授权司法造法的修正案

尽管《统一商法典》中的合同法规定大部分在第 2 章，但是有一些规定在第 1 章，所以我们需要对这两章予以修订。我们应该通过修订规定，除某些例外情形[17]，法院今后对待它们的态度就如同它们是由**其他**司法管辖区法院判决组成的。这将使这两章对法院没有权威性的约束力，除非有关司法管辖区的法院对其进行解释或修改，那么那些法院的判决将与任何其他情形下的判决一样，具有同样的权威。如果它们是由判决该案法院所在州的最高法院判决组成，修正案应该规定这两章对法院不具有同样的权威。这将使该章对各州低级法院的约束力比现在大，并且它将从宪法上禁止联邦法院对该章的任何内容进行修改。州下级法院必须遵守所在州最高法院的判决，并且美国宪法要求联邦法院在州法律问题上要遵循联邦法院所在州最高法院的判决。[18]

这样的修订不仅让法院放手地去消除普通法与第 1 章和第 2 章之间许多武断的分歧，促进这两章与时俱进，使它们跟上时代，它还具有解放法律学术的效果。学者们可以将探究集中在他们认为更好的法律上，不必试图让他们的提议迎合这两章的规定。该修订不会淘汰以往的学术。目前有关第1章和第2章的专著作者除了将他们提到的某些规定强加的限制代之以法院不需遵守这些规定的建议外不需要更改一个词。在我看来，如果卢埃林还健在，他毫无疑问会支持这样的修正案。它的制定，对于他本人以及许多变成了他所希望的那种宏大风格的男女法官来说都是一个礼物。

就我所知，唯一另一个提出司法造法是否比修订第2章更可取这个问题的人是戴维 A. 赖斯（David A. Rice），他在1992年发表的文章中得出的结论与我的相似。[19]

第六节　宪法考量

私人之间的法律诉讼很少提出宪法问题，因为如果政府不是当事人，基本上没有任何"国家行为"（state action）。然而，如果诉讼请求或抗辩建立在违宪的法律上或在该情形下法律的运行是违宪的，该法律本身包含国家行为。美国联邦最高法院已认识到，在这个基础上的合同诉讼可以在两个系列的判决中提出正当程序问题。

惩罚性赔偿的标准

最近的系列包括从1986年到1994年宣布的6个有关判处的惩罚性赔偿金合宪性的判决，涉及的法律是第八修正案中的过高罚金条款以及第十四修正案中的实质性和程序性正当程序条款。[20]该系列中的倒数第二个判决，*TXO Products Corp. v. Alliance Resources Corp.*[21]，在该议题上没有形成多数意见。史蒂文斯法官（Stevens）写的法院判决意见书认为，惩罚性赔偿如果"过高"（grossly excessive）就违反了实质性正当程序。然而，该意见与惩罚性赔偿是补偿性赔偿的526倍这件事是不相干的。相关的对比是该不法行为与可能引发的"诡计"及"更大规模"不法行为的恶劣程度与潜在获利能力的对比。除了斯卡利亚（Scalia）法官和托马斯（Thomas）法官，其他所有法官在"过高"标准上达成一致，但是只有首席大法官布莱克曼（Blackmun）法官和斯蒂文斯（Stevens）法官同意与补偿性赔偿的对比是不相关的。奥康纳（O'Connor）法官在她的异议中声称它是相关的，苏特（Souter）法官和怀特（White）法官附和。肯尼迪（Kennedy）法官对此没有发表意见，但是他主张最重要的事是陪审团得出这个结果的理由而不是结果本身。斯卡利亚法官和托马斯法官主张联邦实质性正当程序权利并不反对过度惩罚性赔偿。

史蒂文斯法官写的法院判决意见书与我在第六章得出的结论一致。我的结论是衡量惩罚性赔偿的基本方法应当是导致被告不法行为的公司政策的获利性，以及惩罚者赔偿需与补偿性赔偿成比例的传统要求是错误的。补偿性赔偿与惩罚性赔偿服务于不同的目的；没有理由要求它们在数额上应当相似。如果要比较的话，较低的补偿性赔偿应当证明较高的惩罚性赔偿具有合理性，反之亦然，因为要想通过判处的数额惩罚被告，补偿性赔偿越低，惩罚性赔偿必须越高。

美国联邦最高法院在最终判决之前，从没有推翻过州法院判处的惩罚性赔偿，此外它当时的所有观点认为州法律是违宪的，因为它阻碍了对陪审团裁决的惩罚性赔偿数额的**任何**审查。[22]美国联邦最高法院显然不情愿去尝试确立标准本身是可以理解的。绝大部分判处惩罚性赔偿的判决是州法院的判决，因为这些案件是依据州法律产生的。美国联邦最高法院之外的联邦法院只有在诉讼当事人的州籍不同并且州外的被告将案件移送至联邦法院体系的情形下才对非因联邦法律引起的案件获得管辖权。这种案件中的被告很少能这么做，因为这些案件中的被告通常是公司，并且联邦法律对公司的州籍不同定义得非常狭隘。[23]如果这些判决呈现的是联邦问题的话，联邦体系中唯一能够审查州法院惩罚性赔偿判决的法院是美国联邦最高法院，它可以审核州最高法院的判决。[24]然而，还没有迹象表明美国联邦最高法院的判决已经说服州最高法院对这个议题予以重新考虑。[25]也许一个大胆的联邦地区法院法官可以开启这一进程，通过在一个移送来的案件中以违宪为由判决该州法律中的一些部分无效，不然的话，他/她就不得不依据这些法律。[26]

对美国规则的限制

第二判决系列可以追溯到 1970 年。美国联邦最高法院认为在这些案件中，正当程序保护的"财产"指的是相关州承认作为法律权利的任何东西。根据这个定义，合同权利是财产，这些判决中的一些判决涉及合同权利。这一系列判决涉及程序性正当程序，但是没有理由认为美国联邦最高法院提出的"财产"的定义对实质性正当程序不适用。[27]

1985 年 *Walters v. National Association of Radiation Survi-vors* 案的判决[28]尤其能说明问题。19 世纪制定的一项联邦法令禁止律师在针对退伍军人管理委员会提出索赔的抗辩服务中接受的报酬超过 10 美元。该法院支持这一法令的理由是尽管它实际上剥夺了退伍老兵在对老兵委员会的索赔指控程序中接受律师服务，但该机构的程序仍然具有充分的合宪性，因为没有律师参与，他们工作起来会更有效率。该机构还表示律师的存在对大多数老兵来说使得程序成本更高且效率更低，法院接受了这一说法。

Walters 案建立在两个假设上。首先，如果一个适用该程序的外行为了有效地使用该程序需要律师，为使程序具有充分的合宪性，律师是必需的。其次，如果一个体系阻止对律师支付合理的报酬，它就剥夺了人们接受律师服务的权利。因此在特定情形下，该判决使美国规则违宪。小额合同索赔人可以在小额索赔法院提起诉讼，这些法院在没有律师的情况下有效运作。大额合同索赔人通常付得起合理的律师费，尽管如果他们胜诉，他们不能从被告那儿收回他们支付的律师费。然而，美国规则剥夺了中间水平的合同索赔人任何有效获得赔偿的方式，因为他们的索赔对小额索赔法院来说太大但又没大到允许他们支付律师的合理报酬。美国第九巡回上诉法院将 *Walters* 案解释为产生了该主张所依赖的两个相同隐含假设，尽管该判决并不涉及美国规则。[29]

Walters 案从逻辑上也可以使美国规则对被告无效，如果它可以对原告无

效的话。即，如果 *Walters* 案赋予原告权利，如果他胜诉，他就可以从被告那儿收回他的诉讼费用，那么同一案件中的被告如果胜诉，它将有权利从原告那儿收回他的诉讼费用。导致这个结论的理由有两个。首先，如果所涉金额没有足以大到值得原告请律师，它可能也不足以大到值得被告请律师。其次，和解谈判是偏颇的，在另一方当事人如果胜诉没有权利收回诉讼费用的情形下，它有利于如果胜诉有权利收回诉讼费用的一方当事人，正如我在第五章阐释的那样。

如果美国规则完全是普通法，没有必要因为合宪性原因限制或废除该规则，但它不是。几乎在每一州，都有制定法为了特殊情况将其吸纳。比如，《加利福尼亚州保险法》第 10111 条规定，"在寿险或伤残险种中，责任和赔偿的唯一衡量方法是当时保险单规定的以这种方式可支付的数额。"第 10111 条制定于 1935 年，它禁止在寿险和残疾险的案件中收回诉讼费用，直到 1985 年加利福尼亚州最高法院适用它之前主张的侵权法中的诚信和公平交易义务来避免实施该条。根据 *Walters* 案，像第 10111 条这样的制定法只要它们导致禁止胜诉的中等水平合同索赔原告收回他们的诉讼费用，应该都是违宪的。

此外，即使不存在法定禁止，*Walters* 案应该是一个具有重要影响的案件。美国规则已经在实践中存在了两个世纪。尽管直到 19 世纪末法院才对此作出明确决定，但自殖民时代起，律师因无法从法院收取的当事人费用中得到充分的补偿，委托人为了得到好的代理，就不得不借助于给他们的律师送"礼物"的办法。那些原本不愿改变这一稳固规则的法官现在应当意识到他们别无选择。

第七节 防止滥用

许多人认为，这些改革让消费者提起了太多的诉讼并且得到的赔偿金过高。毫无疑问，相对于 30 年前，消费者确实提起了更多的诉讼并得到了更多的赔偿金，但事情并没有发展到不应该的方向。然而，在某些方面，新型权利无疑导致了滥用。问题不在于是否真的存在滥用，而在于它为什么会发生。在许多情形下，分析表明该缺陷与改革无关，而与当时情况下的其他方面有关。

我在第五章中探讨了两种滥用恶意违约侵权的源头：一些司法管辖区侵权概念仍存在模糊性，以及几乎在每一个司法管辖区都存在的实践中让陪审团来决定被告的行为是否具有合理性的法律依据。在依据关系侵权法的诉讼中，尤其在保险领域，类似的做法是权利滥用的重要源头。新法加诸于保险人的许多义务要求保险人作出法律判断。比如，接受由责任索赔人提出的合理和解要约的义务要求保险人对索赔人提出的证据对陪审团有多大说服力以及索赔人的法律观点对法官有多大说服力进行法律研判。但几乎各地都允许陪审团决定保险人是否正确作出了这些研判。通常，每一方当事人都会请一位在这方面有专长的律师对这一议题进行论证，陪审团选择相信哪位律师。这些决定肯定应由法官而不是陪审团作出。它们是些法律和法律实施问题，对它们作出决定法官应该更胜任些。

在保险领域，另一个滥用权利的源头是对保险人未能接受合理和解要约应支付损害赔偿金的计算。该数额是指所谓的超额判决的数额，即针对被保险人作出的判决中超出了保险赔偿金的数额。如果被保险人有足够的资产支付超额判决，这样的数额是合理的，但在实践中即使被保险人没有足够的资产也使用它。因为被保险人通常将其对保险人的权利转让给责任索赔人，以换取责任索赔人承诺不对针对他们的超额判决进行索要[30]，结果是，责任索赔人仅从保险人处得到的赔偿比在保险人接受和解要约的情形下，他们从被保险人及保险人处得到的赔偿加起来还要多。这个差额可能很大。我曾就一宗保险额为15 000美元而最终以保险人赔偿责任索赔人700 多万美元的案子提供了咨询。能赢这么多钱的可能性让律师用尽几乎任何办法去诱导保险人不接受和解要约；要赔偿这么多钱的可能性让保险人尝试对任何可能得到大数额超额判决的案件进行和解，不管其在事实方面还是在法律方面具有优势。

补救措施显而易见。法院应该在计算赔偿数额时考虑到被保险人无力支付超额判决这个因素。

在雇佣领域也存在滥用权利的情形。一直以来，雇主很难在不承担雇员失去的收入和许多情况下精神损失赔偿的情况下解雇那些不称职的雇员。这里的错误在于文职法（Civil service laws）和私人雇佣合同，其中大部分源于已不再正确的 19 世纪雇佣概念。在 19 世纪，大多数体力劳动或文书工作是简单重复的。这一事实使我们能够以客观的因素衡量一个人的工作表现：比如每小时可以垒这么多块砖或每分钟可以准确地打这么多字。据此就可以相应地起草文职法和私人雇佣合同。它们无期限地保障雇员的工作，除非雇主可以证明他/她没有达到他/她这类工作的客观要求。几乎所有的文职法和许多私人雇佣合同还可以保障雇员的听证权，雇主在解雇他之前必须在公正的董事会上证明雇员的缺点。

当然，许多简单重复的工作依然存在，但它们已不占多数，并且它们通常不在文职法或各种据此形成的雇佣合同涵盖范围之内。比如，尽管大多数快餐店的工作是简单重复的，拥有这些工作的男人和女人通常没有雇佣合同保障；他们的雇主可以随意开除他们。另外，那些涵盖于文职法或好的私人雇佣合同中的工作通常不具有简单重复性，人们在其中的工作表现不能依客观因素作出充分的判断。例如，我所在大学雇佣的人，他们的工作要求他们经常或主要与校友、教师、学生或新媒体的成员一起工作。此外，他们通常与其他雇员紧密合作，所有人都承担部分共同任务。人们必须礼貌友善，至少有一个体面的风度和外貌以恰当地从事其中的一项工作。有时，他们必须愿意去做比平时分担的工作更多的事，因为团队工作有时不可避免地更多落在某些特定的成员头上。他们应该在小事和大事上都诚实；比如他们应当坦承错误，除非他们真的生病，否则不应该请病假。这些工作中的大多数还要求高度熟练的技巧。甚至不算教职人员，他们所有人都有博士学位，还有许多专家、科学家、技术员和技工。现在的办公室工作甚至通常都要求员工具备文字处理和操作技术设备或电话服务系统、数学计算、会计或其他各类的记录保管等方面的能力。涵盖这些人的雇佣合同也要求大学在解雇这些人之前以客观标准证明他们没能适当履行他们的职责。

例如，在几年前我参加的一个听证会上，听证委员会决定医院可以解雇一名雇员。他的工作要求他进行测试，以便医生可以及时了解结果，从而知道对急诊室中的病人该使用什么样的医疗程序。据医院的记录，该雇员没有告知他去哪便离开了工作岗位。在医院能够收集足够的有关他不良表现的记录以证明把他解雇具有正当性之前，想想该雇员可能造成多么可怕的后果。

除非涉及公共政策考量，比如对象是终身教员，我们应当改变文职法和雇佣合同，对没有充分客观绩效指标的工作用强制退职金（severance pay）权利取代受保障的终身教职。比如，每工作一年，雇员可以享有一个月的强制退职金。如果雇主可以根据客观标准证明其不良的工作表现，雇主可以无需支付退职金就可以解雇雇员，就如同目前雇主可以做的这样，但是雇主也可以通过支付退职金而无需这样的证据就解雇雇员。

这样一来，大多数雇主可以节省大量费用而根本无损他们雇员的权利价值。雇主可以节省不得不留用表现不良的雇员在岗位上的开支，听证程序费用以及在法院为被解雇员案件抗辩的费用。此外，雇员通常最终得到的至少和现在他们能够得到的一样多，因为他们无需任何花费就可以得到退职金。通常被解雇的雇员不得不把胜诉得到的 50% 支付给他们的律师。保证退职金还可以保护雇员对抗雇主有时用来逃避当前雇佣合同或文职法的策略。如果雇主可以让人觉得它有独立的理由重组该雇员所在的部门，然后借此取消该雇员的工作，根据许多这类的合同或法律，这种情况下雇主可以解雇雇员而无需承担责任。

最后，美国规则是一个滥用权利的根源，因为它仍保护约定了胜诉分成的败诉原告律师使其无需支付被告的诉讼费。只要法律允许如果原告胜诉律师就可以赚取巨额利润，但如果败诉只需要支付他们的运营成本，律师们将继续提起不当诉讼，像保险公司那样财大气粗的被告，将继续以大额和解收买他们。我在第五章阐释了美国规则造成的不公和扭曲后果。

改变文职法需要立法，当然，只有雇主可以变更他们的雇佣合同。法院不能改变美国规则，因为立法机关已将其纳入成文法，但在某些情形下，不管立法机构是否将其纳入成文法，法院负有宪法责任和权力废除美国规则，正如我在这章前面解释的那样。因此，总体来说，正如我这里所建议的，法院有权力"对该改革予以革新"，因为除了我刚才提到的例外情况，我所描述的所有法律和惯例都是普通法。然而，尽管自从改革开始，所有这些滥用几乎都已经很明显，却还没有一个州的最高法院改变法律来力图阻止它们。他们应该这样做。即使反对改革的法院也应该愿意阻止对它们的滥用。

第八节 使允诺再次具有约束力

合同法的主要目的在于使某些种类的允诺具有约束力。近期改革之前，生产商可能利用它们的议价能力优势使这个目的落空。他们可能订立不包括他们自己作出允诺的合同，他们可以不受惩罚地违约。这些结果是不公平的，因为它们成体系地偏袒生产商而不是消费者，并且它们具有社会危害性，因为它们削弱了生产商生产安全产品及优质产品的动力。

该改革使生产商的允诺再次具有约束力。合理期望要求合同反映已作出的允诺。关系侵权法对生产商在产品或人们不能合理期望消费者理解的合同方面强加了义务。恶意违约防止生产商违反他们的允诺或逃避违反允诺应承担的责任。新的或扩展的救济为生产商不违约和如果违约对消费者给予充分的补偿提供了激励。所有这些改革中除了第一项，还对生产商强加了社会责任。关系侵权法直接强加了这样的责任。救济改革有助于强制实施这些社会责任，如果原告有权得到的补偿性赔偿金不够多的话，通过利用足够大的损害赔偿额阻止生产商从事有害于社会的行为。恶意违约侵权法强加的义务是社会责任，这既是因为生产商不能通过合同规避它们，也因为恶意违约损害赔偿的设计超出了对原告的补偿，以阻止违约者和其他人将来从事类似的不法行为。

自从英国法院和美国法院在 19 世纪末完成了现代合同法的创立以来，从 1960 年开始，美国合同法正经历着第一次重大的改革。现在，像以前一样，法院一直扮演着主导角色，但是这次法律学者也作出了重要贡献。学者们主要起草了《统一商法典》，他们对新的司法造法判决进行宣传和分析，他们向法院提出了对新法的建议。美国普通法由 51 个司法管辖区独立的普通法组成这一事实也起了促进作用。它极大地增加了法官在足够长的时间跨度内有权力将新想法付诸实行的机会，使学者和其他法官注意到它们。

这次改革的发展进程证明了对合同法来说司法造法优于立法。尽管学者们对司法造法和立法都有贡献，当他们的努力与法官的努力相结合时，他们的努力要比他们为立法机构起草法律更成功。将此书献给美国普通法法官，是我在谦恭地表达对我们的司法造法制度的赞赏。

注

前言

1. Mark Peterson et al. , Rand Corp. , *Punitive Damages*：*Empirical Findings* viii（1987）. 调查发现，原告胜诉的 35% 合同案件中判了惩罚性赔偿金。这几乎肯定表明，超出 50% 的案件涉及关系侵权，因为加利福尼亚州法律要求如果要判惩罚性赔偿，需要实施了侵权行为，虽然对许多关系侵权行为并没判给胜诉的原告惩罚性赔偿金。另外，这 35% 的合同案件中，几乎都涉及恶意违约，因为根据加利福尼亚州法律，除非被告恶意违约，在合同情形下获得惩罚性赔偿几乎是不可能的。

第一章

1. Alfred W. B. Simpson, *A History of The Common Law of Contract*：*The Rise of the Action of Assumpsit* 227 – 58（1975）；Oliver Wendell Holmes, Jr. , *The Com-mon Law Lecture* V, pp. 182 – 200（1938）.

2. 与之相关的合同自由和发展的资料，其中一些在文中还特别引用，它们是：

Patrick S. Atiyah, *An Introduction to the Law of Contract*（2d ed. 1971）；Patrick S. Atiyah, *The Rise and Fall of Freedom of Contract*（1979）；Paul Brest & Sanford Levinson, *Processes of Constitutional Decision-making*：*Cases and Materials* 215 – 34（2d ed. , 1983）；Maurice Cranston, Annotation, "Liberalism," 4 *En-*

cyclopedia of Philosophy 458, 458 – 61 (1967); Patrick Gardiner, Annotation, "Schopenhauer, Arthur (1788 – 1860)," 7 *Encyclopedia of Philosophy* 325, 325 – 32 (1967); James Gordley, *The Philosophical Origins of Modern Contract Doctrine* (1991); Charles M. Haar & Daniel W. Fessler, *The Wrong Side of the Tracks* 15, 109 – 54 (1986); Louis Hartz, *The Liberal Tradition in America* (1955); Holmes, Jr., 前注 1; Morton J. Horwitz, *The Transformation of American Law*, 1780 – 1860, at 160 – 210 (1977); Jerome C. Knowlton, "Freedom of Contract," 3 *Mich. L. Rev.* 619 (1905); Anthony T. Kronman & Richard A. Posner, *The Economics of Contract Law* ch. 7, at 230 – 67 (1979); John E. Nowak et al., *Constitutional Law* § 11.4 (3d ed. 1986); Simpson, 前注 1; Alfred W. B. Simpson, "Innovation in Nineteenth Century Contract Law," 91 Law Q. Rev. 247, 260 – 61 (1975); Richard H. Tawney, *Religion and the Rise of Capitalism* (1958); Samuel Williston, "Freedom of Contract," 6 *Cornell L. Q.* 365 (1921).

3. Winterbottom v. Wright, 152 Eng. Rep. 402 (Ex. 1842).

4. MacPherson v. Buick Motor Co., 111 N. E. 1050 (N. Y. 1916).

5. Edward H. Levi, *An Introduction to Legal Reasoning* 7 – 19 (1949); Robert L. Rabin, "The Historical Development of the Fault Principle: A Re-Interpretation," 15 *Ga. L. Rev.* 925, 936 – 38 (1981).

6. Sir Henry S. Maine, *Ancient Law ch.* IX, at 331 – 88 (1861).

7. Printing Co. v. Sampson, 19 L. R. -Eq. 462 (1875).

8. 同上。p. 465。

9. Williston, 前注 2, p. 373 & n. 10。

10. Lochner v. New York, 198 U. S. 45 (1905).

11. 同上。p. 53。

12. Coppage v. Kansas, 236 U. S. 1 (1915).

13. Coppage v. Kansas, 236 U. S. 1 (1915).

14. Adam Smith, *An Inquiry into the Nature and Causes of the Wealth of Na-*

tions bk. 1，ch. 8（1776）.

15. Coppage，236 U. S. at 17.

16. 比较，例如，Mitchell v. Lath，160 N. E. 346（N. Y. 1928）（该规则的严格形式）与 Pacific Gas & Elec. Co. v. G. W. Thomas Drayage & Rigging Co.，442 P. 2d 641（Cal. 1968）（该规则大为改善）。该规则的当前状态在 E. Allen Farnsworth，*Farnsworth on Contracts* § 7. 2（2d ed. 1990）中有记述。

17. Farnsworth，前注 16，§ 2. 9a；Daniel A. Mathews，Comment，"A Common Law Action for the Abusively Discharged Employee," 26 *Hastings L. J.* 1435，1438－42（1975）.

18. Collins v. Parsons College，203 N. W. 2d 594（Iowa 1973）.

19. John Leubsdorf，"Toward a History of the American Rule on Attorney Fee Recovery," 47*Law & Contemp. Probs.* 9，10－27（1984）.

20. Cal. Civ. Proc. Code § 1021（West 1980）.

21. 参见，例如，Lytle v. State，17 Ark. 608，669－71（1857）；Adams v. Stevens & Cagger，26 Wend. 451，455－57（N. Y. Sup. Ct. 1841）；Bayard v. McLane，3 Del.（3 Harr.）139，220－21（1840）.

22. 参见，例如，Reggio v. Braggiotti，61 Mass. 166（1851），引自 Leubsdorf，前注 19，at 23 n. 96；St. Peter's Church v. Beach，26 Conn. 355（1857），引自 Leubsdorf，前注 19，at 15 nn. 32，23 nn. 97－98.

23. John D. Calamari & Joseph M. Perillo，Contracts 646（3d ed. 1987）.

24. Adams v. Lindsell，106 Eng. Rep. 250（K. B. 1818）.

25. 同上。p. 251。

26. Household Fire & Carriage Accident Ins. Co. v. Grant，4 Ex. D. 216，221（1879）.

27. Dickenson v. Dodds，2 Ch. D. 463（1876）.

28. 同上。p. 473。

29.《合同法重述（第一次）》§ 43（1931）.

30. 《合同法重述（第二次）》§ 43（1981）.

31. Holmes，前注 1，Lecture VIII，p. 304 – 05.

32. Grant Gilmore，*The Death of Contract* 35 – 53（1974）.

33. Hotchkiss v. National City Bank of New York，200 F. 287，293（S. D. N. Y. 1911）. 另见 Eustis Mining Co. v. Beer，Sondheimer & Co.，239 F. 976，984 – 85（S. D. N. Y. 1917）（汉德（Hand）法官指出"整个主教院可以说服我们说他的意图是别的东西，这并不能使他的义务有一丁点儿不同。"）

34. John D. Calamari & Joseph M. Perillo，The Law of Contracts § 9 – 42，p. 328 – 29（2d ed. 1977）.

第二章

1. 根据禁反诺言原则产生的合同可以产生这样的效果。如果受诺人合理信赖该允诺导致其实质性损害，法律可能使该允诺成为一个合同，无论允诺人是否表明它作为一个合同的意图。

2. Ames J. White & Robert S. Summers，*Uniform Commercial Code* § 4 – 9，at 205（3d ed. 1988）.

3. 1992 年 7 月 6 日，用词汇搜索（unconscion！和"uniform commercial code"或 ucc and date aft（1990）），出现 83 个案件。这些案件中的 40% 双方当事人是公司。此外，我注意到，这些案件中有相当比例的个体当事人是农场主，种植被当作是一项经营。

4. 关于适用于租赁和住宅销售的默示担保讨论，参见 Myron Moskovitz，"The Implied Warranty of Habitability：A New Doctrine Raising New Issues，"62 *Cal. L. Rev.* 1444（1974）；Peter J. Shedd，"The Implied Warranty of Habitability：New Implications，New Applications，"8 *Real Est. L. J.* 291，303 – 06（1980）.

5. 比如，John E. Murray，Jr.，*Murray on Contracts* § 226（确定性要求的

放松，§ 232（对精神痛苦损害赔偿的扩张）（2d rev. ed. , *Grismore on Contracts* 1947）（1974）.

6. Gary T. Schwartz，" Foreword：Understanding Products Liability " 67 *Cal. L. Rev.* 435（1979）.

7. W. Page Keeton et al. , *Prosser and Keeton on the Law of Torts* § § 39 – 40（5th ed. 1984）§ § 39 – 40（5th ed. 1984）（不言自明的扩张）.

8. E. g. , U. C. C. § § 9 – 503 to 9 – 505（1983）.

9. 参见，比如，Robert E. Keeton，*Basic Text on Insurance Law*（1971）.

10. 参见，比如，White & Summers，前注释 2，§ 4 – 2，p. 184。然而，正如人们期望的那样，在 1980 年该论文的第二版中关于这一点上表明的观点更有力。James J. White & Robert S. Summers，*Uniform Commercial Code* § 4 – 2，at 149（2d ed. 1980）.

11. 参见 Henningsen v. Bloomfield Motors, Inc. , 161 A. 2d 69, 87（N. J. 1960）.

12. Wilson Trading Corp. v. David Ferguson, Ltd. , 244 N. E. 2d 685（N. Y. 1968）.

13. Wetherbee v. United Ins. Co. , 71 Cal. Rptr. 764, 765（Cal. Ct. App. 1968），第二次上诉中维持，95 Cal. Rptr. 678（Cal. Ct. App. 1971）.

14. Duncan Kennedy， " Distributive and Paternalist Motives in Contract and Tort Law，with Special Reference to Compulsory Terms and Unequal Bargaining Power，" 41 *Maryland L. Rev.* 563（1982）.

15. Stewart Macaulay， " Non-Contractual Relations in Business：A Preliminary Study，" 28 *Am. Soc. Rev.* 55, 60 – 62（1963）.

16. Lake River Corp. v. Carborundum Co. , 769 F. 2d 1284（7th Cir. 1985）.

17. 同上，p. 1289.

18. Alan Schwartz & Louis L. Wilde， " Intervening in Markets on the Basis of Imperfect Information：A Legal and Economic Analysis，" 127 *U. Pa. L. Rev.* 630

(1979).

19. Douglas G. Baird & Robert Weisberg, "Rules, Standards and the Battle of the Forms: A Reassessment of § 2 – 207," 68 *Va. L. Rev.* 1217 (1982).

20. Schwartz & Wilde, 前注释 17 p. 632 – 39, 671 – 82。另见 W. David Slawson, The New Meaning of Contract: *Transformation of Contract Law by Standard Forms* 21, 42 – 46 (1984) (非常详细地描述了这两篇文章的观点)。

21. 参见, 例如, Harlow & Jones, Inc. v. Advance Steel Co., 424 F. Supp. 770, 773 (E. D. Mich. 1976); Construction Aggregates Corp. v. Hewitt-Robbins, 404 F. 2d 505, 508 (7th Cir. 1968).

第三章

1. Robert E. Keeton,, "Insurance Law Rights at Variance with Policy Provisions" (pt. 1), 83 *Harv. L. Rev.* 961 (1970); Robert E. Keeton, "Insurance Law Rights at Variance with Policy Provisions" (pt. 2), 83 *Harv. L. Rev.* 1281 (1970).

2. Keeton, "Insurance Law Rights" 前注 1, p. 967。

3. Gerhardt v. Continental Ins. Co., 225 A. 2d 328 (N. J. 1966).

4. 同上。p. 332。

5. Kenneth S. Abraham, "Judge-Made Law and Judge-Made Insurance: Honoring the Reasonable Expectations of the Insured," 67 *Va. L. Rev.* 1151 (1981). Abraham 在 1986 年的一本书中更深入阐述了该理论的正当性, 但是他依然坚持同样的正当性。参见 Kenneth S. Abraham, *Distributing Risk: Insurance, Legal Theory, and Public Policy* 104 – 09 (1986).

6. Robert E. Keeton & Alan I. Widiss, *Insurance Law: A Guide to Fundamental Principles, Legal Doctrines, and Commercial Practices* (1988).

7. 同上。p. 634 – 36。

8. Mark C. Rahdert, "Reasonable Expectations Reconsidered," 18 Conn. L.

Rev. 323，323 – 25（1986）.

9. Roger C. Henderson，"The Doctrine of Reasonable Expectations in Insurance Law after Two Decades," 51 *Ohio St. L. J.* 823，838（1990）.

10. Robert H. Jerry Ⅱ，*Understanding Insurance Law* § 61（1987）.

11. Hunter v. Jefferson Standard Ins. Co.，86 S. E. 2d 78（N. C. 1955）. 该引文来自于 Jerry，前注10，§ 61，p. 269.

12. Jerry，前注10，§ 61.

13. 参见，例如，同上；John A. Appleman，*Insurance Law and Practice*（1987）；George C. Couch，*Couch on Insurance*（2d ed. 1984）；John F. Dobbyn，*Insurance Law*（2d ed. 1989）.

14. 参见，例如，Keeton & Widiss，前注6；Kenneth S. Abraham，*Insurance Law and Regulation*（1990）；Kenneth H. York & John W. Whelan，*Insurance Law*：*General Practice*（2d ed. 1988）.

15. 参见 Lawrence E. Blades，"Employment at Will vs. Individual Freedom：On Limiting the Abusive Exercise of Employer Power," 67 *Colum. L. Rev.* 1404（1967）. 布雷兹（Blades）教授的文章不仅报道了最早的发展，而且对其发表后的法律进程产生了重大影响。例如，参见新泽西最高法院在 Pierce v. Ortho Pharmaceutical Corp.，417 A. 2d 505（N. J. 1980）案中对它的适用。

16. Wagner v. Sperry Univac Div. of Sperry Rand Corp.，458 F. Supp. 505（E. D. Pa. 1978），aff'd without opinion，624 F. 2d 1092（3d Cir. 1978）.

17. 在该议题上的现行法，参见 Michael A. DiSabatino，Annotation "Modern Status of Rule that Employer May Discharge At-Will Employee for Any Reason," 12 A. L. R. 4th 544，§ § 7 – 11（1982 & Supp. 1992）.

18. Karl N. Llewellyn，Book Review，52 *Harv. L. Rev.* 700（1939）.

19. Karl N. Llewellyn，*The Common Law Tradition*：*Deciding Appeals*（1960）.

20. Friedreich Kessler，"Contracts of Adhesion," 43 *Colum. L. Rev.* 629

（1943）.

21. 同上。p. 637。

22. 参见 Gray v. Zurich Ins. Co. , 65 Cal. 2d 263, 419 P. 2d 168, 171（1966）.

23. Arthur Alan Leff, "Contract as Thing," 19*Am. U. L. Rev.* 131, 131 – 47（1970）.

24. 同上。p. 144 – 47。

25. 同上。p. 147 – 57。另见 Arnold L. Rotkin, "Standard Forms: Legal Documents in Search of an Appropriate Body of Law," 1977 *Ariz. St. L. J.* 599（提出了同样的建议，并在此基础上进行了扩展）。

26. W. David Slawson, "Standard Form Contracts and the Democratic Control of Lawmaking Power," 84 *Harv. L. Rev.* 529（1971）.

27. W. David Slawson, "Mass Contracts: Lawful Fraud in California," 48*S. Cal. L. Rev.* 1（1974）.

28. Restatement（First）of Contracts § 20（1932）; Arthur L. Corbin, *Corbin on Contracts* § 3（1963）.

29. Restatement（First）of Contracts § § 20, 230, 233（1932）; Samuel Williston, *Contracts* § § 603 – 04, 607（3d ed. 1961）.

30. Kenneth S. Abraham, *Insurance Law and Regulation: Cases and Materials* 28 – 31（New York: Foundation Press, 1990）.

31. Todd D. Rakoff, "Contracts of Adhesion: An Essay in Reconstruction," 96*Harv. L. Rev.* 1174（1983）.

32. 同上。p. 1283 – 84。

33. "Restatement（Second）of Contracts（Presentation of Tentative Draft No. 5）," 47*A. L. I. Proc.* 485, 523 – 37（1970）.

34. 参见 基本同上。

35. 同上。p. 524。

36. 同上。p. 535 – 36。

37. Llewellyn, *The Common Law Tradition*，前注 19，p. 370。

38. 同上。p. 525。

39. 同上。p. 524 – 27。

40. 同上。p. 533。

41. Darner Motor Sales, Inc. v. Universal Underwriters Ins. Co., 682 P. 2d 388, 396 – 99（Ariz. 1984）.

42. C & J Fertilizer, Inc. v. Allied Mut. Ins. Co., 227 N. W. 2d 169, 176 – 77（Iowa 1975）（使用该节的暂定草稿）。

43. Bond Bros., Inc. v. Robinson, 471 N. E. 2d 1332（Mass. 1984）.

44. C & J，前注 42，227 N. W. 2d p. 176.

45. Farm Bureau Mut. Ins. Co. v. Sandbulte, 302 N. W. 2d 104, 112（Iowa 1981）; Cairns v. Grinnell Mut. Reinsurance Co., 398 N. W. 2d 821, 825（Iowa 1987）; Lepic v. Mut. Ins. Co., 402 N. W. 2d 758, 761（Iowa 1987）; AID（Mut.）Ins. v. Steffen, 423 N. W. 2d 189, 192（Iowa 1988）; Grinnell Mut. Reinsurance Co. v. Voeltz, 431 N. W. 2d 783, 786（Iowa 1988）; Moritz v. Farm Bureau Mut. Ins. Co., 434 N. W. 2d 624, 626（Iowa 1989）; Weber v. IMT Ins. Co., 462 N. W. 2d 283, 288（Iowa 1990）.

46. Henderson，前注 9，p. 842 – 53。

47. Ilan v. Shearson/American Express, 632 F. Supp. 886, 891（S. D. N. Y. 1985）.

48. Forell v. United States, 16 Cl. Ct. 700, 720（1989）.

49. Edwin W. Patterson, "The Delivery of a Life Insurance Policy," 33 *Harv. L. Rev.* 198（1919）.

50. 同上。p. 222。

51. Friedrich Kessler, "Contracts of Adhesion—Some Thoughts about Freedom of Contract," 43 *Colum. L. Rev.* 629（1943）.

52. Graham v. Scissor-Tail, Inc. , 623 P. 2d 165, 171 – 73（Cal. 1981）; see also Perdue v. Crocker Nat' l Bank, 702 P. 2d 503（Cal. 1985）.

53. Obstetrics and Gynecologists v. Pepper, 693 P. 2d 1259, 1260 – 61（Nev. 1985）.

54. Leong v. Kaiser Found. Hosps. , 788 P. 2d 164, 168（Haw. 1990）.

55. Anderson v. Union Pac. R. R. Co. 790 P. 2d 438, 441 – 42（Kan. Ct. App. 1990）.

56. Hartland Computer v. Insurance Man Inc. , 770 S. W. 2d 525, 527 – 28（Mo. Ct. App. 1989）.

57. Bishop v. Washington, 480 A. 2d 1088, 1094（Pa. Super. Ct. 1984）.

58. Slawson，前注 23，p. 549 – 61。

59. Wassink v. Hawkins, 763 P. 2d 971, 974（Alaska 1988）; Batterman v. Wells Fargo AG Credit Corp. , 802 P. 2d 1112, 1116（Colo. Ct. App. 1990）; McRand, Inc. v. Van Beelen, 486 N. E. 2d 1306, 1314（Ill. App. Ct. 1985）; In re Estate of Szorek, 551 N. E. 2d 697, 700（Ill. App. Ct. 1990）; Agrimerica, Inc. v. Mathes, 557 N. E. 2d 357, 362（Ill. App. Ct. 1990）; Morris v. Metriyakool, 344 N. W. 2d 736, 742 – 43（Mich. 1984）; Ryoti v. Paine, Web-ber, Jackson & Curtis, Inc. , 371 N. W. 2d 454, 455（Mich. Ct. App. 1985）; Muscat v. Lawyers Title Ins. Corp. , 351 N. W. 2d 893, 896（Mich. Ct. App. 1984）; Interfund Corp. v. O' Byrne, 462 N. W. 2d 86, 88 – 89（Minn. Ct. App. 1990）; Hoiland v. Minneapolis Child. Medical Ctr. , 457 N. W. 2d 241, 243（Minn. Ct. App. 1990）; In re Baby M, 525 A. 2d 1128, 1159（N. J. Super. Ct. Ch. Div. 1987）; Albuquerque Tire v. Mountain States Tel. & Tel. , 697 P. 2d 128, 131 – 32（N. M. 1985）; Guthmann v. La Vida Llena, 709 P. 2d 675, 678 – 79（N. M. 1985）; Rozeboom v. Northwestern Bell Tel. Co. , 358 N. W. 2d 241, 242 – 43（S. D. 1984）; Southwestern Bell Tel. v. Delanney, 762 S. W. 2d 772（Tex. Ct. App. 1988）; Calarco v. Southwestern Bell Tel. Co. , 725

S. W. 2d 304（Tex. Ct. App. 1986）.

　60. 参见，例如，C & J，前注 42。

　61. James J. White & Robert S. Summers, *Uniform Commercial Code* § 1 – 2
（3d ed. 1988）.

　62. 参见下面第六章关于担保和救济的讨论。

　63. James J. White & Robert S. Summers, *Uniform Commercial Code* § 12 – 12
（3d ed. 1988）.

　64. Patterson v. Meyerhofer, 97 N. E. 472（N. Y. 1912）.

　65. E. Allan Farnsworth, *Contracts* § 8. 16（1982）.

　66. Silberg v. California Life Ins. Co. , 521 P. 2d 1103（Cal. 1974）.

　67. 另见 Tymshare, Inc. v. Covell, 727 F. 2d 1145（D. C. Cir. 1984）; Best
v. United States Nat'l Bank, 739 P. 2d 554（Or. 1987）.

　68. Ellsworth Dobbs, Inc. v. Johnson, 236 A. 2d 843, 856 – 57
（N. J. 1967）; Allied Van Lines v. Bratton, 351 So. 2d 344（Fla. 1977）（McKnab
portion of holding）.

　69. Morin Bldg. Prods. Co. v. Baystone Constr. , Inc. , 717 F. 2d 413（7th
Cir. 1983）.

　70. 同上。p. 414。

　71. 同上。p. 416。

　72. Nanakuli Paving & Rock Co. v. Shell Oil Co. , 664 F. 2d 772（9th
Cir. 1981）.

　73. U. C. C. § § 1 – 205 & 1 – 201（3）（1983）.

　74. Nanakuli, 664 F. 2d at 794 – 805.

　75. Arthur L. Corbin, *Corbin on Contracts* § 1, at 1（1950）.

　76. C & J Fertilizer, Inc. , v. Allied Mut. Ins. Co. , 227 N. W. 2d 169（Iowa
1975）.

　77. Rodman v. State Farm Mut. Ins. Co. , 208 N. W. 2d 903, 918（Iowa

1973）.

78. Farm Bureau Mut. Ins. Co. v. Sandbulte，302 N. W. 2d 104（Iowa 1981）.

79. Henderson，前注9，p. 843 – 46。

80. Darner Motor Sales，Inc. v. Universal Underwriters Ins. Co.，682 P. 2d 388（Ariz. 1984）；Gordinier v. Aetna Casualty & Surety Co.，742 P. 2d 277（Ariz. 1987）.

81. Henderson，前注9，p. 846，p. 851。

82. Davis v. M. L. G. Corp.，712 P. 2d 985（Colo. 1986）.

83. Hurtig v. Terminix Wood Treating & Contracting Co.，692 P. 2d 1153（Haw. 1984）（dissenting opinion）；Sturla，Inc. v. Fireman's Fund Ins. Co.，684 P. 2d 960（Haw. 1984）.

84. Transamerica Ins. Co. v. Royle，656 P. 2d 820（Mont. 1983）（alternative holding）.

85. Sparks v. St. Paul Ins. Co.，495 A. 2d 406（N. J. 1985）；Werner Indus.，Inc. v. First State Ins. Co.，548 A. 2d 188（N. J. 1988）.

86. Great Am. Ins. Co. v. C. G. Tate Constr. Co.，279 S. E. 2d 769（N. C. 1981），根据其他理由被撤销，340 S. E. 2d 743（N. C. 1986）.

87. Tonkovic v. State Farm Mut. Auto Ins. Co.，521 A. 2d 920（Pa. 1970）.

88. Elliot Leases Cars，Inc. v. Quigley，373 A. 2d 810（R. I. 1977）（将该原则适用于汽车租赁合同）。

89. Estrin Constr. Co.，Inc. v. Aetna Casualty & Surety Co.，612 S. W. 2d 413（Mo. Ct. App. 1981）；Spychalsky v. MFA Ins. Co.，620 S. W. 2d 388（Mo. Ct. App. 1981）.

90. Pauline Afuso，美国南加利福尼亚州大学法律中心参考馆员，在1994年11月8日对所有州和联邦于日历年1992和1993内的判决在WESTLAW上进行了计算机测试。

91. Slawson，前注释26，p. 544。

92. 《美国法典诠注总索引1992》(The U. S. C. A. General Index 1992) 包含大约 200 个债务人和债权人词条，West' s Cal. Codes Ann. General Index 1992 包含大约 300 个债务人和债权人词条。

93. 《美国法典诠注总索引1992》(The U. S. C. A. General Index 1992) 包含大约 550 个保险词条，West' s Cal. Codes Ann. General Index 1992 包含大约 3000 个保险词条。

94. 副本可以在 Kenneth S. Abraham, *Insurance Law and Regulation*: *Cases and Materials* 439 – 48 (1990) 中找到。

95. Weber v. IMT Ins. Co. , 462 N. W. 2d 283 (Iowa 1990).

96. 参见，例如，Kenneth S. Abraham, *Distributing Risk*: *Insurance*, *Legal Theory*, *and Public Policy* 100 – 32 (Yale U. Press, 1986) （将合理期望称为 "法官制定保险"）; Richard Craswell, "Property Rules and Liability Rules in Unconscionability and Related Doctrines," 60 *U. Chi. L. Rev.* 1, 27 – 29 (1993).

97. Jean F. Rydstrom，注解，将《联邦民事诉讼规则》中的 "明显错误" 测试规则 52 (a) 适用于初审法院根据书面证据的事实调查"，11 A. L. R. Fed 212 (1972).

98. 《合同法重述（第二次）》§ 212 (2) (1981).

99. Keeton & Widiss，前注 6, p. 643 – 45。

第四章

1. 读者不应将 "关系侵权法 与某些其他用途的 "关系" 相混淆。伊恩 R. 麦克尼尔（Ian R. Macneil ）用 "关系合同" 来定义当事人彼此之间长期工作关系的合同。参见，例如，Ian R. Macneil, "Relational Contract: What We Do and Do Not Know," 1985 *Wis. L. Rev.* 483 (1985). 里昂·格林（Leon Green ）首创了 "对关系利益的侵权" 这一提法来描述损害人际关系的侵权行为，侵权学者仍为此目的而使用它。参见，例如，Leon Green, "Relational

Interests，" 29 *Ill. L. Rev.* 460 （1934），29 *Ill. L. Rev.* 1041 （1935），30 *Ill. L. Rev.* 1 （1935），30 *Ill. L. Rev.* 314 （1935），31 *Ill. L. Rev.* 35 （1936）；Nancy Levit，"Ethereal Torts," 61 *Geo. Wash. L. Rev.* 136，146 – 50 （1992）.

2 . E. Allan Farnsworth，*Contracts* § 12. 18 （2d ed. 1990）.

3. 同上。§ § 8. 3，8. 5 – . 7，8. 22.

4. 同上。§ § 8. 15 – . 18 （指出实质履行原则产生同样的效果）。

5. James J. White & Robert S. Summers，*Uniform Commercial Code* § 8 – 4 （3d ed. 1988）（讨论 U. C. C. § 2 – 608）.

6. Hibschman Pontiac，Inc. v. Batchelor，362 N. E. 2d 845 （Ind. 1977）.

7. Farnsworth，前注 2，§ 8. 16.

8. Henningsen v. Bloomfield Motors，Inc. ，161 A. 2d 69 （N. J. 1960）.

9. 4 American Law of Products Liability 3d，§ 60：28 （Timothy E. Travers et al. eds. ，1991）.

10. Jay M. Zitter，注解，"严格产品责任：只获得对产品本身损害的赔偿"，72 *A. L. R.* 4th 12 （1989）.

11. 参见 Robert E. Keeton，"Liability Insurance and Responsibility for Settlement," 67 *Harv. L. Rev.* 1136 （1954）.

12. Comunale v. Traders and Gen. Ins. Co. ，328 P. 2d 198，200 （Cal. 1958） 引用的一些事实仅能在下级法院判决意见书中找到。Ct. App. 1958）.

13. 同上。

14. 同上。p. 200。

15. 同上。200 – 01 页 （quoting Hilker v. Western Auto. Ins. Co. ，231 N. W. 257，258 （Wis. 1930），aff' d on reh' g，235 N. W. 413 （Wis. 1931））.

16. Comunale，328 P. 2d at 201.

17. Robert E. Keeton，*Basic Text on Insurance Law* § 7. 8 （a）（1971）.

18. Comunale，328 P. 2d at 203.

19. Georgetown Realty v. Home Ins. Co. ，831 P. 2d 7 （Or. 1992）（en banc）.

另见 Joel M. Pollack, "Georgetown Realty v. Home Insurance Company: Oregon Recognizes a Duty Independent of Liability Insurance Contracts," 71 *Or. L. Rev.* 707 (1992).

20. Allan D. Windt, *Insurance Claims and Disputes* §§ 2.02, 2.04, 2.19, 4.01 & 5.01 (1982 & Supp. 1993).

21. 参见 Robert H. Jerry II, *Understanding Insurance Law* §§ 40 – 46, 63C, 65, 96, 133, & 135A (1987).

22. Palmateer v. International Harvester Co., 421 N. E. 2d 876 (Ill. 1981).

23. Vermillion v. AAA Moving and Storage, 704 P. 2d 1360 (Ariz. 1985).

24. Michael A. DiSabatino, 注解, "雇主可以随意以任何理由解雇雇员规则的现代地位", 12 *A. L. R.* 4th 544, §§ 3, 6 – 14.

25. 同上。

26. 《侵权法重述（第二次）》 § 46 (1965).

27. Dennis P. Duffy, "Intentional Infliction of Emotional Distress and Employment at Will: The Case against 'Tortification' of Labor and Employment Law," 74 *Boston U. L. Rev.* 387 (1994); James. F. Bleeke, "Intentional Infliction of Emotional Distress in the Employer at Will Setting: Limiting the Employer's Manner of Discharge," 60 *Ind. L. J.* 365 (1985).

28. Dean v. Ford Motor Credit Co., 885 F. 2d 300 (5th Cir. 1989).

29. Wilson v. Monarch Paper Co., 939 F. 2d 1138 (5th Cir. 1991).

30. Leo Bearman Jr., "Caveat Emptor in Sales of Realty—Recent Assaults upon the Rule," 14 *Vand. L. Rev.* 541 (1961).

31. White & Summers, 前注 5, § 9 – 7, p. 408; Alphonse M. Squillante & John R. Fonseca, 2 *Williston on Sales* §§ 15 – 19 to 15 – 21 (4th ed. 1974).

32. Humber v. Morton, 426 S. W. 2d 554 (Tex. 1968).

33. Bearman, 前注 25, at 542 – 43; Annotation, "Liability of Builder-Vendor or Other Vendor of New Dwelling for Loss, Injury, or Damage Occasioned by

Defective Condition Thereof," 25 *A. L. R.* 3d 383（1969 & Supp. 1992）.

34. Melody Home Mfg. Co. v. Barnes, 741 S. W. 2d 349, 352, 355（Tex. 1987）.

35. Frickel v. Sunnyside Enters. , Inc. , 725 P. 2d 422（Wash. 1986）.

36. Lenawee County Bd. of Health v. Messerly, 331 N. W. 2d 203（Mich. 1982）.

37. Schepps v. Howe, 665 P. 2d 504（Or. 1983）.

38. Frona M. Powell, "Disclaimers of Implied Warranty in the Sale of New Homes," 34 *Vill. L. Rev.* 1123, 1143（1989）.

39. Richard R. Powell & Patrick J. Rohan, 2 *Powell on Real Property* ? ' s 230, 231, 233, & 234（1993）.

40. Melody Home, 741 S. W. 2d p. 352, 354, 355 −56.

41. W. Page Keeton et al. , *Prosser and Keeton on the Law of Torts* § § 1, 32（5th ed. 1984）.

42. 参见，例如，Cal. Bus. & Prof. Code § § 7065（West 1975 & Supp. 1994）（contractors）; 同上 § § 6520 −26（barbers）; 同上。§ § 3320 −27（hearing aid dispensers）; 同上 § § 9989. 31 −. 32（motor vehicle mechanics）; id. § § 7520, 7526. 0 −. 4（private investiga-tors）; Cal. Food & Agric. Code § § 11701 −09（West 1986 & Supp. 1994）（pest controllers）.

43. Keeton et al. , 前注41, § 32, p. 185.

44. 同上。

45. Data Processing Servs. Inc. v. L. H. Smith Oil Corp. , 492 N. E. 2d 314, 319 −20（Ind. Ct. App. 1986）.

46. Diversified Graphics, Ltd. v. Groves, 868 F. 2d 293（8th Cir. 1989）.

47. Ellsworth Dobbs, Inc. v. Johnson, 236 A. 2d 843（N. J. 1967）.

48. 同上。p. 850。

49. 同上。p. 850 −52, p. 857。

50. 同上。p. 857 – 59。

51. 同上。p. 856 – 57。

52. Sonja A. Soehnel, Annotation "Modern View as to Right of Real Estate Broker to Recover Commission from Seller-Principal Where Buyer Defaults under Valid Contract of Sale," 12 *A. L. R.* 4th 1083, § 3 (1982 & Supp. 1992).

53. 同上。§ 4. 另外，尽管该注释将新罕布什尔州排在仍遵循旧观点之列，参见同上。§ 3，新罕布什尔州最高法院在 Dunn v. Staples, 248 A. 2d 635 (N. H. 1968) 案中表明它喜欢新观点。参见 同上 § 3 n. 10, § 5.

54. Strout Realty, Inc. v. Milhous, 689 P. 2d 222 (Idaho Ct. App. 1984); Bushnell Real Estate, Inc. v. Nielson, 672 P. 2d 746 (Utah 1983); Kuga v. Chang, 399 S. E. 2d 816 (Va. 1991).

55. Restatement (Second) of Agency § § 1, 13 (1958); William E. Sell, *Sell on Agency* § § 2, 39 (1975).

56. Uniform Partnership Act § § 20, 21 (1976); Harold G. Reuschlein & William A. Gregory, *Agency and Partnership* § 188 (1979).

57. 比如, Model Rules of Professional Conduct Rule 1. 7 (1983) (lawyers).

58. Deborah A. DeMott, "Beyond Metaphor: An Analysis of Fiduciary Obligation," 1988*Duke L. J.* 879, 880 – 88, 903 – 10, 916 – 21 (1988).

59. John D. Calamari & Joseph M. Perillo, *Contracts* § § 9 – 10, 9 – 11 (3d ed. 1987); Farnsworth, 前注 2, § § 4. 11, 4. 20, 4. 27; Christopher M. Guidroz, Annotation, "Use of Non-Confidential Relationship Undue Influence in Contract Recision," 49 *Notre Dame L. Rev.* 631, 632 – 33 (1974).

60. DeMott, 前注 58, at 892 – 902 (1988). 特许人和被特许人, 另见 Arnott v. American Oil Co. , 609 F. 2d 873 (8th Cir. 1979), cert. denied, 446 U. S. 918 (1980); 参见 Harold Brown, "Franchising—A Fiduciary Relationship," 49 *Tex. L. Rev.* 650 (1971). 制造商和分销商, 另见 Hospital Prods. , Ltd. v. U. S. Surgical Corp. , 55 A. L. R. 417 (Austl. 1984), rev'g 2 [1983]

N. S. W. R. 157（N. S. W. Ct. App. 1983）. 银行和贷款人，另见 Barrett v. Bank of Am. , 229 Cal. Rptr. 16（Cal. Ct. App. 1986）；Klein v. First Edina Nat'l 196 N. W. 2d 619（Minn. 1972）. 银行和储户，另见 Commercial Cotton Co. v. United Cal. Bank, 209 Cal. Rptr. 551（Cal. Ct. App. 1985）；参见注解，"Existence of Fiduciary Relationship between Bank and Depositor or Customer So as to Impose Special Duty of Disclosure upon Bank," 70 A. L. R. 3d 1344（1976）. 油气产业中的权益持有人（Holders of interests in oil and gas estates），另见 Manges v. Guerra, 673 S. W. 2d 180（Tex. 1984）.

61. Austin W. Scott, *The Law of Trusts*（4th ed. 1987）.

62. Austin W. Scott, "The Fiduciary Principle," 37 *Cal. L. Rev.* 539, 540（1949）.

63. J. C. Shepherd, *Law of Fiduciaries* 96（1981）.

64. DeMott, 前注 58, p. 910 – 13。

65. 同上。p. 915。

66. Farnsworth, 前注 2, § 2. 15（a）, at 120 – 22（esp. n. 10）; see generally id. § 7. 17（a）

67. 同上。§ 2. 15（a）. 参见，比如，Tymshare, Inc. v. Covell, 727 F. 2d 1145（D. C. Cir. 1984）（Scalia, J. ）; Best v. U. S. Nat'l Bank, 739 P. 2d 554, 558（Or. 1987）. see generally id. Farnsworth, 前注 2, § 2. 13.

68. Farnsworth, 前注 2, § 2. 13.

69. 同上。§ 8. 4.

70. 同上。另见 Morin Bldg. Prods. Co. v. Baystone Constr. , Inc. , 717 F. 2d 413（7th Cir. 1983）.

71. K. M. C. Co. v. Irving Trust Co. , 757 F. 2d 752（6th Cir. 1985）.

72. Charles L. Knapp & Nathan M. Crystal, *Problems in Contract Law：Cases and Materials* 528 – 29（3d ed. 1993）.

73. Federal Trade Commission Act, 15 U. S. C. § 45（a） – （m）（1982）.

74. Anthony P. Dunbar, Note, "Consumer Protection: The Practical Effectiveness of State Deceptive Trade Practices Legislation," 59 *Tul. L. Rev.* 427, 427 – 29 (1984); Donald P. Rothschild & David W. Carroll, *Consumer Protection Reporting Service* pt. III, ch. 4 (1986 & Supp. 1992).

75. Cal. Bus. & Prof. Code § 9884.9 (West 1971); Nev. Rev. Stat. Ann. § 487.035 (Michie 1965); N. Y. Veh. & Traf. Law § 398 (d) (Consol. 1974); Ohio Admin. Code § 109: 4 – 3 – 13 (1978); Va. Code Ann. § 59.1 – 207.3 (Michie 1989).

76. Ohio Admin. Code § 109: 4 – 3 – 05 (1978).

77. Magnusen-Moss Federal Trade Commission Improvement Act, 15 U. S. C. § § 2301 – 12 (1975).

78. Seaman's Direct Buying Serv. , Inc. v. Standard Oil Co. , 686 P. 2d 1158 (Cal. 1984).

79. 同上。p. 1166 – 67。

80. Ellsworth Dobbs, Inc. v. Johnson, 236 A. 2d 843, 856 – 57 (N. J. 1967).

81. Melody Home Mfg. Co. v. Barnes, 741 S. W. 2d 349, 352, 354 – 55 (Tex. 1987).

82. F. D. Borkholder Co. v. Sandock, 413 N. E. 2d 567, 571 (Ind. 1980).

83. Guido Calabresi, *The Costs of Accidents* (1970).

84. Kenneth S. Abraham, *Insurance Law and Regulation: Cases and Materials* 586 (1990).

85. William K. Jones, "Product Defects Causing Commercial Loss: The Ascendancy of Contract over Tort," 44 *U. Miami L. Rev.* 731 (1990). 另见 Elizabeth A. Heiner, Note, "Sunnyslope Grading, Inc. v. Miller, Bradford & Risberg, Inc. : What Recovery for Economic Loss—Tort or Contract?," 1990 *Wis. L. Rev.* 1337 (1990) (reaching similar conclusions).

86. Spencer L. Kimball, *Cases and Materials on Insurance Law* 486 – 513 (1992); Spencer L. Kimball, *Teacher's Manual to Cases and Materials on Insurance Law* 73 – 78 (1992). 另见, Robert H. Jerry, II "The Wrong Side of the Mountain: A Comment on Bad Faith's Unnatural History," 72 *Texas R. Rev.* 1295 (1994).

87. 参见前 Kimball, *Cases and Materials*, p. 495 – 97, 以及前 *Teacher's Manual*, p. 75 – 76。

88. 参见前 Kimball, *Cases and Materials*, p. 513 – 22, 以及前 *Teacher's Manual*, p. 78。

89. Crisci v. Security Ins. Co. , 426 P. 2d 173 (Cal. 1967). 另见 DiMare v. Crisci, 17 Cal. Rptr. 265 (Cal. Ct. App. 1961).

90. Crisci, 426 P. 2d at 176.

91. 参见 John Alan Appleman & Jean Appleman, 8 *Insurance Law and Practice* § 4831 (1981); Stephen L. Liebo, supra (Supp. 1993).

92. Mark S. Rhodes, *Couch on Insurance* 2d (rev. ed.) § § 45: 679 & 45: 721 (1981 & Supp. 1994).

93. Richard Craswell, "Passing on the Costs of Legal Rules: Efficiency and Dis-tribution in Buyer-Seller Relationships," 43 *Stan. L. Rev.* 361 (1991).

94. Henningsen v. Bloomfield Motors, Inc. , 161 A. 2d 69, 87 (N. J. 1960).

95. George L. Priest, "A Theory of the Consumer Product Warranty," 90 *Yale L. J.* 1297, 1317 – 18 (1981); Daniel S. Schecter, "Consequential Damage Limitations and Cross-Subsidization: An Independent Approach to Uniform Commercial Code Section 2 – 719," 66 S. *Cal. L. Rev.* 1273 (1993).

96. Wilson Trading Corp. v. David Ferguson, Ltd. , 244 N. E. 2d 685 (N. Y. 1968).

97. Craswell, 前注 93, p. 374。

98. Hadley v. Baxendale, 156 Eng. Rep. 145 (Ex. 1854).

99. Schecter，前注 95，p. 1283 – 89.

100. Farnsworth，前注 1，§ 5. 2.

第五章

1. Comunale v. Traders and Gen. Ins. Co. ，328 P. 2d 198（Cal. 1958）.

2. 例如，Valentine v. General Am. Credit，Inc. ，420 Mich. 256，262 – 63，362 N. W. 2d 628（1984）；《合同法重述（第二次）》（允许精神损害赔偿，如果合同或违约属于特别容易造成严重精神忧虑这一类）；《合同法重述（第一次）》§ 341（1932）（也允许此类赔偿，但是只适用于违约方"恣意或鲁莽"的情形；Charles M. Louderback， "Standards for Limiting the Tort of Bad Faith Breach of Contract," 16 *U. S. F. L. Rev.* 187，204 – 05（1982）. 另见 Allen v. Jones，163 Cal. Rptr. 445（Cal. Ct. App. 1980）；Lamm v. Shingleton，55 S. E. 2d 810（N. C. 1949）（葬礼合同）.

3. John D. Calamari & Joseph M. Perillo，*Contracts* § 14 – 3（3d ed. 1987）.

4. Restatement（Second）of Contracts § 353（1981）；Dan B. Dobbs，*Handbook on the Law of Remedies* § 12. 4（1973）；Calamari & Perillo，前注 3，§ 14 – 5（b）.

5. Calamari & Perillo，前注 3，§ 14 – 8.

6. W. Page Keeton et al. ，*Prosser and Keeton on the Law of Torts* § 2（5th ed. 1984）.

7. Crisci v. Security Ins. Co. ，426 P. 2d 173（Cal. 1967）. 另见 DiMare v. Crisci，17 Cal. Rptr. 265（Cal. Ct. App. 1961），opinion vacated，373 P. 2d 860（Cal. 1962）.

8. Fletcher v. Western Nat'l Life Ins. Co. ，89 Cal. Rptr. 78（Cal. Ct. App. 1970）.

9. Wetherbee v. United Ins. Co. ，71 Cal. Rptr. 764（Cal. Ct. App. 1968），

aff'd on second appeal，95 Cal. Rptr. 678（1971）。

10. Keeton et al.，前注 6，§ 12。

11. Gruenberg v. Aetna Ins. Co.，510 P. 2d 1032（Cal. 1973）。

12. Seaman's Direct Buying Serv.，Inc. v. Standard Oil Co.，686 P. 2d 1158，1166 – 67（Cal. 1984）。

13. 同上。p. 1160 – 62。

14. 同上。p. 1167。

15. 在发回重审中，当事人庭外和解。Superior Ct. of Humboldt County，No. 57371（1985）（documents on file with author）。

16. Seaman's，686 P. 2d at 1166 – 67。

17. Adams v. Crater Well Drilling，Inc.，556 P. 2d 679（Or. 1976）。

18. Seaman's，686 P. 2d at 1167（quoting Adams，556 P. 2d at 681）。

19. Seaman's，686 P. 2d at 1167。

20. 同上。

21. 同上。p. 1162 – 64。

22. 同上。p. 1168。

23. 参见，例如，White v. Western Life Ins. Co.，710 P. 2d 309（Cal. 1985）。

24. Brandt v. Superior Ct.，693 P. 2d 796（Cal. 1985）。

25. Keeton et al.，前注 6，§§ 119 – 21。

26. Brandt，693 P. 2d at 798 – 99。

27. White，710 P. 2d 309。

28. Slottow v. American Casualty Co.，1 F. 3d 912，919（9th Cir. 1993）。

29. Careau & Co. v. Security Pac. Business Credit，Inc.，272 Cal. Rptr. 387，404 – 06（Cal. Ct. App. 1990）。

30. 参见，例如，Joseph Ryan，Jr.，"The Bad Faith Blast," 28 *For the Defense* 20（Mar. 1986）。

31. C. Delos Putz, Jr. & Nona Klippen, "Commercial Bad Faith: Attorney Fees—Not Tort Liability—Is the Remedy for 'Stonewalling,'" 21 *U. S. F. L. Rev.* 419, 458 – 60 (1987).

32. Preble Stolz, *Judging Judges* (1981); Robert S. Thompson, "Judicial Retention Elections and Judicial Method: A Retrospective on the California Retention Election of 1986," 61 *S. Cal. L. Rev.* 2007 (1988).

33. Foley v. Interactive Data Corp. , 765 P. 2d 373 (Cal. 1988).

34. 同上。p. 393。

35. Seaman's Direct Buying Serv. , Inc. v. Standard Oil Co. , 686 P. 2d 1158, 1167 (Cal. 1984).

36. 同上。p. 1168。

37. David J. Jung & Richard Harkness, "Life after Foley: The Future of Wrongful Discharge Litigation," 41 *Hastings L. J.* 131 (1989). 另见 Air-Sea Forwarders, Inc. v. Air Asia Co. , 880 F. 2d 176, 184 – 85 (9th Cir. 1989) (reviewing the California decisions); Oki Am. , Inc. v. Microtech Int'l, Inc. , 872 F. 2d 312, 315 (9th Cir. 1989) (Kozinski, J. , concurring); Careau & Co. , 272 Cal. Rptr. at 404 – 05.

38. 1995 WL 521453.

39. 广泛承认恶意违约侵权的 16 个司法管辖区是:

康涅狄格州:L. F. Pace & Sons, Inc. v. Travelers Indem. Co. , 514 A. 2d 766 (Conn. App. Ct. 1986) (认为被告拒绝支付和履行债券构成侵权)。

哥伦比亚特区:Wagman v. Lee, 457 A. 2d 401 (D. C. 1983), cert. denied, 459 U. S. 912 (1984) (认为违反基于合同义务产 生的信托义务即使不能称之为"恶意"也可以提起侵权之诉)。

佐治亚州:McDevitt & Street Co. v. K-C Air Conditioning Serv. Co. , 418 S. E. 2d 87, 93 (Ga. Ct. App. 1992), cert. denied, 1992 Ga. LEXIS 486 (Ga. 1992) (认为对担保人可以提起侵权诉因的诉讼如果担保人"恶意"违

反担保合同）Co. , 253 S. E. 2d 775, 777（Ga. Ct. App. 1992）（"一直以来，可以对履行合同义务中的不当行为提起侵权之诉…… 将其适用于所谓的义务来源于合同这类案件时，违反可以提起侵权之诉（ex delicto）的义务必须是法律强加于某些一般关系或特别关系上的义务。"

夏威夷州：Chung v. Kaonohi Ctr. Co. , 618 P. 2d 283（1990）（认为对精神损害的额外损害赔偿在被告恶意作为或恣意漠视另一方权利的情形下允许在一般商业合同适用）。

印第安纳州：Hibschman Pontiac, Inc. v. Batchelor, 362 N. E. 2d 845, 847（1977）（认为当"……侵权要素与违约混合在一起"时构成侵权，并且"只要争议中混有欺诈、恶意、重大过失或压制"就可以判处惩罚性赔偿。）

缅因州：Marquis v. Farm Family Mut. Ins. Co. , 628 A. 2d 644, 651 – 52（1993）（拒绝承认保险合同中的恶意违约侵权，理由是其被特定情形下可以追回律师费和法定利益的立法取代）；Boivin v. Jones & Vining, Inc. , 578 A. 2d 187, 189（Me. 1990）（如果原告以明确和有说服力的证据证明被告实施行为时具有恶意或其粗暴的行为中隐含恶意，可以对违约判处惩罚性赔偿）。因此，它表明在缅因州，实质上的恶意违约侵权是广泛适用的，即使该叫法被禁止。

马萨诸塞州：Massachusetts Consumer Protection Act, ch. 93A, Mass. Gen. Laws Ann. , ch. 93A, §§ 1 – 11（West 1971 & Supp. 1994）（授权个人消费者对"不公平或欺诈行为"——明确表示包括恶意违约——除了可以要求补偿性赔偿和律师费之外，还可以提起惩罚性赔偿的私人诉讼）；Gloria Ann Aloise, "马萨诸塞州消费者保护法第93A – A 着眼于规定双倍或三倍损害赔偿、救济的书面要求和合理律师费", 16 N. E. L. Rev. 449（1981）。

密西西比州：Sessoms v. Allstate Ins. Co. , 634 So. 2d 516, 519（1994）；Indepen-dent Life & Accident Ins. Co. v. Peavy, 528 So. 2d 1112, 1115（Miss. 1988）。

蒙大拿州：Nicholson v. United Pac. Ins. Co.，710 P. 2d 1342（Mont. 1985）（对承租人的违约判给商业出租人惩罚性赔偿），后被 Story v. City of Bozeman，791 P. 2d 767，776（Mont. 1990）案改变（将恶意违约侵权限制在"必然给予一方强势地位的合同"，但没有推翻 Nicholson 案）。

新墨西哥：Bourgeous v. Horizon Healthcare Corporation，872 P. 2d 852（1994）（认为每个合同中的诚实信用和公平交易义务是指不为取得合同利益做任何损害另一方当事人权利的事，如果违反该义务，可以适用惩罚性赔偿，尽管其拒绝承认该义务属于侵权法）；Romero v. Mervyn's，784 P. 2d 992，998 – 99（1989）（承认对每个合同中的恶意违约获得惩罚性赔偿的权利，并且这种救济在保险合同中"标准更宽松"）。

内华达州：Hilton Hotels Corp. v. Butch Lewis Productions，Inc.，862 P. 2d 1207，1209（Nev. 1993）（承认"特定情形下"的侵权，包括手头的案件，该案中原告是一个大公司，起诉重量级拳击举办者）。

北卡罗来纳州：Ostreicher v. American Nat'l Stores，225 S. E. 2d 797，809（N. C. 1976）（表明构成独立侵权的恶意违约在因涉及欺诈而"带有侵权意味的违约诉讼中"可能是合适的）。

俄克拉荷马州：Rodgers v. Tecumseh Bank，756 P. 2d 1223，1226 – 27（承认"所有种类保险合同"中的这种侵权，除此之外，还承认涉及"重大过失或放任的过失"违约的任何合同中的这种侵权）。

俄勒冈州：Georgetown Realty，Inc. v. Home Ins. Co.，831 P. 2d 7（1992）（认为赋予一方当事人对另一方当事人的利益以广泛酌情权的合同关系也可以引发侵权法中的称职和注意义务，并特别将这个标准适用于责任保险人）；Pfeifer v. Copperstone Restaurant and Bar，693 P. 2d 644，649（Or. Ct. of App. 1985）（承认对加重的侵权获得惩罚性赔偿的权利）；但是，在 Farris v. U. S. Fid. and Guar. Co.，587 P. 2d 1015（1978）案中（认为《州保险公平执业法》中对保险人实施的某些种类恶意行为规定的惩罚优先于惩罚性赔偿权。）

佛蒙特州：Myers v. Ambassador Ins. Co. , 508 A. 2d 689（Vt. 1986）（rec-ognizing a liability insurer's duty of good faith to its insured but not addressing whether it also sounds in tort or whether an insured might recover punitive damages in an appropriate case）；Albright v. Fish, 422 A. 2d 250, 255（1980）（recogniz-ing that punitive damages can be recovered if "the breach [of any contract] has the character of a wilful and wanton or fraudulent tort"）；Phillips v. Aetna Life Ins. Co. , 473 F. Supp. 984（Vt. 1979）（承认根据佛蒙特州法律，在第一方保险情形下，恶意违约构成侵权）。

威斯康星州：Anderson v. Continental Ins. Co. , 271 N. W. 2d 368, 371 – 72 and passim（1978）（承认保险人和其他非保险人被告的这种侵权，不过该侵权依赖于特殊关系的存在）。

40. 除了加利福尼亚州外，还有八个司法管辖区只在比较窄的范围内承认这种侵权，它们是：

亚拉巴马州：Keeton v. Bank of Red Bay, 466 So. 2d 937（Ala. 1985）。

阿拉斯加州：State v. Transamerica Premier Ins. Co. , 856 P. 2d 766, 773 – 74（1993）。

爱达荷州：Black Canyon Racquetball Club, Inc. v. Idaho First Nat'l Bank, N. A. , 804 P. 2d 900（Idaho 1991）。

马里兰州：Republic Ins. Co. v. Board of County Comm'rs, 511 A. 2d 1136（Md. Ct. Spec. App. 1986）。

新罕布尔州：Lawton v. Great Southwest First Ins. Co. , 392 A. 2d 576, 580（N. H. 1978）（"如果只是违约，不能提起侵权诉讼。"）。

北达科他州：Pioneer Fuels, Inc. v. Montana-Dakota Util. Co. , 474 N. W. 2d 706, 709 – 10（N. D. 1991）（认为违约，即便是恶意违约，不足以将合同诉讼转变为侵权诉讼）。

俄亥俄州：Motorists Mut. Ins. Co. v. Said, 590 N. E. 2d 1228, 1232（1992）。

得克萨斯州：Natividad v. Alexsis, Inc., 875 S. W. 2d 695, 698（1994）.

41. 承认该侵权但还没有对其范围依法院规则作出要求的十三个司法管辖区是：

亚利桑那州：Noble v. National American Life Ins. Co., 624 P. 2d 866（Ariz. 1981）（承认第一及第三方保险合同中的该侵权）；Rawlins v. Apo-daca, 726 P. 2d 565（Ariz. 1986）（认为如果合同涉及公共利益、附合性和信托责任，侵权救济也许是适当的）；Wagenseller v. Scottsdale Memorial Hospital, 710 P. 2d 1025, 1040（Ariz. 1985）（拒绝宣告为了禁止无理由解雇，雇佣关系是与保险关系一样的"特殊关系"）。

阿肯色州：American Health Care Providers, Inc. v. O'Brien, 318 Ark. 438, 886 S. W. 2d 588, 590（1994）（"我们只将恶意违约侵权限制在保险人，"引自 Quinn）；Quinn Cos., Inc. v. Herring-Marathon Group, Inc., 299 Ark. 431, 773 S. W. 2d 94, 95（Ark. 1989）（在该案中拒绝将该侵权扩展到保险领域之外）。

科罗拉多州：Travelers Ins. Co. v. Savio, 706 P. 2d 1258（Colo. 1985）（承认第一方保险案件中的侵权）；Farmers Group, Inc. v. Trimble, 691 P. 2d 1138（Colo. 1984）（将侵权扩展到第三方保险案件）；Farmers Group, Inc. v. Wil-liams, 805 P. 2d 419（Colo. 1991）（州《无过错责任法》规定对"任意或恣意"不支付合理利益判处三倍损害赔偿金，但并不优先于恶意违约侵权）。

特拉华州：Casson v. Nationwide Ins. Co., 455 A. 2d 361（Del. Super. Ct. 1982）（承认第一方保险合同中的侵权）；Hostetter v. Hartford Ins. Co., 1992 Del. Super. LEXIS 284（Del. Super Ct. 1992）（认为只有第三方是保险单中指定的受益人，才承认第三方保险中的该侵权）。

伊利诺伊州：该州最高法院还没有相关判决，尽管几个中间上诉法院承认保险中的该侵权。E. g., Koehler v. First Nat'l Bank, 597 N. E. 2d 1261, 1264（Ill. Ct. of App., 5th Dist. 1992）（拒绝承认保险领域以及基于强制性政策原因承认该侵权之外的该侵权）。

爱荷华州：Dolan v. Aid Ins. Co., 431 N. W. 2d 790 (Iowa 1988) (承认第一方保险合同中的该侵权)。

肯塔基州：Curry v. Fireman's Fund. Ins. Co., 784 S. W. 2d 176 (Ky. 1989) (认为违反第一方保险合同和第三方保险合同都可以构成该侵权)。

路易斯安那州：Ins. Co. of North America v. Solari Parking Co., 370 So. 2d 503 (La. 1979) (根据成文法，承认保险案件中的该侵权，路易斯安那州是一个对既存制定法进行编纂的州)。

密苏里州：最高法院判决在该问题上没有相关判决，但下级法院承认"特殊关系"中的该侵权。参见，例如，Rigby Corp. v. Boatmen's Bank and Trust Co., 713 S. W. 2d 517, 536 – 37 (Mo. Ct. App. 1986) ("当合同将立约人置于法律保护的特殊关系或特殊地位时"承认该侵权，) 引自 App. 1986 Co., 228 S. W. 2d 750 (Mo. S. Ct. 1950)。

纽约州：Gordon v. Nationwide Mut. Ins. Co., 285 N. E. 2d 849 (N. Y. 1972)，cert. denied，410 U. S. 931 (1973) (承认第三方保险案件中的该侵权，如果原告对"虚伪或狡诈不执行合同作出了特别证明")；Neil A. Goldberg, Thomas F. Segalla, & Richard J. Cohen, "Can the Puzzle Be Solved：Are Punitive Damages Awardable in New York for First-Party Bad Faith?," 44 Syracuse L. Rev. 723 (1993) (得出结论说州上诉法院还没有回答该问题，并且下级法院判决千差万别)。

罗德岛：Bibeault v. Hanover Ins. Bibeault v. Hanover Ins. (将该侵权扩展到除火险合同之外的所有第一方保险案件)；Voccia v. Reliance Ins. Co., 703 F. 2d 1 (1st Cir. 1983) (承认第三方保险合同中的该侵权)。

北卡罗来纳州 Nichols v. State Farm Mut. Auto. Ins. Co., 306 S. E. 2d 616 (S. C. 1983) (承认保险案件中的恶意违约构成独立侵权)；Co., 306 S. E. 2d 616 (S. C. 1983) (允许违反雇佣合同的侵权救济)。

怀俄明州：Drake v. Cheyenne Newspapers, Inc., 1995 WL 90316, p. 2 (1995) (只承认"特殊关系"中的侵权，似乎不考虑侵权本身的性质)；Mc-

Cullough v. Golden Rule Ins. Co. ， 789 P. 2d 855， 858（Wyo. 1990）（"某些种类的合同创设了一种关系，这种关系中某些义务是根据法律规定推导出来的，独立于合同中的明示条款。如果过失违约也违反了这种义务，既可以根据合同法进行救济，也可以根据侵权法进行救济。"）。

42. AM/PM Franchise Ass'n v. Atlantic Richfield Co. ， 542 A. 2d 90 （1988）， 584 A. 2d 915（1990）（认为该案事实并没有引起这个问题）；Standard Pipeline Coating Co. v. Solomon & Teslovich， Inc. ， 496 A. 2d 840， 843 – 44 （1985）（拒绝承认该侵权）。

43. Hal Taylor Associates v. Unionamerica， Inc. ， 657 P. 2d 743， 750（Utah 1982）（如果缺乏表明恶意、欺诈或恣意漠视他人权利的独立侵权，拒绝为违约的惩罚性赔偿救济寻找依据）；Beck v. Farmers Ins. Exch. ， 701 P. 2d 795 （Utah 1985）（第一方保险案件中的合同关系不能产生属于侵权法的义务）。

44. 此外，其中一个州的最高法院已判决恶意不履行合同债务"可以产生侵权责任。"Cherberg v. Peoples Nat'l Bank of Wash. ， 564 P. 2d 1137， 1143（Wash. 1977）.

45. 1994 年 3 月 27 在 A WESTLAW Key No. 217k602. 10 （2）上的搜索显示了允许该补偿的司法管辖区。然而，数字 33 代表最低数额，因为该钥匙码可能没有识别出保险案件中非基于保险案件的特别法获得的诉讼费。

46. Vernon Fire & Casualty Ins. Co. v. Sharp， 349 N. E. 2d 173， 180 （Ind. 1976）（"本质上具有侵权性，"被告是一个保险人）；Hibschman Pontiac， Inc. v. Batchelor， 362 N. E. 2d 845， 847（Ind. 1977）（争议中具有"欺诈，……〔等〕因素"，被告是一个汽车经销商）；F. D. Borkholder Co. ， Inc. v. Sandock， 413 N. E. 2d 567， 571（Ind. 1980）（强调高程度的公共信赖，被告是一个建筑承包商）。

47. Hibschman， 362 N. E. 2d 845.

48. 同上。p. 848。

49. John A. Sebert， Jr. ， "Punitive and Nonpecuniary Damages in Actions

Based upon Contract: Toward Achieving the Objective of Full Compensation," 33 *UCLA L. Rev.* 1565 (1986).

50. 同上。p. 1615。

51. Michelle A. Harrington, "Punitive Damages for Breach of Contract: A Core Sample from the Decisions of the Last Ten Years," 42 *Ark. L. Rev.* 31, 62 – 77, 79, 80, 86 – 88 (1989).

52. 同上。p. 77 – 81。

53. Seaman's Direct Buying Serv. , Inc. v. Standard Oil Co. , 686 P. 2d 1158, 1167 (Cal. 1984).

54. Richard A. Posner, *Economic Analysis of the Law* 82 – 93 (2d ed. 1977); Robert L. Birmingham, "Breach of Contract, Damages Measures and Economic Efficiency," 24 *Rutgers L. Rev.* 273 (1970); Charles J. Goetz & Robert E. Scott, "Liquidated Damages, Penalties and the Just Compensation Principle: Some Notes on an Enforcement Model and a Theory of Efficient Breach," 77 *Colum. L. Rev.* 554 (1977); Thomas S. Ulen, "The Efficiency of Specific Performance: Toward a Unified Theory of Contract Remedies," 83 *Mich. L. Rev.* 341 (1984). 关于"效率违约理论"的历史和评论,参见 Ian R. Macneil, "Efficient Breach of Contract: Circles in the Sky," 68 *Va. L. Rev.* 947 (1982).

55. Careau & Co. v. Security Pac. Business Credit, Inc. , 272 Cal. Rptr. 387, 404 – 06 (Cal. Ct. App. 1990).

56. R. Kent Livesay, "Leveling the Playing Field of Insurance Agreements in Texas: Adopting Comparative Bad Faith as an Affirmative Defense Based on the Insured's Misconduct," 24 *Tex. Tech L. Rev.* 1201 (1993); Ronald S. Range, "The 'Set Up' Defense and the Comparative Fault Defense: New Wrinkles in Bad Faith Claims against Insurers," 45 *Wash. & Lee L. Rev.* 321 (1988); Patrick E. Shipstead & Scott S. Thomas, "Comparative and Reverse Bad Faith: Insured's Breach of Implied Covenant of Good Faith and Fair Dealing as Affirmative Defense or Counter-

claim," 23 *Tort & Ins. L. J.* 215（1987）.

57. 参见 Ryan，前注 30，p. 20。

58. Oki Am. ，Inc. v. Microtech Int'l，Inc. ，872 F. 2d 312，315（9th Cir. 1989）（Kozinski，J. ，concurring）.

59. John C. McCarthy，*Punitive Damages in Bad Faith Cases* § 2. 26（4th ed. 1987 & Supp. 1992）（诚实信赖是一个事实问题）；Keeton et al. ，前注 6，页 880（恶意诉讼中，法官决定合理依据）。

60. Tan Jay Int'l，Ltd. v. Canadian Indem. Co. ，243 Cal. Rptr. 907（Cal. Ct. App. 1988）；Joseph Ryan，Jr. ，"The Bad Faith Blast，" 28*For the Defense* 20（Mar. 1986）.

61. 参见，例如，Comunale v. Traders & Gen. Ins. Co. ，328 P. 2d 198（Cal. 1958）；Crisci v. Security Ins. Co. ，426 P. 2d 173（Cal. 1967）；Gruenberg v. Aetna Ins. Co. ，510 P. 2d 1032（Cal. 1973）.

62. 例如，Velli v. Rutgers Casualty Ins. Co. ，608 A. 2d 431（N. J. Super. Ct. App. Div. 1992）；Boykin v. Parker 134 S. E. 2d 531（Ga. Ct. App. 1963）.

63. Valentino v. Elliott Sav-On Gas，Inc. ，247 Cal. Rptr. 483，485（Cal. Ct. App. 1988）；Caldwell Banker Commercial Group，Inc. v. Hegge，770 P. 2d 1297，1299（Colo. Ct. App. 1988）.

64. Deborah R. Hensler，"Simple Stories，Hard Facts，" Paper presented at the American Bar Association Annual Meeting（Aug. 1992）.

65. Thomas D. Rowe，Jr. ，"Predicting the Effects of Attorney Fee Shifting，" 47 *Law & Contemp. Probs.* 139，148（1984）.

66. 同上。p. 155。

67. John J. Donohue III，"Opting for the British Rule，or If Posner and Shavell Can't Remember the Coase Theorem，Who Will?，" 104 *Harv. L. Rev.* 1093，1094（1991）.

68. See generally Note，"State Attorney Fee Shifting Statutes：Are We Quietly

Repealing the American Rule?," 47 Law & Contemp. Probs. 321 (1984). 对这个议题在民事权利酬金转移制定法中的详细分析，参见 Dan B. Dobbs，"Awarding Attorney Fees against Adversaries: Introducing the Problem," 1986 *Duke L. J.* 435 (1986).

69. Edward A. Snyder & James W. Hughes，"The English Rule for Allocating Legal Costs: Evidence Confronts Theory," 6 *J. L. Econ. & Org.* 345，377 – 78 (1990)，以及其中援引的案例。

70. Annotation，"State Attorney Fee Shifting Statutes," 前注 68，p. 323，330 – 42。

71. 同上。p. 345 – 46。

72. 参见同上。p. 347。起初定名为 Federal Attorney Fee Shift-ing Awards Reporter 的刊物于 1990 年 8 月停刊。最后几年，它每两月报道一次。

73. Gregory G. Sarno，Annotation，"服务合同违约中精神痛苦损害赔偿金的可获得性，" 54 *A. L. R.* 4th 901 (1987)，列举了 18 个州支持该文中所述规则的判决。另外，在 Beck v. Farmers Ins. Exch.，701 P. 2d 795，798 – 801 (Utah 1985) 案中——该案明显被注解人漏掉了——犹他州最高法院认为，尽管保险人没有及时支付合理的第一方当事人索赔，根据犹他州法律，这不构成侵权，而是违约；如果该违约直接引起了被保险人的精神痛苦并且该痛苦是可以合理预见到的保险人违约后果，被保险人可以获得精神损害赔偿。

74. Douglas J. Whaley，"Paying for the Agony: Recovering for Emotional Distress Damages in Contract Actions," 26 *Suffolk U. L. Rev.* 935 (1992) (认为传统合同法的可预见性和确定性要求为判给精神损害赔偿提供了充分标准)。

75. Restatement (Second) of Contracts § 351 cmt. a (1981).

76. 参见前注 52 (援引"效率违约"原则的法律依据)。

77. 例如参见，Egan v. Mutual of Omaha Ins. Co.，620 P. 2d 141，146 (Cal. 1979).

78. "Developments in the Law: Class Actions," 89 *Harv. L. Rev.* 1318，1604

（1976）（entire law review issue dedicated to topic）.

79. Philip Marcus, Antitrust Law and Practice § 401 （1980）.

80. 例如, Cal. Civ. Code § 1916 – 3 （West 1935）; 41 Pa. Cons. Stat. Ann. § § 501, 502 （1974）; Wis. Stat. Ann. § 138.05 （West 1981）.

81. 例如参见, Pac. Mut. Life Ins. Co. v. Haslip, 499 U.S. 1, 19 – 20 （1991）（指示陪审团考虑被告不法行为的性质和遏制类似不法行为的必要性）。

82. Dobbs, 前注4, § 3.9（在决定惩罚性赔偿数额时, 可以采纳有关被告财富的证据）。另见 Sando-val v. Southern Cal. Enters., 219 P.2d 928, 936 （Cal. 1950）; Wetherbee v. United Ins. Co., 71 Cal. Rptr. 764 （Cal. Ct. App. 1968）, 第二次上诉中维持, 95 Cal. Rptr. 678 （Cal. Ct. App. 1971）（认为1050美元补偿性赔偿金和200 000美元惩罚性赔偿金是合理的, 因为它少于被告每周税后收入）。在 Neal v. Farmers Ins. 案中, 加利福尼亚州最高法院使用被告的总资产和年利润作为判断惩罚性是否过高的指导标准。在 Egan 案中, 620 P.2d at 149. 使用被告年利润。

83. Dobbs, 前注4, § 3.9; 另见 Richard L. Blatt et al., *Punitive Damages*: *A State-by-State Guide to Law and Practice* § 1.4 （1991）.

84. Kenneth S. Abraham & John C. Jeffries, Jr., "Punitive Damages and the Rule of Law: The Role of Defendant's Wealth," 18 *J. Legal Stud.* 415, 417 n. 3 （1989）.

85. 参见前注80。

86. Wayne R. LaFave & Austin W. Scott, Jr., *Criminal Law* 568 （2d ed. 1986）.

87. Gregory P. Joseph, *Civil RICO*: *A Definitive Guide* 2 – 3 （1992）.

88. 《侵权法重述（第二次）》§ 909 （1979）几乎照搬了《代理法重述（第二次）》§ 217C （1958）。参见, 例如, Egan, 620 P.2d, p. 147 – 48。

89. Michael Rustad, "In Defense of Punitive Damages in Products Liability:

Testing Tort Anecdotes with Empirical Data，" 78 *Iowa L. Rev.* 1，8（1992）.

90. Mark Peterson et al.，Rand Corp.，*Punitive Damages*：*Empirical Findings* 4 - 5，27，56（1987）. 在这个研究中，作者对自身是诉请惩罚性赔偿案件当事人的律师进行了调查，这些案件由陪审团审理。"有效回复"指案件已结并且至少涉及的律师中有一个回复该问卷并说明了最终赔偿额。在1960—1984 年，在旧金山和库克县有将近 17000 个陪审团审理的案子。作者对 1979—1984 年的案子做了跟踪调查；文中提到的统计数值来自于那个跟踪调查。跟踪调查中有 68 个有效回复，其中 10 个表明最初的惩罚性赔偿额超过 500000 美元。其中 9 个后来被减少了。

91. James Fleming，Jr. & Geoffrey C. Hazard，Jr.，Civil Procedure § 8. 1（1985）.

92. 例如，Theodore Sedgwick，*Measure of Damages* § 352（9th ed. 1912）.

93. Tan Jay Int'l，Ltd. v. Canadian Indem. Co.，243 Cal. Rptr. 907（Cal. Ct. App. 1988）；Joseph Ryan，Jr.，"The Bad Faith Blast，" 28 *For the Defense* 20（Mar. 1986）.

94. Rustad，前注 87，at 9 n. 28.

95. Rowlett v. Anheuser-Busch，Inc. 832 F. 2d 194（1st Cir. 1987）（advance sheet）.

96. 同上。p. 207（official reporter）。

97. 例如参见，Egan v. Mutual of Omaha Ins. Co.，620 P. 2d 141，149 - 56（Clark and Richardson，JJ.，concurring in part and dissenting in part）.

98. Richard J. Mahoney & Stephen E. Littlejohn，"Innovation on Trial：Punitive Damages versus New Products，" 246 *Science* 1395，1395 - 99（Dec. 1989）；Peter W. Huber，"Putting Punitive Damages into Perspective，" 20 *Manhattan Inst. for Pol'y Res.*（Mar. 26，1990）.

99. Linda Williams，"Perspective on the Drug Firm Merger：Creating 'Critical

Mass,'" *L. A. Times*, July 29, 1989, at D1.

第六章

1. Robert Braucher & Arthur E. Sutherland, *Commercial Transactions*: *Selected Statutes* x-xi (1964 ed.); 另见 Ziporah B. Wiseman, "The Limits of Vision: Karl Llewellyn and the Merchant Rules," 100 *Harv. L. Rev.* 465, 473 – 75 (1987); 参见 generally William L. Twining, *Karl Llewellyn and the Realist Movement* 322 – 23 (1973).

2. National Conference of Commissioners on Uniform State Laws, Report and Second Draft of the Revised Uniform Sales Act 3 – 6 (1941) [hereinafter Conference of Commissioners].

3. 同上。pp. 15 – 17; Karl N. Llewellyn, "Across Sales on Horseback," 52 *Harv. L. Rev.* 725 (1939); Karl N. Llewellyn, "The First Struggle to Unhorse Sales," 52 *Harv. L. Rev.* 873 (1939).

4. James J. White & Robert S. Summers, *Uniform Commercial Code* § 5 – 1 (3d ed. 1988).

5. Conference of Commissioners, 前注 2, p. 15 – 16, p. 18, p. 21, p. 24 – 26。

6. 1 Restatement (Second) of Contracts at v (1981).

7. Compare, e. g., id. § 203 with U. C. C. § 1 – 205 (1983), Restatement (Second) of Contracts § 322 (1981) with U. C. C. § 2 – 210 (2) (1983), and Restatement (Second) of Contracts § 208 (1981) with U. C. C. § 2 – 302 (unconscionability) (1983).

8. 例如参见《合同法重述（第二次）》§ 89 (1981)。

9. 例如参见，同上。§ 54.

10. Despite its title, Daniel A. Murray, "Under the Spreading Analogy of Article 2 of the Uniform Commercial Code," 39 *Fordham L. Rev.* 447 (1971), does

not contradict the statement in the text. White & Summers, supra note 4, § 4 n. 18, lists a number of decisions using a Code provision by analogy, but none of them did this to change a common law rule.

11. National Conference of Commissioners on Uniform State Laws, Report and Second Draft of the Revised Uniform Sales Act (1941), reprinted in 1 Elizabeth S. Kelly, *Uniform Commercial Code Drafts* 269, 302 (1984) [hereinafter Kelly].

12. Memorandum from Karl N. Llewellyn to the Executive Committee on Scope and Program, NCC Section of Uniform Commercial Acts (circa 1940), in Twining, supra note 1, app. E, at 524 – 29; Karl N. Llewellyn, "On Warranty of Quality, and Society" (pt. 2), 37 *Colum. L. Rev.* 341, 381 (1937).

13. Karl N. Llewellyn, *The Common Law Tradition: Deciding Appeals* 35 – 45 (1960); Karl N. Llewellyn, "The Theory of Rules" ch. 4 (circa 1939)（未出版手稿）, reproduced in William L. Twining, *The Karl Llewellyn Papers* 81 – 96 (1968); Twining, 前注 1, p. 309, p. 321 – 23, Wiseman, 前注释 1, pp. 498 – 501。

14. Llewellyn, *The Common Law Tradition*, 前注释 13, at 26.

15. 例如,《统一商法典》§ 2 – 308 (1983)（交付地点）。

16. 例如, 同上 § 2 – 305 (价格)。

17. 同上。§ 2 – 708.

18. Kelly, 前注 11, p. 309。

19.《统一商法典》§ 1 – 102.

20. Vitauts M. Gulbis, Annotation, "Modern Status of Rule That Acceptance of Check Purporting to be Final Settlement of Disputed Amount Constitutes Accord and Satisfaction," 42 A. L. R. 4th 12 (1985). 42 *A. L. R.* 4th 12 (1985).

21. Vitauts M. Gulbis, Annotation, "Application of U. C. C. § 1 – 207 to Avoid Discharge of Disputed Claim upon Qualified Acceptance of Check Tendered as Payment in Full," 37 *A. L. R.* 4th 358 (1985).

22. Robert Braucher, "The Legislative History of the Uniform Commercial Code," 58 *Colum. L. Rev.* 798, 800 – 01 (1958); Wiseman, 前注 1, p. 477 – 78。

23. Soia Mentschikoff, "The Uniform Commercial Code : An Experiment in Democracy in Drafting," 36 *A. B. A. J.* 419 (1950). The members of the advisory groups are listed on the cover of each of the drafts of the U. C. C. , beginning with the draft of 1944.

24. 一位评论家统计了 1967 年之前超过 700 个《统一商法典》立法修正案，尽管几乎半数都是关于第九编的，几乎所有这些都是在最初立法程序中提出的 。William A. Schnader, "Short History of the Preparation and Enactment of the Uniform Commercial Code," 22 *U. Miami L. Rev.* 1, 10 (1967). 似乎这是一个很大数字，但其实不是。平均下来，第九编之外的其他各编每州只有七个，这样留给其他八编的每州不足一个。较好体现了第 2 编统一性的是每州的法学教授通常按照散发全国的《统一商法典》副本来讲授，尽管他们的大多数学生将在本州执业。

25. 《统一商法典》第 2 – 302 条内容如下：

第 2 – 302 条　显失公平合同或合同条款

（1）如果法院作为法律问题认定合同或者其他任何条款在订立合同时即显失公平，法院可以拒绝执行该合同，或者仅强制执行显失公平条款以外的合同剩余条款，或者限制显失公平条款的适用以避免产生任何显失公平的结果。

（2）在当事人宣称或在法院看来合同或者其他任何条款可能显失公平的情形下，应当给予当事人出示有关合同订立的商业背景、目的和效力证据的合理机会，以协助法院作出决定。

26. 其中最重要的评论是 Arthur Allen Leff, "Unconscionability and the Code—the Emperor's New Clause," 115 *U. Pa. L. Rev.* 485, 537 – 38 (1967). 另见 E. Allen Farnsworth, *Farnsworth on Contracts* § 4. 28, at 310 (2d ed. 1990) (在文中作出了同样的观察报告并引用了当时的其他例子)。

27. Farnsworth，前注 26，§ 4. 28.

28. Williams v. Walker-Thomas Furniture Co. ，350 F. 2d 445 （ D. C. Cir. 1965）.

29. 同上。p. 449。

30. Karl N. Llewellyn，Book Review 52 *Harv. L. Rev.* 700 （1939）.

31. Llewellyn，*The Common Law Tradition*，前注 13，p. 370。

32. 参见，例如，People v. Two Wheel Corp. ，525 N. E. 2d 692 （ N. Y. 1988）；Frank ' s Maintenance & Eng ' g v. C. A. Roberts Co. ，408 N. E. 2d 403，（ Ill. App. Ct. 1980）. 另见 Jonathan A. Eddy，"On the ' Essential ' Purposes of Limited Remedies：The Metaphysics of U. C. C. Section 2 – 719 （ 2），" 65 *Cal. L. Rev.* 28，41 – 42 n. 56 （1977）；White & Summers，前注 4，§ 4. 7，p. 200。

33. Walker-Thomas，350 F. 2d at 449.

34. Jane P. Mallor，"Unconscionability in Contracts between Merchants，" 40 *Sw. L. J.* 1065 （1986） （ results not determined by character of party）；前第 2 章，注 3 （40% 的索赔涉及商业消费者）。

35. 例如，尽管爱荷华州最高法院的首次判决使用了合理期望，但它还依据了显失公平，参见 C & J Fertilizer，Inc. v. Allied Mut. Ins. C & J Fertilizer，Inc. v. Allied Mut. 它的下一个使用了合理期望的判决并没有提到显失公平，参见 Farm Bureau Mut. Ins. Co. v. Sandbulte，302 N. W. 2d 104 （Iowa 1981），从此以后，没有一个使用合理期望的判决提到显失公平。

36. Farnsworth，前注 26，§ 3. 13，p. 229。

37. 同上。§ 3. 21.

38. 《统一商法典》第 2 – 207 条内容如下：

第 2 – 207 条　承诺或确认书中的附加条款

（1）明确且及时表示的承诺或在合理期限内发出的确认书产生承诺的效力，即使它规定了与要约条款或双方约定条款不同的附加条款，但承诺人明确表示其承诺以要约人同意附加条款或冲突条款为条件的除外。

（2）附加条款应解释为补充合同的建议。在商人之间，此类条款构成合同的内容，但以下情形除外：

（a）要约明确规定承诺仅限于要约条款的；

（b）附加条款或冲突条款实质上改变了要约的；

（c）要约人在收到有关此类条款的通知后于合理期限内发出异议通知的；

（3）尽管当事人之间的书面文件未能确定合同的存在，但双方当事人承认合同存在的行为足以确定买卖合同的成立。在这种情形下，该特定合同的条款由与双方当事人的书面文件一致的条款和依据本法任何其他规定而纳入合同的补充条款共同构成。

39. White & Summers，前注4，§ 1 – 2.

40. Daitom，Inc. v. Pennwalt Corp.，741 F. 2d 1569（10th Cir. 1984）。另见 Westinghouse Elec. Corp. v. Nielsons，Inc.，647 F. Supp. 896（D. Colo. 1986）；Egan Machinery Co. v. Mobil Chem. Co.，660 F. Supp. 35（D. Conn. 1986）（效法 Daitom 案）。审理 Daitom 案的法院在其采用的方法上，援引了 Southern Idaho Pipe & Steel Co. v. Cal-Cut Pipe & Supply Co.，567 P. 2d 1246（Idaho 1977），cert. denied，434 U. S. 1056（1977）。很多法院采取了这一方法，援引的是 Southern Idaho 案而非 Daitom 案。

41. Charles L. Knapp，"Enforcing the Contract to Bargain,"44*N. Y. U. L. Rev.* 673（1969）.

42. 同上。p. 685。

43. Lon L. Fuller & Melvin A. Eisenberg，*Basic Contract Law* 491 – 526（5th ed. 1990）. 另见 W. E. Shipley，Annotation，"Validity and Enforceability of Contract which Expressly Leaves Open for Future Agreement or Negotiation the Terms of Payment for Property," 68 *A. L. R.* 2d 1221（1959）；Daniel E. Feld，Annotation，"Validity and Enforceability of Provision for Renewal of Lease at Rental to Be Fixed

by Subsequent Agreement of Parties，" 58 *A. L. R.* 3d 500（1974）；Farnsworth，前注 26，§ 3. 29.

44.“Permanent Editorial Board for the Uniform Commercial Code，" *PEB Study Group for the Uniform Commercial Code Article* 2：*Preliminary Report*（1990）。修正案建议书采纳了小约翰 E. 默里（John E. Murray，Jr. ）教授的观点。参见 John E. Murray，Jr. ，"A Proposed Revision of Section 2 - 207 of the UCC，" 6 *J. L. & Com.* 337（1986）。另见 John E. Murray，Jr. ，"The Chaos of the 'Battle of the Forms'：Solutions，" 39 *Vand. L. Rev.* 1307（1986）.

45.《统一商法典》第 2 - 316 条内容如下：

第 2 - 316 条　担保的排除或变更

如要排除或变更有关适销性的默示担保或其他任何部分，所使用的语言必须提及适销性并且……必须醒目；如要排除或变更任何默示的（货物）适用性担保，该排除必须使用书面形式且必须醒目。

尽管第 2 - 316 条也允许卖方使用其他方式作出免责声明，法院通常认为它们包含清楚和醒目要求。White & Summers，前注 4，§12 - 5；Charles L. Knapp & Nathan M. Crystal，Problems in Contract Law：Cases and Materials 1147（3d ed. 1993）.

46.《统一商法典》第 2 - 719 条规定：

第 2 - 719 条　合同变更或救济限制

……

（2）因客观情况致使排他的或有限的救济失去其实质意义时，当事方可以使用本编中规定的救济。

（3）当事方可以限制或排除间接损害赔偿，除非该限制或排除是不合理的。涉及消费品时限制人身损害间接损害赔偿构成显失公平的初步证据，但对于商业性损失，限制损害赔偿不视为显失公平的初步证据。

47. White & Summers，前注 4，§ 12 - 5.

48. 同上。§ § 12 - 8 to 12 - 12.

49. 同上。§ 12 – 12.

50. White & Summers，前注 4，§ 12 – 5.

51. Melody Home Mfg. Co. v. Barnes，741 S. W. 2d 349（Tex. 1987）. 参见讨论前第 4 章，"一般服务"。

52. Cate v. Dover Corp.，790 S. W. 2d 559（Tex. 1990）.

53. 参见讨论前第 4 章"一般服务"。

54. 《统一商法典》第 2 – 316 条（2）明确表示允许卖方排除针对特定目的的适用性默示担保，当然，法院在这方面通常依据该条。White & Summers，前注释 4，§ § 12 – 5 & 12 – 6.

第七章

1. C & J Fertilizer，Inc. v. Allied Mut. Ins. Co.，227 N. W. 2d 169（Iowa 1975）.

2. Comunale v. Traders and Gen. Ins. Co.，328 P. 2d 198（Cal. 1958）.

3. W. Page Keeton et al.，Prosser and Keeton on the Law of Torts § 92（5th ed. 1984）.

4. 参见前第 4 章讨论，"分析"。

5. Farm Bureau Mut. Ins. Co. v. Sandbulte，302 N. W. 2d 104（Iowa 1981）.

6. Daitom，Inc. v. Pennwalt Corp.，741 F. 2d 1569（10th Cir. 1984）. 另见前第 3 章讨论。

7. Lochner v. New York，198 U. S. 45，53（1905）.

8. Cate v. Dover Corp.，790 S. W. 2d 559（Tex. 1990）.

9. Melody Home Mfg. Co. v. Barnes，741 S. W. 2d 349，351（Tex. 1987）.

10. Keeton et al.，前注 3，p. 679 – 81。

11. Seaman's Direct Buying Serv.，Inc. v. Standard Oil Co.，686 P. 2d 1158（Cal. 1984）.

12. Hibschman Pontiac, Inc. v. Batchelor, 362 N. E. 2d 845 (Ind. 1977).

13. 《统一商法典》第 1 – 102 条，正式评述 1。参见前第 6 章讨论，"创设第 2 章的理由"。

14. Southern Pac. Co. v. Jensen, 244 U. S. 205, 222 (1916) (Holmes, J., dissenting).

15. Erie R. R. v. Tompkins, 304 U. S. 64 (1938).

16. 我不想为了指出该节中还有另一个坏法而中断论证。"唯一的"既武断又多余。如果书面文件是当事人协议的完整表述，它就也必须是其唯一的表述，除非起草人的意图是为了从口头证据规则的适用中排除当事人在其他书面文件中的部分重复，并且这样的排除没有明显理由。

17. 在正文中尝试描述这些例外会使该论证冗长，但他们应该只包括涉及财产法的规定和《防止欺诈法》的规定。自从英国议会于 1677 年制定了《防止欺诈和歧视法》，后者已包含在制定法中。

18. Erie R. R. ，前注 15。

19. David A. Rice, "Lessons about the Realities of Contract for U. C. C. Article 2 Revision and a Future Software Contract Statute," 2 Rutgers Comp. & Tech. L. J. 499 (1992).

20. Aetna Life Ins. Co. v. Lavoie, 475 U. S. 813 (1986); Bankers Life & Casualty Co. v. Crenshaw, 486 U. S. 71 (1988); Browning-Ferris Indus., Inc. v. Kelco Disposal, Inc. 492 U. S. 257 (1989); Pacific Mut. Life Ins. Co. v. Haslip, 499 U. S. 1 (1991); TXO Prod. Corp. v. Alliance Resources Corp., 113 S. Ct. 2711 (1993); Honda Motor Co., Ltd. v. Olberg, 62 Law Week 4627 (1994). 关于这些判决的合情合理分析和它们提出的问题，参见 Timothy S. Lykow-ski, "Tightening the Constitutional Noose around Punitive Damages Challenges：TXO, What It Means, and Suggestions That Address Remaining Concerns," 68 *So. Cal. L. Rev.* 203 (1994).

21. TXO Prod. Corp. v. Alliance Resources Corp., 113 S. Ct. 2711 (1993).

22. Honda Motor Co., Ltd. v. Oberg，前注 20。

23. 28 U. S. C. 1332（c）（1）（"就本条目的而言……一个公司应当被视为任何一个它所设立的州或其主要营业地所在州的居民，但在针对保险单的承保人或责任保险合同提起的被保险人没有作为共同被告的直接诉讼中，这样的保险人无论是法人还是非法人，应当视为被保险人所在州的居民，同时也是任何一个保险人设立的州和保险人主要营业地所在州的居民。"）

24. Charles Alan Wright, Law of Federal Courts § 107（4th ed. 1983）.

25. 许多州的立法机关制定了限制惩罚性赔偿的制定法，但他们好像不是被美国最高法院的判决所驱使。参见 Michael Rustad，"In Defense of Punitive Damages in Products Liability：Testing Tort Anecdotes with Empirical Data，" 78 *Iowa L. Rev.* 1，6－9（1992）.

26. 在 Robertson Oil Co. v. Phillips Petroleum Co.，61 Law Week 2344（8th Cir. 1994）（en banc）案中，美国地区法院和上诉法院使用美国最高法院关于惩罚性赔偿的判决来审查阿肯色州法律，但是他们裁定它是符合宪法的，因此未拒绝遵循它。

27. Stephen G. Breyer & Richard B. Stewart, *Administrative Law and Regulatory Policy*：*Problems*，*Text*，*and Cases* 708－814（3d ed. 1992）.

28. Walters v. National Assoc. of Radiation Survivors，473 U. S. 305（1985）.

29. National Assoc. of Radiation Survivors v. Derwinski，994 F. 2d 583（9th Cir. 1992），cert. denied sub nom. National Assoc. of Radiation Survivors v. Brown，114 S. Ct. 734（1993）.

30. John A. Appleman, *Insurance Law and Practice* § 8885（Supp. 1994）

索　引

Cases are listed separately at the end of this index. Items may be indexed under analytic headings or under such generic headings as Uniform Commercial Code.